Jainismo: a liberação pela não violência

SÉRIE PANORAMA DAS CIÊNCIAS DA RELIGIÃO

Jainismo: a liberação pela não violência

Victor Hugo Oliveira Silva

2ª edição

Rua Clara Vendramin, 58 | Mossunguê | CEP 81200-170 | Curitiba | PR | Brasil
Fone: (41) 2106-4170 | www.intersaberes.com | editora@intersaberes.com

Conselho editorial Dr. Alexandre Coutinho Pagliarini | Drª Elena Godoy | Dr. Neri dos Santos | Mª Maria Lúcia Prado Sabatella ‖ *Editora-chefe* Lindsay Azambuja ‖ *Gerente editorial* Ariadne Nunes Wenger ‖ *Assistente editorial* Daniela Viroli Pereira Pinto ‖ *Edição de texto* Natasha Saboredo ‖ *Capa e projeto gráfico* Sílvio Gabriel Spannenberg (*design*) | RugliG e Print Net/Shutterstock (imagens) ‖ *Diagramação* Kátia P. Irokawa Muckenberger ‖ *Designer responsável* Charles L. da Silva ‖ *Iconografia* Maria Elisa de Carvalho Sonda | Regina Claudia Cruz Prestes

Dados Internacionais de Catalogação na Publicação (CIP)
(Câmara Brasileira do Livro, SP, Brasil)

Silva, Victor Hugo Oliveira
   Jainismo : a liberação pela não violência / Victor Hugo Oliveira Silva. -- 2. ed. -- Curitiba, PR : InterSaberes, 2024. -- (Série panorama das ciências da religião)

   Bibliografia.
   ISBN 978-85-227-1522-0

   1. Jainismo 2. Jainismo – Doutrina I. Título. II. Série.

24-215025   CDD-294.4

Índices para catálogo sistemático :
1. Jainismo : Religião   294.4

Cibele Maria Dias – Bibliotecária – CRB-8/9427

1ª edição, 2019.
2ª edição, 2024.

Foi feito o depósito legal.

Informamos que é de inteira responsabilidade do autor a emissão de conceitos.

Nenhuma parte desta publicação poderá ser reproduzida por qualquer meio ou forma sem a prévia autorização da Editora InterSaberes.

A violação dos direitos autorais é crime estabelecido na Lei n. 9.610/1998 e punido pelo art. 184 do Código Penal.

SUMÁRIO

10 | Apresentação
12 | Como aproveitar ao máximo este livro
14 | Introdução

17 | **1 A emergência do jainismo no pensamento hindu**
17 | 1.1 Ruptura com o pensamento védico
26 | 1.2 Monarquias jainistas
31 | 1.3 Linguagem e textos sagrados
37 | 1.4 Conflitos filosóficos entre jainismo e budismo
44 | 1.5 Elementos da visão social jainista
50 | 1.6 Tirthankaras: os fazedores de vau

61 | **2 Princípios e conceitos fundamentais**
61 | 2.1 Jainismo e dualismo
65 | 2.2 Teoria jainista do carma
70 | 2.3 Bases da filosofia mística no jainismo
75 | 2.4 Os mitos do tempo no jainismo
82 | 2.5 O conceito jainista de universo
89 | 2.6 Os três planos do mundo material

| 102 | **3 Prática espiritual: votos e vida monástica**
| 102 | 3.1 Organização monástica
| 109 | 3.2 A liberação espiritual feminina
| 115 | 3.3 O voto da não violência
| 120 | 3.4 Outros votos fundamentais
| 124 | 3.5 Digambaras e Svetambaras: diferenças e peculiaridades
| 130 | 3.6 Sravakas e Sravakis: praticantes não ascetas

| 140 | **4 Textos sagrados, devoção e festividades**
| 141 | 4.1 Os Agamas: o cânone Svetambara
| 146 | 4.2 Sidhanta: os textos sagrados Digambara
| 151 | 4.3 Aspectos da devoção ritualística no jainismo
| 158 | 4.4 Festividades
| 164 | 4.5 Aspectos da vida de Mahavira: o 24º Tirthankara
| 170 | 4.6 Panteão de divindades

| 184 | **5 Fundamentos filosóficos jainistas**
| 184 | 5.1 Verdades fundamentais
| 190 | 5.2 Filosofia ou teologia?
| 195 | 5.3 *Anekantavada*: o princípio da relatividade jainista
| 199 | 5.4 Aspectos da lógica jainista
| 206 | 5.5 O princípio do animado (*jiva*) e do inanimado (*ajiva*)
| 210 | 5.6 Aspectos da fisiologia sutil no jainismo

223 | **6 Iogas, mantra e meditação no jainismo**
223 | 6.1 *Pancanamaskara mantra* e a purificação pela palavra
228 | 6.2 Ioga e jainismo
233 | 6.3 Meditação e liberação
238 | 6.4 *Gunasthanas*: a escada da evolução espiritual
245 | 6.5 Ética soteriológica jainista
248 | 6.6 Diferentes visões sobre a liberação

266 | Considerações finais
268 | Referências
273 | Bibliografia comentada
274 | Respostas
275 | Sobre o autor

Para Paula, minha amada,
e nossas meninas, Radharani
e Mohini.

Todo tipo de obra só se realiza com muito suporte e apoio. Nesse sentido, este livro é fruto de um trabalho coletivo de esforços, sacrifícios e renúncias. Por isso, em primeiro lugar, gostaria de agradecer a minha esposa e companheira Paula, por toda paciência e dedicação ao longo dos meses em que se desenrolou este projeto. Obrigado por compreender meus silêncios, bem como por, diretamente, torná-los possíveis. Agradeço também a Radharani e a Mohini, minhas filhas, por serem a luz do meu viver e a inspiração para meu esforço intelectual.

Obrigado aos meus pais, que me possibilitaram acesso a uma educação de qualidade, e também aos meus mestres espirituais, Jayapataka Swami Guru Maharaj e Prabhu Hara Kanta Das, por terem acendido em meu coração o desejo profundo pela Verdade Absoluta (Krishna)!

Agradeço também ao professor Vladimir Oliveira, por ter me indicado para este projeto, e a toda equipe da Editora InterSaberes, que o tornou necessário e viável.

APRESENTAÇÃO

Apesar de ser uma das mais antigas tradições espirituais da humanidade, o jainismo, devido a algumas características de sua própria trajetória, é ainda pouco conhecido fora da Índia. Às vezes considerado parte do hinduísmo e em outras ocasiões ligado à origem do budismo, o jainismo, apesar de dialogar com essas duas tradições, é, segundo alguns estudiosos como Tukol (1983), ainda mais antigo. Além disso, apresenta particularidades filosóficas e pragmáticas quanto aos métodos utilizados em busca da liberação.

Tendo em vista esse contexto de escassez de informação disponível e acessível em torno dessa tão antiga e importante prática espiritual, esta obra pretende apresentar tanto fundamentos filosóficos quanto aspectos históricos e práticos da vida espiritual jainista. Devido a sua amplitude, será de utilidade tanto para o estudioso ligado às ciências humanas de um modo geral quanto ao aluno que inicia seus estudos relacionados à ciência da religião.

Para atender ao propósito esboçado, esta obra foi dividida em seis capítulos, que foram subdivididos em tópicos temáticos para facilitar a leitura e a pesquisa. No primeiro capítulo, oferecemos elementos que capacitem o leitor a situar historicamente o jainismo em relação a outras tradições espirituais de origem indiana, como o hinduísmo e o budismo.

No segundo capítulo, tratamos acerca dos elementos principais da visão de mundo jainista, como a natureza dualista do universo, a teoria do carma e as bases que fundamentam a busca jainista pela transcendência. No terceiro capítulo, veremos como a conduta direcionada à ascese se expressa nos votos principais seguidos pelos praticantes, bem como o modo pelo qual esses mesmos votos são cultivados em conjunturas específicas, como aquelas das pessoas situadas na vida familiar.

Buscando oferecer dinâmica aos princípios até então apresentados, o quarto capítulo considera formas da vivência prática desse cultivo espiritual. Nesse sentido, além de especificidades da constituição do cânone escritural de cada um dos grupos principais, traremos considerações acerca das festividades e formas por meio das quais a devoção se apresenta como um elemento importante no jainismo.

No intuito de aprofundar alguns dos pontos abordados no primeiro capítulo, no quinto capítulo abordamos os elementos centrais que conferem fundamento, justificativa e propósito ao pensamento e práticas jainistas. Para finalizar a obra, no sexto capítulo apresentamos a forma pela qual elementos da cultura pan-indiana, como ioga, meditação e mantras, são apropriados e têm significado na perspectiva jainista.

COMO APROVEITAR AO MÁXIMO ESTE LIVRO

Empregamos nesta obra recursos que visam enriquecer seu aprendizado, facilitar a compreensão dos conteúdos e tornar a leitura mais dinâmica. Conheça a seguir cada uma dessas ferramentas e saiba como estão distribuídas no decorrer deste livro para bem aproveitá-las.

A EMERGÊNCIA DO JAINISMO NO PENSAMENTO HINDU

O propósito deste capítulo é oferecer elementos qu[e] o leitor a situar historicamente o jainismo em rela[ção] tradições espirituais de origem indiana, como o hi[nduísmo e o] budismo. Para isso, teceremos análises comparativ[as] refere à possível gênese do jainismo, apresentando-[a] tradição milenar fundamentada no ensinamento [dos] três Tirthankaras, também conhecidos como *jinas*[...]

Introdução do capítulo
Logo na abertura do capítulo, informamos os temas de estudo e os objetivos de aprendizagem que serão nele abrangidos, fazendo considerações preliminares sobre as temáticas em foco.

forma, Deus, na perspectiva jainista, não é uma pessoa [...] superior, mas a pura consciência da alma autoaperfeiç[oada que] realiza sua verdadeira identidade sem nenhum tipo de [...] derivada dos atos passados.

SÍNTESE
Neste capítulo compreendemos um pouco da relação do [jainismo] com outras tradições espirituais da Índia. Vimos que, as[sim como] o budismo, essa religião pode ser entendida como um[a tradição] heterodoxa (*nastika*), devido ao fato de recusar a naturez[a transcen]dental do conhecimento revelado na literatura védica, v[...] o fundamento principal do hinduísmo e suas muitas ra[mificações]. Além disso, vislumbramos algumas diferenças entre [o jainismo] e budismo, no que tange às divergentes concepções [...]

Síntese
Ao final de cada capítulo, relacionamos as principais informações nele abordadas a fim de que você avalie as conclusões a que chegou, confirmando-as ou redefinindo-as.

Atividades de autoavaliação

1. Mediante a leitura do primeiro capítulo, assinale V dadeiro ou F para falso nas afirmativas a seguir.
   - [ ] O jainismo é uma tradição espiritual denomina devido ao fato de ser crítica com relação ao cânon
   - [ ] Apesar de promover a paz, o jainismo obteve ap gumas importantes dinastias monárquicas.
   - [ ] As escrituras jainistas são consideradas revelações de um ser transcendental.
   - [ ] De acordo com a tradição jainista, Rsahbadeva, o Tirthankara, tinha 365 metros de altura e teria vi 8,4 milhões de anos.
   - [ ] A prática jainista reserva um local especial para a àqueles seres que, pela prática correta do camin rem realizar a divindade eterna latente na alma os seres vivos.

Atividades de autoavaliação
Apresentamos estas questões objetivas para que você verifique o grau de assimilação dos conceitos examinados, motivando-se a progredir em seus estudos.

Atividades de aprendizagem

Questões para reflexão
1. No jainismo é somente pelos ensinamentos e pela diação dos Tirthankaras que a meta suprema pode s Compare essa situação com outras tradições religi você conheça.
2. Compare a ideia que você tinha de *karma* com a p jainista abordada no capítulo.

Atividade aplicada: prática
1. Assista ao filme *Gandhi* (1982) e faça um texto reflexi as possíveis influências jainistas em sua trajetória.

Atividades de aprendizagem
Aqui apresentamos questões que aproximam conhecimentos teóricos e práticos a fim de que você analise criticamente determinado assunto.

BIBLIOGRAFIA COMENTADA

FEUERSTEIN, G. **A tradição do yoga**: história, literatura, fi e prática. Tradução de Marcelo Brandão Cipolla. São Pensamento, 2001.
   Esse é um livro de leitura obrigatória para todos aqueles interessam pelo estudo de práticas espirituais de origem Com linguagem clara e pesquisa profunda, ele toma a iog eixo reflexivo para apresentar uma reflexão comparada rentes tradições espirituais e o modo como elas se rela com essa prática.

Bibliografia comentada
Nesta seção, comentamos algumas obras de referência para o estudo dos temas examinados ao longo do livro.

INTRODUÇÃO

Este livro é fruto de uma pesquisa intensa, porém curta, se considerarmos o tempo necessário para adentrarmos nos mistérios de uma religião. Faz parte de minha curiosidade pela pluralidade transcendental dos caminhos diferentes que o subcontinente indiano – outrora conhecido por *Bharata Varsa* – apresenta. Espécie ímpar de carnaval da alma, um *almaval*, como ouvi certa vez de *Swami* em seu *ashram* nas montanhas de Paraty, no Rio de Janeiro.

A Índia, assim como o Brasil – e suas tantas e tão pouco conhecidas cosmofilosofias ameríndias –, é um país multicultural multiétnico e multirreligioso. Festa de cores e tons variados em torno das perguntas fundamentais: Quem somos? De onde viemos? Para onde vamos?

Respostas que direcionam vidas, fundam laços, geram casamentos, poemas, guerras, festas, feiras, amores, mortes, nascimentos, eternidades, iluminações, liberações, debates, procissões, cortejos, canções, templos, mantras e silêncios. As vidas e os relacionamentos das pessoas implicadas em função das noções fundamentais da realidade, do ser e do divino.

O que se pretende aqui é um convite para um aspecto da ilimitada diversidade contida na pluralidade de caminhos praticado pelos seres humanos em busca de transcendência. Que essa sensação de descoberta da ponta de diversos igarapés possa estar contida na experiência de leitura dessas palavras tanto quanto esteve em seu processo de escrita.

Existem muitos pontos de vista sobre um mundo ou muitos mundos coexistentes neste segundo? São perguntas como essa que nos ressoam quando nos deparamos com variações nas explicações sobre o infinito.

Esforços humanos concretos, a vida toda implicada. O que é o jainismo? E a mesma pergunta cabe aos mais diversos caminhos: um grupo, uma religião, uma cultura, uma filosofia, um estilo de vida, uma ciência, uma perspectiva? Tudo isso ao mesmo tempo. Esta humilde obra é um esforço de tradução de uma curta, mas intensa, experiência de pesquisa sobre uma profunda e antiga tradição espiritual. Ela é breve, introdutória, e espero que sirva como um convite ao desdobramento. Nesse sentido, este livro foi criado pensando em servir não somente como inspiração, mas como um guia de assuntos que pode ser consultado aleatoriamente, tendo em vista que cada tópico foi pensado como um texto em si. Sumariamente, este projeto é somente um esboço de uma introdução, que haverá de ter sua continuidade na medida em que despertar o interesse pelo aprofundamento, que pode, inclusive, desconstruir o ponto de vista aqui apresentado. Tal como ensinam os filósofos e poetas jainistas, não existe somente um caminho ou uma perspectiva sobre a realidade, tudo o que falamos é tão somente a conclusão a que chegamos a partir dos poucos aspectos da múltipla realidade com os quais, mediante nossa experiência, podemos ter contato.

Como você poderá perceber ao longo do livro, há termos em sânscrito, em geral entre parênteses, para designar a forma como determinado conceito é mencionado na literatura filosófica jainista. O propósito de tal estilo de escrita é oferecer ao leitor referências comparativas a outras práticas espirituais. Como muitos desses conceitos são transversalmente usados em religiões e filosofias diversas, conhecer o termo original de conceitos como alma (*jiva*), liberação (*moksa*) e não violência (*ahimsa*) é útil para desenvolver uma visão comparativa e transversal sobre determinado fenômeno religioso que, apesar de único, integra uma antiga e vasta tradição de reflexão e práticas transcendentais.

A EMERGÊNCIA DO JAINISMO NO PENSAMENTO HINDU

O propósito deste capítulo é oferecer elementos que capacitem o leitor a situar historicamente o jainismo em relação a outras tradições espirituais de origem indiana, como o hinduísmo e o budismo. Para isso, teceremos análises comparativas no que se refere à possível gênese do jainismo, apresentando-o como uma tradição milenar fundamentada no ensinamento dos 24 mestres Tirthankaras, também conhecidos como *jinas*, termo utilizado para se referir àqueles que foram vitoriosos na busca pela autorrealização.

1.1 Ruptura com o pensamento védico

A região do mundo hoje conhecida como *Índia* já há muitos anos desperta a atenção de buscadores e estudiosos ligados aos fenômenos da transcendência, da religião e da espiritualidade. Isso se deve ao fato de esse país ter sido o berço de alguns dos conhecimentos e práticas espirituais mais antigos e influentes da humanidade, como o hinduísmo, o budismo e o jainismo. Além disso, as transformações derivadas do contato com o islamismo e mesmo com o cristianismo tornaram essa conjuntura ainda mais plural e diversa.

De acordo com Jonardon Ganeri (2011), a pluralidade espiritual da Índia é fruto de uma extensa tradição argumentativa somada à acomodação histórica de vozes dissidentes. O debate público em torno de temas transcendentais remonta a muitos milhares de anos, o que torna difícil afirmar a data específica do surgimento desse tipo de prática no subcontinente indiano. Referências a ela podem ser encontradas nas epopeias mais antigas e extensas da humanidade: o Mahabharata[1] e o Ramayana[2].

Foi por meio do debate público fundamentado em argumentação lógica que vozes dissidentes do cânone escritural védico – como Sidharta Gautama e Mahavira Jain – contruíram um significado para sua dissenção. Ao realizarem isso, apresentaram uma interessante mistura entre a tradição cultural da qual eram provenientes e o estado de consciência derivado de suas intensas buscas pela Iluminação. De acordo com Howard Resnick (2018):

> Na Índia, não encontramos uma história longa de guerras sangrentas apoiadas em religião. A religião indiana sempre tendeu a ser inclusivista, em vez de excludente. Assim, as diferentes religiões na cultura hindu tenderam a aceitar umas às outras como

---

[1] O Mahabharata conta a história da Índia antiga, tematizando os desígnios da dinastia real do rei Bharata por meio do conflito entre os Pandavas e os Kurus. Essa história é considerada por aqueles que são seguidores dos Vedas como o próprio *dharma* (Dever Espiritual), sendo ensinado e transmitido mediante a narrativa desses eventos, considerados de forma simultaneamente histórica, mítica e alegórica. É tomado como o registro de eventos que de fato aconteceram no passado ao mesmo tempo que apresenta perspectivas cosmológicas fundantes de determinada visão de mundo que podem ser tomadas, se lidas metaforicamente, como ensinamentos para a própria vida diária de uma pessoa. É considerado por alguns estudiosos como a maior e mais antiga epopeia da qual se tem registro na história da humanidade, fazendo parte de um seleto grupo de escrituras fundamentais na história das civilizações junto com obras como *Gilgamesh* e a *Ilíada*. No conjunto da literatura védica, o Mahabharata e o Ramayana fazem parte de uma categoria denominada *Smrti* (aquilo que foi lembrado), situação oposta daqueles escrituras que são classificadas como *Sruti* (aquilo que foi ouvido diretamente da fonte transcendental, seja em contato pessoal, seja em revelação interior).

[2] O Ramayana é outra das epopeias épicas que falam sobre a história da Índia antiga. Narra a estória história do rei Ramachandra, um avatar do Deus Vishnu.

válidas, mas também a ver as outras escolas como subordinadas ou preliminares as suas próprias visões.

O fenômeno mencionado no texto de Resnick (2018) é o ponto de partida para que possamos compreender alguns aspectos do desenvolvimento do jainismo, bem como o fato de ele ter sido comumente considerado uma tradição de ruptura com relação ao brahmanismo védico. Na sequência, trataremos da visão do próprio jainismo, bem como dos Vedas, acerca dessa questão.

A palavra *veda*, em sânscrito, significa literalmente *conhecimento* e é utilizada também para se referir a um extenso grupo de escrituras datadas de pelo menos 3100 a.C. (Knapp, 2018). No entanto, estudiosos do tema consideram difícil especificar uma data para o aparecimento dos Vedas em forma escrita. De acordo com a própria tradição, tal como manifestada nos textos, os Vedas tomaram a forma escrita há pelo menos 5 mil anos por meio do trabalho de Vyasadeva e Ganesha, respectivamente o orador e o escriba responsáveis pelo registro escrito dessa sabedoria em folhas de bananeira (Goswami, 1986).

O conhecimento presente nessas escrituras era transmitido preferencialmente por meio da oralidade na relação entre mestre e discípulo. De acordo com a compreensão védica, esse saber é eterno e de origem não humana (*apauruseya*). É considerado como o próprio Ser Supremo (Krishna ou Brahman) em forma de som e palavra, revelação da verdade primordial que subjaz a existência (Goswami, 1986).

De acordo com a cosmologia védica, apesar de ser eterno, esse conhecimento se manifestou em forma sonora neste plano de existência há pelo menos 155 trilhões de anos – a idade de Brahma, considerado o primeiro ser vivo criado e responsável pela criação deste universo material em específico (Knapp, 2018).

Segundo Dasgupta (1922), ao se depararem com o grau de importância que a literatura védica apresenta naquilo que veio a ser chamado de *filosofia espiritual hindu*, acadêmicos ocidentais dividiram essa pluralidade de grupos em duas grandes categorias. Apesar de também múltiplas e diversas entre si, as diferentes manifestações presentes nessas categorias são diferenciadas de forma ampla pela aceitação ou não dos Vedas como autoridade última quanto à manifestação da verdade transcendental. A literatura védica seria, então, o ponto axial daquilo que se refere à diferenciação dos sistemas de pensamento oriundos da região do mundo hoje conhecida como *Índia*.

A primeira dessas grandes categorias se refere às escolas definidas como **astika**, **ortodoxas**. São aquelas que aceitam as escrituras védicas como autoridade suprema. Nessa categoria estão as seis escolas filosóficas conhecidas como "*sad-darshanas*" ou "os seis pontos de vista". São elas: o *Samkhya* (que apresenta uma exposição teórica fortemente dualista da relação entre mente e matéria); o *Yoga* (que enfatiza técnicas de experiência direta do supremo por meio da meditação); o *Nyaya* (que propõe um extenso estudo acerca da lógica como forma de compreensão do aspecto divino da realidade); o *Vaisheshika* (que propõe um estudo empírico da realidade); o *Mimansa* (que propõe uma reflexão em torno dos deveres – *dharma* – por meio de uma hermenêutica dos Vedas); e, finalmente, o *Vedanta* (que apresenta uma conclusão metafísica dos Vedas) (Dasgupta, 1922).

De acordo com a visão "astika" (ortodoxa) presente nas escrituras, o jainismo é considerado uma das dissidências e deturpações da prática espiritual original. Segundo consta no *Srimad Bhagavatam* – uma das principais escrituras do pensamento védico:

> Sukadeva Gosvami continuou a falar a Maharaja Pariksit: Meu querido rei, o rei de Konka, Venka e Kutaka, chamado Arhat, ficou

> sabendo das atividades de Rsabahdeva e, imitando os princípios de Rsabahdeva, introduziu um novo sistema de religião. Aproveitando-se de Kali-Yuga, a era das atividades pecaminosas, o rei Arhat, estando confuso, abandonou os princípios védicos, que estão livres do perigo, e inventou um novo sistema de religião que vai de encontro aos Vedas. Este foi o início do dharma Jaina. Muitas outras ditas religiões apareceram em seguida a este sistema ateísta. (Prabhupada, 1995, p. 228)

Rsabahdeva é considerado um glorioso rei de um tempo mítico, uma encarnação dotada de poder pelo Supremo que teria reinado há muitos milhões de anos. Ele é citado tanto nas escrituras védicas como nos textos jainistas, em que é apresentado como o primeiro dos 24 grandes mestres (Tirthankaras) responsáveis pela revelação do caminho jainista a para a liberação. Segundo os Vedas, devido à prática de penitências e ao cultivo de devoção (*bhakti*) à suprema personalidade de Deus (Krishna), ele teria atingido um estágio muito avançado de conhecimento e autorrealização espiritual, chamado de *paramahansa*. Ao atingir esse grau de evolução, ele começou a peregrinar e a manifestar sintomas de desapego com relação ao seu invólucro corpóreo, a caminhar nu e a apresentar comportamentos que faziam com que algumas pessoas o tomassem como louco (*avadhuta*).

O rei Arhat, citado no trecho anterior, ao entrar em contato com o relato das atividades exóticas de Rsabahdeva – e tomando-as como um método de autorrealização, e não como manifestações de um elevado estágio de consciência –, teria desenvolvido um sistema filosófico próprio e divergente com relação ao cânone védico, o qual sistema seria, então, aquele que, da perspectiva ortodoxa (*astika*), deu origem ao jainismo.

Os escritos jainistas, apesar de considerarem Rsabahdeva um dos 24 *Tirthankaras*, não concordam com essa interpretação, bem como com diversos outros elementos apresentados pelas escrituras védicas – como a existência de um Ser Supremo. Por conta disso a tradição jainista é alocada pelos estudiosos das manifestações espirituais na Índia na designação heterodoxa.

O segundo grupo, **nastika** ou *heterodoxo*, refere-se àquelas escolas de pensamento que não consideram (tendo em vista a conclusão que apresentam e defendem) o cânone escritural védico como autoridade última. Apesar de compartilharem de alguns conceitos e ideias como carma (lei da ação e da reação), *moksa* (liberação) e *vairagya* (renúncia), essas escolas de pensamento divergem do chamado *sidhanta* védico, ou seja, das conclusões ontológicas e metafísicas apresentadas pelo conjunto de escrituras védicas.

De modo geral, essas filosofias negam elementos fundamentais da metafísica védica, como a existência de um ser ou uma consciência supremos por detrás da manifestação cósmica. Segundo Gavin Flood (2015), as características gerais das ideologia da renúncia ao mundo, comum ao grupo de filosofias heterodoxas (*nastika*), são: sustentar o ponto de vista segundo o qual a ação conduz ao renascimento e, portanto, ao sofrimento; considerar o desapego da ação, ou até mesmo a inação, como caminhos para emancipação espiritual; sustentar que o desapego absoluto e, consequentemente, a liberação são alcançáveis por meio do ascetismo e de métodos de concentração da consciência. Fazem parte desse grupo: budismo, jainismo, carvaka, ajivika e ajnana. Destes, os dois primeiros têm maiores influência e número de praticantes na atualidade. Analisando essa conjuntura, Flood (2015, p. 110-111) afirma:

> As comunidades de ascetas que surgiram durante este período (séc. X ao séc. VI a.C.) ficaram conhecidas, dentre outras denominações, como sramanas – literalmente, "aqueles que se esforçam" – isto é, aqueles que buscam alcançar a libertação através da realização de práticas de austeridade e renunciam, em

diferentes níveis, às posses materiais. Tanto o budismo, [...], quanto o jainismo originaram-se, precisamente, dessas comunidades de ascetas. Ambas rejeitaram o caráter de revelação dos Vedas e destacaram a importância das práticas de austeridade, no caso do jainismo, e da meditação, no caso do budismo. [...] As tradições de renúncia trouxeram consigo uma nova perspectiva sobre a condição humana, que, em certa medida, acabou se incorporando à concepção de mundo bramânica sobre o chefe de família. Num primeiro momento, entretanto, a ideologia do ascetismo e da renúncia parece representar uma ruptura com a ideologia bramânica de defesa intransigente das obrigações sociais e da realização de rituais públicos e domésticos.

Apesar de suas práticas e rituais milenares, do ponto de vista da história acadêmica, o jainismo veio a ser reconhecido como religião independente somente a partir de 1879, quando Hermann Jacobi[3] – na introdução da sua edição do *Kalpasutra* de *Bhadrabahu* – ofereceu pela primeira vez uma prova textual de que antigas escrituras hindus e budistas já haviam mencionado tais práticas heréticas ou dissidentes como grupos de praticantes com características próprias. Foi a partir dessa publicação que estudos acerca da tradição jainista se estabeleceram como um campo independente de pesquisa acadêmica (Flügel, 2005).

Até esse período, as escrituras e os manuscritos sagrados jainistas eram transmitidos somente entre grupos de iniciados por meio da oralidade, na relação entre mestres e discípulos. Além disso, por terem o *ahimsa* (não violência) como um de seus preceitos centrais, alguns líderes e praticantes consideravam a imprensa

---

3 Antes das descobertas de Jacobi, os jainistas eram considerados uma ramificação budista ou hindu, e não uma tradição independente. Em sua introdução, Jacobi revisou as opiniões de estudiosos ocidentais, como H. H. Wilson e E. T. Colebrooke, que haviam promovido essa ideia. Essa crença se consolidou porque, nos séculos XVIII e XIX, os jainistas da Índia não apresentavam nenhuma evidência textual em público sobre si mesmos, e a situação histórica os obrigava a permanecer muito discretos ou quase ocultos.

(com seu maquinário e relação com a indústria do papel) uma atividade violenta quanto aos micro-organismos residentes nas árvores e no próprio papel. Desse modo, a produção em série de livros impressos era tomada pelos jainistas como atividade que promoveria a prolongação do carma e, consequentemente, do afastamento com relação à liberação final (*nirvana*).

No entanto, a partir do século XIX e devido à relação com o colonialismo britânico – que ofertava privilégios representativos para as comunidades religiosas que se autoafirmassem como tais –, o jainismo vivenciou uma série de reformas que tiveram como um de seus propósitos reavivar a prática tradicional e disseminá-la em termos mais amplos. Essas reformas, lideradas por uma elite de praticantes leigos (não monges), tinham como eixo principal o reavivamento do ensino monástico e a propagação do ensino de suas práticas religiosas concomitantemente ao ensino secular, tanto para homens como para mulheres. Assim, esses reformistas, como Hem Chandra Rai, passaram a estimular o estudo acadêmico e o ensino secular da tradição jainista. Essa postura foi vista como uma ameaça pela maioria dos líderes comunitários tradicionalistas. Eles consideravam que a autorrealização espiritual não poderia ser alcançada mediante o cultivo de conhecimento (*jnana*), mas somente por meio da meditação (*dhyana*) e da prática de austeridades (*tapasya*).

Analisando essa conjuntura, Flügel (2005) afirma que, assim como o uso da palavra hindu, o uso da palavra sânscrita Jaina como autodesignação parece ter sido um desenvolvimento recente. Para esse autor, o termo *jainismo*, usado como forma de designar uma comunidade de praticantes, veio à tona somente na modernidade:

> A maioria dos estudiosos identificou o Jainismo como um corpo de doutrina reificado que é essencialmente imutável ao longo do tempo, enquanto eu vejo o Jainismo como a soma total das

práticas e crenças de todas as pessoas que se chamam a si mesmo como Jains ao longo dos séculos. As categorias "Jainismo" e "Jain", porém, não foram usadas antes do período moderno, nem as reivindicações de identidade associadas a elas. (Flügel, 2005, p. 13, tradução nossa)

Apesar dos conflitos inerentes a ela, essa conjuntura de reforma fez com que as primeiras versões impressas do cânone escritural jainista, denominados *Agamas*, viessem a público no final do século XIX e início do século XX. Essa extensa coletânea de manuscritos e sutras apresenta os ensinamentos dos 24 *Jinas*, considerados como aqueles grandiosos seres iluminados que apresentam o caminho por meio do qual seria possível libertar-se das garras do carma e atingir a liberação. Essa descoberta tardia dos escritos jainistas foi algo que contribuiu para que estudiosos considerassem essa prática uma derivação com relação aos Vedas. Apesar disso, essa visão não é corroborada pelos próprios jainistas, que veem a si mesmos como praticantes de um *dharma* eterno e imutável, uma revelação do verdadeiro caminho através do qual é possível obter a libertação do ciclo de nascimentos e mortes. Seguindo esse tipo de percepção, alguns estudiosos afirmam que o jainismo teria uma presença na Índia ainda mais antiga do que os próprios Vedas, sendo a prática espiritual original e mais antiga desse povo (Flügel, 2005).

A partir do que foi exposto, podemos perceber que, apesar das diferentes visões apresentadas pelas tradições escriturais, a reflexão acerca do próprio jainismo passa inescapavelmente pela divergência que ele apresenta com relação ao cânone escritural védico, devido à centralidade que esse *corpus* escritural apresenta na definição das práticas espirituais surgidas na Índia. É por isso que, antes de adentrarmos os detalhes e especificidades do jainismo enquanto prática espiritual e sistema de pensamento, consideramos interessante iniciar pela apresentação desse debate que, de alguma forma, permeia as diferentes maneiras de situar essa tradição na longa história do pensamento transcendental indiano.

1.2 Monarquias jainistas

Dando continuidade à apresentação dos aspectos gerais acerca do jainismo, neste tópico abordaremos alguns aspectos da relação entre o sagrado e a política, como de que forma esse imbricamento se manifestou em alguns traços de sua história. Atualmente, segundo Shah et al. (citado por Jaina Education Committee, 2015), o jainismo tem algo em torno de 6 milhões de praticantes ao redor do mundo. Na Índia, país onde tem mais expressividade, representa aproximadamente 2% da população local. É uma das tradições filosóficas e espirituais que há mais tempo na história da humanidade tem conseguido cultivar suas práticas e manter suas comunidades de adeptos. As referências ao jainismo remontam a mais de 5 mil anos, devido a descobertas arqueológicas ligadas à civilização do vale do rio Sindhu-Sarasvati.

O jainismo não pode ser considerado uma religião de caráter expansionista. Ele se expande e permanece, de modo geral, por meio da transmissão familiar. No entanto, vemos que, ao longo de sua história, o suporte de algumas monarquias locais deu um grande impulso para a institucionalização, expansão e permanência dessa prática religiosa. Além disso, identificamos a presença de reis praticantes do *dharma* jaina na própria fundação dessa prática espiritual, como Rsabanatha, o primeiro Tirthankara, que, além de mestre espiritual, foi rei e administrador social.

Antes de abordarmos como a relação entre a política e o sagrado se configura em alguns aspectos da história do jainismo, é necessário fazer algumas ressalvas. O mundo social compartilhado em esferas não comunicantes é uma perspectiva acerca da sociedade especificamente ocidental, na qual a religião foi relegada à esfera individual da crença como resultado do processo da secularização e da correlata (tentativa de) retirada da ideia de Deus do campo da Administração Pública e do campo da prática social empírica. Nesse sentido, Talal Asad (2010) argumenta que o conceito de religião teria uma história intrinsecamente ligada aos rumos do cristianismo no Ocidente, não podendo, dessa forma, ser devidamente usado como conceito universalizável. Segundo esse antropólogo:

> De um conjunto concreto de regras práticas ancoradas em processos específicos de poder e conhecimento, a religião se tornou abstraída e universalizada. Neste movimento, não há um mero aumento da tolerância religiosa, nem, certamente, apenas uma nova descoberta científica, mas a modificação de um conceito e uma série de práticas sociais que é, ela mesma, parte de uma mudança mais ampla na paisagem moderna do poder e do conhecimento. Essa alteração incluiu um novo tipo de Estado, um novo tipo de ciência e um novo tipo de sujeito jurídico e moral. Para compreender essa modificação é essencial manter claramente distinto aquilo que a teologia tende a obscurecer: a ocorrência de eventos (enunciados, práticas, disposições) e os processos autoritativos que dão sentido a esses eventos e incorporam esse sentido em instituições concretas. (Asad, 2010, p. 271)

De um modo geral, isso significa que, ao analisar as relações entre o sagrado e o político em religiões não ocidentais, temos de ter em mente que a religião é melhor compreendida se vista como uma prática concreta de conhecimento diretamente inscrita em processos de poder, em uma rede ampla de posicionamentos que envolvem uma visão acerca da organização e da administração social.

Essa visão se exemplifica diretamente na atuação do primeiro Tirthankara, Rsabadeva, que, ao propagar pela primeira vez o jainismo, foi responsável também por instituir diversas práticas sociais, demonstrando como o saber eminentemente espiritual estava ligado a processos amplos de poder e gestão coletiva. Seu filho mais velho, Bharata, foi o primeiro dos grandes imperadores do subcontinente indiano legando a este seu próprio nome, *Bharata Varsa*. Assim como para muitos outros reis que foram praticantes do jainismo ao longo da história da Índia, sua pertença ao jainismo se tornou mais expressiva quando, no final de sua vida – seguindo o exemplo de seu pai –, renunciou ao mundo social humano para absorver-se completamente na prática de votos e austeridades em busca da obtenção de purificação e, consequentemente, da liberação.

Para além dos referenciais míticos presentes nos escritos jainistas, temos também indicações diretas acerca da relação de algumas das principais dinastias indianas com o jainismo. Foi o caso da dinastia Maurya, que governou a Índia de 322 a.C. a 187 a.C. Estendendo-se do reino de Magadha até a planície Indo-Gangética no lado oriental do subcontinente indiano, o império teve sua capital em Pataliputra (moderna Patna) e foi um dos maiores que já existiu no subcontinente, abrangendo mais de 5 milhões de quilômetros quadrados em seu apogeu, sob o comando de Ashoka, neto de Chandragupta.

Maharaj Chandragupta foi o fundador da dinastia Maurya e tornou-se um membro ativo da comunidade jainista ao aceitar o sábio Bhadrabahu como seu preceptor espiritual. *Sri Bhadrabahu*, como era conhecido, foi considerado pela comunidade jainista o último dos grandes sábios a ter memorizado todos os ensinamentos dos Tirthankaras, sendo o rei Chadragupta um de seus maiores e mais conhecidos discípulos. Esse sábio liderou uma grande migração da comunidade jainista do norte rumo ao sul da Índia após ter tido uma visão de que uma grande seca e a fome dela decorrente iriam se abater sobre o noroeste indiano. Seu discípulo e rei da dinastia, Maurya, seguiu seu mestre na migração, renunciando o reino e deixando-o sob os cuidados de seu filho, Chandra Agri. Segundo consta nos registros jainistas, Chandragupta teria jejuado até a morte – uma prática jainista chamada *salakana* –, obtendo a liberação na região de Karnataka.

A migração promovida pelas visões de Bhadrabahu fizeram com que, ao levar uma grande comunidade de praticantes ao sul da Índia, ocorresse um reavivamento da prática jainista nessa região para a qual se dirigiram. Essa influência que se iniciou com a chegada desses viajantes à região de Karnataka por volta de 300 a.C. pode ser sentida em alguns monarcas da região de Banavasi e especialmente na dinastia Ganga, que governou a região de Karnataka de 350 a 999 (Sastri, 2002).

Outro rei integrante da dinastia Maurya a oferecer grande suporte ao jainismo foi Maharaj Samprati. Ele foi o neto de Ashoka, imperador responsável por estabelecer a grandiosidade do budismo no subcontinente indiano. Samprati, devido à influência de mestres jainistas com os quais teve contato, foi responsável pela construção de 125 mil templos jainistas ao redor do seu império, sendo que alguns deles podem ser encontrados até hoje em cidades como Ahmedabad, Viramgam, Ujjain e Palitanta. Sob seu apoio, o jainismo adquiriu também um aspecto missionário mais amplo, tendo em vista que, seguindo os passos de seu avô Ashoka, que fez o mesmo com relação ao budismo, enviou missionários para Grécia, Pérsia e Oriente Médio no intuito de propagar as ideias jainistas.

Dessa forma, podemos considerar que, sob o governo da dinastia Maurya, o jainismo tornou-se um potência religiosa na Índia, especialmente na região sul do império. No entanto, com o tempo e devido à ausência de outros reis que dessem continuidade a esse apoio governamental ao jainismo, essa religião acabou por ver um declínio em sua influência devido à ascenção da revitalização das escrituras védicas promovida por vedantistas como Shankara e Ramanuja.

Muitos foram os reis da história da Índia que seguiram o *dharma* jainista, no entanto, uma listagem de todos eles foge do escopo deste livro. O importante a ressaltar aqui é que, mesmo sendo um religião da extrema não violência, ela esteve presente na história política dos reinados indianos, por meio de reis que, inspirados por mestres e preceptores praticantes do jainismo, adotaram oficialmente essa prática. Além de criar um ambiente social de aceitação favorável de seus praticantes, o apoio monárquico patrocinou a expansão e a consolidação institucional do jainismo por meio da construção de templos e também pelo estímulo à produção intelectual e literária ligada a essa filosofia.

Este último elemento pode ser exemplificado por meio de alguns elementos da relação do rei Amoghavarsha I, pertencente à dinastia Rashtrakuta, com o jainismo. Amoghavarsha I reinou durante 64 anos (815-877), estabelecendo um dos maiores e mais longos reinados na história do subcontinente indiano. Ele foi discípulo de Jinasena, autor do *Adipurana*, e, devido ao estímulo promovido em seu reinado, não somente o jainismo, mas também outras linhas espirituais vivenciaram um momento de fertilidade intelectual (Sastri, 2002).

O próprio Amorgavarsha era poeta e escritor, responsável por uma das mais antigas obras na língua Kannada, chamada *Kavirajamarga* – a qual até hoje serve como referência aos poetas praticantes dessa língua. Seu interesse em artes, literatura e conhecimentos espirituais fundamentou o estímulo da tolerância inter-religiosa. Como era adepto do jainismo, que defende a não violência e a pluralidade de visões, apoiou o pluralismo religioso em seu reino. Desse modo, fomentou um ambiente de debate propício ao desenvolvimento dialógico. Essa conjuntura se refletiu na ascensão de diversos intelectuais, como Jinasena, Virasena, Mahaviracharya, Shankatayan e Sri Vijaya, muitos dos quais faziam parte da corte imperial.

A grandeza e a fertilidade intelectual do império de Amoghavarsha, bem como seu caráter e suas práticas pacíficas, foram comparadas àquelas do imperador Ashoka, responsável pela promoção do budismo na Índia. Apesar disso, enquanto Ashoka é considerado patrono do budismo, Amoghavarsa apoiou institucionalmente por meio de seu império não somente o jainismo, como também o hinduísmo e o budismo, além de ter sido tolerante com as práticas islâmicas (Sastri, 2002).

FIGURA 1.1 – Templo jainista no estado de Gujarat, na Índia

Leonid Andronov/Shutterstock

1.3 Linguagem e textos sagrados

Como é o veículo disponível mais abrangente de comunicação entre as pessoas, a linguagem é sempre um meio de transmissão do saber espiritual. É nas palavras, seja em sua forma falada, seja na escrita, que se deposita a esperança de preservação do conhecimento que leva à verdade e, no caso específico das tradições soteriológicas indianas, à liberação. Nesse sentido, as mais diversas práticas sempre estão associadas a linguagens por meio das quais se perpetuam. Em algumas práticas a palavra em si adquire um estatuto sagrado, enquanto em outras adquire esse tipo de característica devido à natureza perfeita daquele que a profere.

O jainismo, junto com o budismo, é definido como uma cultura *sramanica* (Flood, 2015), devido ao fato de ter como ponto focal a experiência de iluminação no praticante que se esforça por meio de meditações e austeridades guiadas pelas palavras proferidas pelos mestres que obtiveram esse mesmo estado. Essa categoria foi elaborada em oposição à cultura védica, que considera suas escrituras como revelação sagrada proveniente diretamente do divino, fazendo com que o ponto focal de sua propagação seja o estatuto sagrado das palavras escritas e a mediação ritual estabelecida pelos sacerdotes profissionais, os brâmanes.

As práticas espirituais definidas como sramanicas têm a transmissão de seus ensinamentos vinculada a línguas mais populares e de maior expressão por meio da oralidade denominada *prakrti*, enquanto os Vedas são diretamente vinculados ao sânscrito, uma língua ligada à forma culta e à intelectualidade brahmânica. O *prakrti*, palavra que pode ser traduzida como "natural" ou "comum", é, na verdade, uma derivação do sânscrito, uma forma vernacular geralmente associada à população mais simples, enquanto o sânscrito é mais vinculado às castas eruditas superiores.

No caso do jainismo, a forma de *prakrti* pela qual ele se difundiu de maneira mais ampla foi o Ardhamagadhi, língua falada durante 600 a.C. e 100 d.C. na região de Magadha, na província de Bihar, norte da Índia. Essa língua foi utilizada por Mahavira, o 24º Tirthantkara, quando proferiu seus sermões após ter atingido o estado de omnisciência. Já o budismo foi difundido em uma forma de *prakrti* denominada *Pali*, língua na qual foram preservados os ensinamentos de Buda, transcrições que configuram o cânone do budismo Theravada.

No jainismo, assim como no budismo, não encontramos apenas um livro sagrado, mas um corpo escritural que adquire esse estatuto devido ao fato de preservar os ensinamentos proferidos pelos grandes mestres. O grupo de textos considerados sagrados no jainismo são definidos como *Agamas*. Eles contêm a transcrição do ensinamento transmitido oralmente pelo mestre Tirthankara ao círculo de 11 discípulos mais próximos, denominados *Ganadharas*. A tradição jainista considera que, após terem ouvido as palestras proferidas pelo mestre, esses discípulos foram responsáveis por sintetizar a essência desses ensinamentos nos **sutras** (aforismos) que integram o que veio a se configurar como o cânone escritural.

Além de sintetizarem os ensinamentos e de transmitirem esses sutras também por meio da oralidade, a tradição considera os Ganadharas responsáveis pela conversão de 4.411 discípulos, os quais configuram, de certa maneira, a própria fundação da comunidade jainista. Essa sabedoria foi preservada durante centenas de anos somente por meio da transmissão oral e da memorização. Devido à prática da não possessividade extrema, esse saber não era convertido em livros (que naquele período eram inscrições feitas em madeira ou folha de bananeira). Os livros nesse contexto eram considerados objetos que poderiam despertar o sentimento de posse, algo que era um obstáculo ao pleno desenvolvimento espiritual.

Os Tirthankaras são considerados capazes de transmitir o conhecimento puro devido ao fato de terem atingido o estado de perfeição no qual podem ver a natureza última da realidade. Dessa forma, as palavras emanadas por esses mestres são consideradas o fruto dessa visão perfeita propiciada pelo estágio mais elevado de omnisciência. De modo geral, os grandes mestres não transmitem sua sabedoria por meio da língua escrita, mas pela oralidade como via de transmissão do conhecimento.

Os discípulos que se encontram na categoria de Ganadharas são tidos como pessoas que também se encontram em um estágio muito avançado de evolução – devido ao fato de terem ouvido diretamente e aplicado em suas vidas os ensinamentos do Tirtankara. Por conta disso são considerados aptos à importante tarefa de sintetizar a essência dos ensinamentos de seus mestres. Segundo o poeta Kundakunda, "O Jina pronuncia o significado, os principais discípulos reúnem habilmente o texto" (Mehta, 1993, p. 45, tradução nossa).

Ambos os grupos jainistas concordam que Badrhabahu, mestre do rei Chandragupta, foi o último *acarya* (mestre que ensina pelo exemplo) a memorizar todos os Agamas. Depois de Bhadrabahu Swami, a habilidade mental dos *acaryas* (mestres que levam adiante o ensinamento dos Tirthankaras) começou gradualmente a declinar, fazendo com que não conseguissem mais memorizar todos os sutras (Tukol, 1983).

FIGURA 1.2 – Antigo eremitério de Bhadrabahu, até hoje frequentado por peregrinos jainistas

Por volta de 300 a.C. esse mestre, como comentado no tópico anterior, liderou uma grande migração de parte da comunidade jainista em direção ao sul da Índia, devido à previsão de que um grande período de seca e fome se abateria sobre a região. Esse evento está ligado a um conflito que veio marcar definitivamente a comunidade jainista em dois grupos.

Anos após a partida, alguns representantes do grupo que havia partido para o sul voltaram ao norte para reencontrar os praticantes do *dharma* jainista que lá haviam permanecido. Ao chegarem, souberam que, devido à partida de Badrhabahu, eles organizaram uma compilação escrita dos Agamas. Essa primeira forma escrita assumida pelos Agamas é tida pelo grupo Svetambara como canônica, no entanto, ela é contestada pelo grupo Digambara, que afirma que a maior parte dos sutras originais se perdeu no tempo e na memória, de modo que, de acordo com seu ponto de vista, o cânone produzido pelo grupo Svetambara não estaria correto.

Após a partida do grupo que migrou para o sul, a comunidade jainista que permaneceu no norte ficou receosa de que os ensinamentos dos Tirthankaras pudessem se perder – tendo em vista que Bhadrabahu também havia partido. Dessa forma, eles passaram a organizar recitações públicas oficiais, denominadas *vacanas*, bem como conselhos para estabelecer um conhecimento consolidado acerca dos ensinamentos jainistas.

Segundo Nalidini Balbir (1984), o último e definitivo desses conselhos ocorreu por volta de 466, em Valabhi, na província de Gujarat, sob a supervisão de um instrutor espiritual chamado *Devarddhigani Ksamasramana*. Como resultado desse grande conselho que reuniu muitos sábios e praticantes do jainismo, o cânone Svetambara foi vertido para a linguagem escrita.

O grupo Digambara sustenta que todos os Agamas originais teriam se perdido e que somente alguns fragmentos dos Purvas teriam sido devidamente preservados. Os Purvas são textos muitos antigos que preservariam o conhecimento acerca da história e a cosmologia universal, bem como os ensinamentos dos primeiros Tirthankaras. Esses escritos mais antigos teriam sido compostos pelos Ganadharas próximos aos grandes mestres do passado. Os dois grupos concordam que a maior parte desses textos sagrados teria se perdido no tempo e que o mestre Bhadrabahu foi o último a ser reconhecido como *catur-dasa-purvi* (o homem dos 14 Purvas). Para os Digambaras, 2 de um total de 14 Purvas teriam sido preservados e transcritos em *prakrti* pelo monge Gunabhadra (Balbir, 1984).

Apesar das divergências entre os dois grupos acerca de seus respectivos cânones escriturais, existe uma que é mutuamente considerada válida, chamada *Tattvartha Sutra* – título em sânscrito que pode ser traduzido como "Aforismos sobre o sentido do princípio dos aforismos sobre a compreensão dos princípios". Um diferencial dessa escritura é que, além de ser considerada autorizada pelos dois grupos, ela é escrita em sânscrito, enquanto os respectivos cânones de cada grupo são escritos em *prakrti* (Mehta, 1993). Essa escritura é reverenciada por conter os princípios básicos e essenciais do jainismo. Foi a primeira obra escrita em sânscrito por um intelectual jainista. Seu autor foi Umaswati, também conhecido como Umaswami, intelectual e monge jainista que viveu no século II e era discípulo do Acarya Kundada, integrante do grupo Digambara.

Vemos, assim, que não somente o *prakrti*, mas também o sânscrito veio assumir um lugar de importância nos escritos sagrados jainistas. Além dessas línguas, observamos que, por conta da produção de comentários explicativos dos significados esotéricos desses textos, que são chamados *bhasyas*, o conhecimento jainista foi se espalhando também por meio de outras línguas, como o Tamil, na medida em que os mestres e praticantes tinham necessidade de transmitir o saber para os diferentes locais pelos quais viajavam.

1.4 Conflitos filosóficos entre jainismo e budismo

Vimos no primeiro tópico deste capítulo alguns dos conflitos filosóficos entre o jainismo e o hinduísmo. Agora exploraremos as divergências e diferenças entre o jainismo e o budismo, as duas correntes filosóficas denominadas *heterodoxas* mais influentes da Índia. Para tal propósito, apresentaremos comparações entre temas convergentes e, dessa forma, adequados para percebermos as sutilezas nas diferenças entre essas duas práticas e filosofias espirituais.

Devido ao fato de ambas serem críticas com relação a alguns aspectos centrais do hinduísmo – como a sacralidade dos Vedas e o sistema de castas – e de terem seus principais mestres (Budha e Mahavira) vivido na mesma época (por volta de 500 a.C.), durante algum tempo se considerou que essas religiões teriam surgido na mesma época ou até mesmo que o jainismo seria uma espécie de subseita do budismo. No entanto, o jainismo tem raízes muito mais antigas, segundo Taylor (citado por Tukal, 1983, p. 21, tradução nossa):

> Por muito tempo se pensou que jainismo fosse uma subseita do budismo, mas, muito em parte devido a pesquisas de orientalistas como Holfrath Buhler, Herman Jacobi e Dr Hoernle essa opinião foi abandonada e o Jainismo é agora admitido como uma das organizações monásticas mais antigas da Índia. Assim, longe de ser apenas uma variação moderna do Budismo, o Jainismo é a mais antiga destas duas heresias e é muito provável que Mahavira, apesar de ser um contemporâneo de Buddha, tenha o precedido em pelo menos 50 anos.

Mahavira é o último dos 24 Tirthankaras (mestres do *dharma* jainista) a ter aparecido na Terra (582 a.C.-510 a.C.). Entre os mestres do jainismo, é, contemporanemante, o seu mais influente sistematizador. Tendo sido contemporâneo de Sidharta Gautama e realizado seu trabalho missionário em uma região similar da Índia (atualmente conhecida como *Bihar*), Mahavira encontrou condições sociais parecidas àquelas vivenciadas por Buda ao transmitir seus ensinamentos.

Durante esse período, por volta de 500 a.C., o brahmanismo de casta vinha recebendo muitas críticas por parte de intelectuais das classes dominantes provenientes da região indiana em que viveram Buda e Mahavira. O sistema religioso predominante, estabelecido a partir dos Vedas e tendo como expressão social o sistema de castas, estava sendo considerado excludente com relação ao resto da população ao proclamar a superioridade e o acesso privilegiado ao conhecimento por parte dos brahmanas.

Essa conjuntura criou possibilidades para a agitação do debate espiritual e filosófico e, consequentemente, para o surgimento de diversas correntes filosóficas que apresentavam conclusões conflitantes em relação ao cânone espiritual védico. O jainismo e o budismo foram as únicas dessas tradições heterodoxas que permanecem vivas e influentes até hoje. Segundo Jayaram V (2012, p. 54):

> Enquanto os crentes da religião védica acreditavam que a espiritualidade era uma questão, totalmente, pessoal, ou privilégio de uns poucos escolhidos com base no seu nascimento (devido ao sistema de castas), Gautama e Mahavira tomaram para si a responsabilidade de levar a religião para todas as pessoas, independentemente, da sua condição social, política ou econômica; eles envidaram todos os esforços para se assegurarem de que as pessoas os ouviam e os entendiam.

Apesar dessa similaridade no que concerne à conjuntura social em que floresceram os dois principais mestres dessas tradições, não significa que o budismo e o jainismo tenham surgido no mesmo período histórico. Tal como colocado na primeira citação deste tópico (Taylor, citado por Tukol, 1983, p. 21), ao contrário do budismo – que encontra em Buda o seu fundador –, o jainismo tem raízes muito mais antigas.

Segundo a tradição, o *dharma* jainista seria eterno, manifestando-se ciclicamente de acordo com o período no qual se encontra a terra no ciclo do tempo eterno (*Kalachakra*). O primeiro Tirthankara deste atual ciclo foi o rei Rsabahdeva, que teria nascido no final da terceira era, algo que, de acordo com o que vimos no tópico anterior, significa milhões de anos atrás.

Além dessa diferença no que concerne às origens, vemos também que, apesar de utilizarem conceitos similares em suas visões de mundo e práticas espirituais, esses conceitos são compreendidos de formas diversas nas respectivas tradições. O conceito de carma, por exemplo, é visto pelas duas filosofias como uma força de ligação causal que leva à experiência do sofrimento, ao mesmo tempo, ambas reconhecem a universalidade da ação do carma sobre os seres individuais que estão sujeitos ao ciclo de nascimentos e mortes.

No entanto, essas filosofias divergem na definição da natureza do conceito de *carma* – palavra sânscrita que pode ser traduzida como "ação" ou "trabalho". Por isso, variam também as formas de conceber o modo pelo qual a relação entre ação e reação enreda a alma no cativeiro da transmigração. Enquanto para o budismo o carma é um processo, ou seja, uma sucessão causal de eventos interligados, para o jainismo o carma é compreendido como uma substância real que se apega à cada entidade viva condicionada, como uma espécie de impureza concreta contida em campo energético sutil, resultante inevitável das ações executadas na dimensão material do cosmos. O método pelo qual seria possível se purificar de tal substância decorrente da ação, a qual – em última análise – acarreta em sofrimento, seria a prática de severas austeridades, bem como por meio de uma vida regulada pela observância de votos e pela conduta correta visando a uma vida na qual se evite praticar violência com qualquer tipo de entidade viva. Sendo o universo povoado por incontáveis almas encarnadas em diferentes tipos de corpos (dos invisíveis ao visíveis), cultivar o princípio da não violência faz da vida do asceta jainista um ato de vigilância e atenção constantes.

A prática da não violência também se encontra presente no budismo como forma de minimizar e se precaver dos efeitos do carma. A diferença reside no fato de que, devido a sua concepção de um universo povoado de almas, a doutrina jainista leva a prática da não violência ao extremo, buscando evitar tanto quanto possível ações que causem dano a qualquer tipo de entidade viva, mesmo que sejam micro-organismos. Nesse sentido, segundo Maria Román Lopéz (1998), os praticantes que assumiram os votos mais austeros ligados a esse princípio realizam práticas como varrer seu caminho para evitar esmagar algum inseto que porventura no chão se encontre; passar a água por uma peneira antes de tomá-la para não ingerir seres minúsculos; cobrir a boca com um lenço para não engolir, ao respirar, as minúsculas criaturas do ar; cortar completamente os pelos do corpo, não ingerir alimentos após o pôr do sol para minimizar a possibilidade de matar algum inseto que porventura caia sobre o alimento e praticar o vegetarianismo[4]. Desse modo, o cultivo da compaixão se torna no jainismo uma forma de meditação constante, visando a uma ação ética para com os outros seres, fazendo dessa autovigilância

---

4 Contemporaneamente, praticantes do jainismo vêm adotando não somente o vegetarianismo, tal como tradicionalmente já faziam, mas também o veganismo, excluindo o uso de qualquer tipo de alimento, roupa, artigo de higiene que seja de origem animal.

uma técnica indispensável no processo total de purificação que permite obter a liberação.

Apesar de ter praticado diversas austeridades severas ao longo de seus anos de busca, após obter a iluminação, Budha não as recomendava, focando suas instruções na prática da meditação contemplativa em uma vida equilibrada na qual se cultivasse a equanimidade livre de paixões. Sob essa perspectiva, a realização de sacrifícios e austeridades excessivas eram vista como inadequada, enquanto para os jainistas se configura, como veremos mais especificamente no Capítulo 6, como um método para o próprio desenvolvimento de uma visão equânime (livre das dualidades) acerca dos fenômenos.

Assim, a não violência se configura como um dos cinco grandes votos aceitos pelos monges e monjas jainistas, ao mesmo tempo em que é um princípio central para qualquer praticante dessa doutrina. Em última análise, *ahimsa*, no jainismo, significa o esforço para não causar dano a nenhum ser vivo, seja em pensamentos e palavras, seja em ações. Esse princípio possui ainda uma dimensão positiva e não somente restritiva, que se refere à prática do amor ativo para com todos os seres (Román López, 1998).

A prática da não violência, tal como expressa e vivenciada no jainismo, está ligada diretamente à noção central dessa filosofia, a alma. Enquanto o budismo caracteriza-se pelo conceito de *anatma*, ou "não alma", o jainismo tem na concepção de alma eterna, ou *jivatma*, um dos fundamentos centrais de sua doutrina. De forma geral, o budismo considera o ser como sendo somente um agregado de elementos físicos e mentais originados a partir do desejo, sem um tipo de substância transcendental (não material e não empírica) como fundamento. O ego, portanto, seria apenas um princípio causal, e não uma entidade eterna. Devido às ações e reações delas resultantes, esse ser, que tem como fundamento nada além da vacuidade, estaria iludido e vinculado ao ciclo de nascimentos e mortes transmigrando de um corpo ao outro, colhendo os frutos de seus atos, ora sofrendo, ora desfrutando deles.

Para os jainistas, a alma é uma substância real e eterna a constituir o cosmos, não estando assim submetida à transitoriedade do mundo terreno e sendo, em verdade, algo muito além dele. A realização de sua intrínseca natureza pura e transcendental seria um dos objetivos do estado supremo de avanço da consciência. Essa alma estaria presente em cada ser animado e também nos elementos do universo, como a terra, a água, o vento, o fogo e o ar, mediante a existência de pequenos seres invisíveis que os habitam. Segundo Jayaram V (2012), o jainismo apresenta, com base em sua ideia de alma, o conceito de um mundo de inumeráveis seres sencientes – individuais ou em grupo –, que podem, inclusive, estar escondidos em rochas, montanhas, rios, lagos, estrelas e planetas, o que seria impensável no budismo tradicional:

> Para os jainas o mundo é um vasto lugar sagrado, permeado com inúmeras almas capturadas em vários estágios de servidão e ilusão. Essas almas estão em todo e qualquer lugar como os átomos numa molécula. Por assim ser, o mundo é frágil demais; precisa ser tratado com o máximo cuidado e responsabilidade, porque as ações e reações de cada alma criam efeitos em cascata sobre outras almas. Mesmo atos simples como beber água ou comer devem ser executados com precisão de modo a não causar sofrimento as almas presentes na água, na comida, no ar, no espaço circunvizinho. Portanto, o jainismo sugere uma vida de não violência e prescreve um código rigorosíssimo, intransigente e implacável de conduta para o indivíduo que queira alcançar a libertação – em contraste com o caminho do meio recomendado pelo budismo. (Jayaram V, 2012, p. 125, tradução nossa)

Essa forma diferente de conceber a noção de alma traz ainda como consequência uma forma diversa de compreender o destino daquelas que obtiveram a liberação com relação ao ciclo de nascimentos e mortes – estágio definido por ambas por meio de conceitos como **nirvana** e ***moksha***. Para o budismo, o nirvana seria um estágio de não ser em que o praticante pode enfim repousar na quietude e vacuidade que seriam a causa fundamental da existência, um fenômeno comparável a uma vela que se apaga e repousa na vacuidade na qual sempre residiu. Nesse estágio seria possível realizar a ilusão subjacente à ideia de personalidade individual, que agora, consciente de sua transitoriedade e não existência, não teria mais necessidade de transmigrar ao longo do ciclo de reencarnações. Para os jainistas, após alcançar o nirvana, a liberação do ciclo do carma, o ser permaneceria existindo como uma alma individual, mas em um estado muito elevado de pureza, iluminação e consciência. A alma liberada atingiria, assim, o topo do universo, onde se encontram outras *Siddhas*[5] (almas perfeitas), sem perigo de retornar ao ciclo de nascimentos e mortes, e lá permaneceria eternamente em um estado de perfeito conhecimento, visão, poder e total bem-aventurança.

> Para os jainistas, a alma é uma substância real e eterna a constituir o cosmos, não estando assim submetida à transitoriedade do mundo terreno e sendo, em verdade, algo muito além dele.

Vemos, assim, que, apesar de dialogarem por meio de conceitos similares, suas concepções fundamentais acerca da existência – principalmente acerca da noção de alma – fazem com que o budismo e o jainismo tenham visões próprias e, em alguns casos, radicalmente diferentes acerca do significado desses conceitos. Por isso, é importante reconhecer simultaneamente os

---

5 *Siddhas* são almas liberadas que estão livres do ciclo de nascimentos e mortes. Essas almas ficam permanentemente em um lugar chamado *Siddha-shilä*, que está localizado no topo do universo. Elas alcançaram o estado mais elevado de liberação (*moksha*), por terem erradicado todos os seus Karmas e não acumularam nenhum novo Karma, libertando-se para sempre do ciclo de nascimentos e mortes (Tukol, 1983).

afastamentos, bem como as proximidades, entre as duas tradições, que, em última análise, se propõem a oferecer para as entidades vivas um caminho pelo qual possam encontrar saída para as misérias e os sofrimentos inerentes à existência condicionada.

1.5 Elementos da visão social jainista

De acordo com os escritos jainistas, nas primeiras eras do ciclo do tempo, a humanidade não apresentava organização civilizacional. As necessidades das pessoas eram satisfeitas por inúmeras árvores dos desejos, a consciência e os corpos dos habitantes da terra eram perfeitos e não havia infelicidade. Nem mesmo a instrução espiritual ou mestres iluminados existiam nesse tempo idílico e ancestral, pois as pessoas eram naturalmente inclinadas a viver uma vida transcendental.

Com o passar de milhões de anos e a ação degradante inerente ao movimento descendente das eras, as árvores dos desejos diminuíram sua produção, não sendo mais possível satisfazer plenamente as necessidades das pessoas tal como antes. Essa situação teria ocorrido milhões de anos atrás, no final da terceira era do ciclo descendente (Jaina Education Committee, 2015).

Contam os escritos jainistas sobre esse passado remoto que nessa circunstância em que a miséria e a escassez começavam a se manifestar na dimensão terrena, a rainha Merudevi, esposa do rei Nabhi, começou a ter sonhos auspiciosos que indicavam a vinda de uma grande alma, que seria um desbravador de caminhos para a humanidade. No primeiro desses sonhos, ela visualizou um touro. Em sua visão onírica, ele era

> domado, nobre, grandioso e resplandecente, brilhante como uma glória iluminadora de luz e mais branco do que as pétalas de um lótus branco. O touro também possuía uma corcova majestosa e bonita e estava coberto por cabelos finos, brilhantes e macios

em seu corpo. O touro tinha uma estrutura única com várias boas qualidades. Seu corpo era firme, musculoso e bem proporcionado, seu chifre era grande e pontiagudo e seus dentes iguais e brilhantes. (Jaina Education Committee, 2015, p. 210, tradução nossa)

Esse sonho significava, segundo a perspectiva jainista, que seu filho seria uma pessoa altamente religiosa e que ele seria um grande mestre espiritual para todas as pessoas, ajudando no cultivo da religião. A partir desse dia, ela teve mais outros 14 sonhos auspiciosos com as seguintes visões transcendentais: um elefante, um leão, a deusa da fortuna, uma guirlanda, a lua cheia, o sol, uma bandeira, um vaso, um lago de lótus, um oceano, o plano celestial, joias, um fogo sem fumaça, um par de peixes e um trono. Cada um desses sonhos representava uma das excelsas qualidades que se manifestariam na personalidade que se encontrava em seu ventre.[6] Essa personalidade ficou conhecida como *Rsabahdeva* e nasceu na cidade de Ayodhya, também conhecida como *Vitina*, local que é até hoje considerado sagrado pelos jainistas, bem como pelos hindus, devido ao fato de ter sido nele onde nasceu Ramachandra, o avatar de Vishnhu.

Segundo Tukol (1983), referências a Rsabahdeva aparecem no Rg Veda, a mais antiga das escrituras védicas, no Visnupurana, no Bhagavata-Purana, bem como nos escritos jainistas, como o Adipurana. Além disso, as escavações arqueológicas da civilização Harappiana – uma das mais antigas civilizações já descobertas pela arqueologia – encontraram referências à adoração realizada à Rsabahdeva, considerado uma encarnação de *Narayana* – a Suprema Personalidade de Deus – pelos seguidores dos Vedas e o primeiro mestre vitorioso (*Jina*) pela tradição jainista. Entre os

---

6   Segundo a tradição jainista, a mãe de um dos 24 mestres que se manifestam a partir do final da terceira era para guiar o mundo no caminho da liberação sempre recebe como sinal essa sequência de sonhos auspiciosos.

jainistas, ele é conhecido também como *Adinath*, palavra que significa "o primeiro Senhor".

De acordo com a tradição jainista, Rsahbadeva tinha 365 metros de altura e teria vivido por 8,4 milhões de anos (Jaina Education Committee, 2015). Casado com duas esposas, Sunanda e Sumangala, ele teve 99 filhos e 2 filhas. Um de seus principais legados foi ter lançado os fundamentos da vida cívica e ter ensinado aos homens a cooperar um com o outro para o mútuo benefício. Nesse sentido, organizou a sociedade em três grupo ocupacionais (*varnas*), que posteriormente se desenvolveram naquilo que ficou conhecido como o *sistema de castas*.

Além disso, ele também estipulou aquele que seria, então, o meio por excelência de união e troca entre os diferentes grupos: o casamento – também considerado pelos jainistas uma herança civilizatória de Rsabah. Os grupos, organizados originalmente de acordo com as qualificações do trabalho e não do nascimento são os *kshatryas* (guerreiros e administradores), os *vaisyas* (comerciantes e agricultores) e os *sudras* (trabalhadores braçais). O grupo ocupacional dos brâmanes teria sido instituído por seu filho, Bharata, após ter herdado o império de seu pai.

Tendo em vista a escassez, que no final dessa terceira era tinha começado a se manifestar, seria fundamental que a humanidade desenvolvesse uma organização civilizacional de modo que a felicidade e o contentamento pudessem se estabelecer igualmente em todos os grupos humanos. Ensinar aos homens a vida social organizada justa e igualitária em termos da satisfação das necessidades básicas foi um dos propósitos da aparição do primeiro Tirthankara. Segundo Louis Dumont (1982, p. 35-36):

> As castas no ensinam um princípio social fundamental a hierarquia. Nós, em nossa sociedade moderna, adotamos o princípio contrário a este. Mas este ensinamento não é sem valor para o

entendimento da natureza, limites e condições de realização do igualitarismo moral e político ao qual estamos ligados.

Curioso aos olhos ocidentais é reparar que, tendo surgido no horizonte a escassez, foi por meio de uma organização social dispersa em grupos hierarquicamente diferenciados entre si – mas que funcionam como um todo – que se buscou estabelecer na humanidade um patamar de igualdade na satisfação das necessidades pessoais.

Além dessas artes civilizacionais, ele teria ensinado 72 artes ou técnicas específicas aos homens e 64 artes refinadas às mulheres, entre as quais se incluíam escrita, matemática, pintura, música e outras. Entre seus ensinamentos, aqueles que foram considerados os mais importantes foram o cultivo de grãos, a confecção de potes de barro e, principalmente, seus ensinamentos espirituais. Por conta dessas realizações, o pesquisador Lothal Wendel definiu essa grande personalidade da seguinte forma: "O pai da agricultura e da cultura, de cuja a maior conquista foi o reconhecimento da alma, o fundamento básico da santidade de toda a vida para a manifestação da não violência 'ahimsa'" (Wendel, citado por Tukol, 1983, p. 45, tradução nossa).

Por conta de ter ensinado à humanidade o cultivo da cana-de--açucar e a extração do caldo de cana (*ikshu-rasa*), a tradição jainista coloca que a dinastia iniciada com o rei Rsahba ficou conhecinda como *Ikshvaku-vamsa*.

Após presenciar a morte repentina de uma dançarina celestial chamada *Nilanjana* – em uma apresentação organizada em seu palácio pelo semideus Indra –, os livros que contam a respeito da vida de Rsabahdeva afirmam que ele realizou a profunda temporalidade e miséria inerentes ao mundo material. Por conta disso, renunciou ao seu reino, suas esposas e seus filhos e foi peregrinar, nu e sem alimento, em busca da iluminação, tornando-se o primeiro sábio mendicante a caminhar no mundo – uma figura preeminente e de singular importância na organização social que veio a ser praticada na região do mundo hoje conhecida como *Índia*. Segundo Luis Cardoso de Oliveira (1985, p. 87):

> O renunciante, ao rejeitar o papel social que lhe é atribuído, em decorrência de sua posição no todo, escapa das relações de interdependência e torna-se "morto para o mundo social". Embora esteja fora do mundo social propriamente dito, pois ao negar a interdependência o renunciante "inaugura o indivíduo", categoria esta que não tem lugar dentro do sistema de castas, a sociedade não deixa de moldar as suas relações e, ao mesmo tempo que contraria o sistema de castas, lhe é complementar ao relativizar os valores fundamentais do sistema.

Louis Dumont (1982), ao tratar sobre essa importante *persona* social da civilização indiana, define o renunciante – posição inaugurada por Rsabahdeva – como um homem que, em busca da verdade última e da libertação dos entraves da vida, abandona a vida social e suas restrições considerando, com base em sua renúncia, o mundo social como desprovido de realidade.

Após renunciar a vida familiar e social, os escritos jainistas contam que Rsahbadeva realizou austeridades e penitências durante mil anos antes de atingir o estado perfeito de omnisciência (*Kevala Jnana*) e obter a completa liberação deste mundo.

Ao tornar-se um renunciante, Rsabah deixou o reino para o seu filho mais velho, Bharata, chamado pelos jainistas e pelos Puranas védicos de primeiro imperador universal (*cakravartin*), conquistador das seis diferentes partes do mundo. Seu reino era conhecido com *Bharata-varsa*, nome escritural e tradicional pelo qual era conhecida a região do mundo hoje chamada de *Índia*. Com exceção de Bahubali, que havia herdado a cidade de Taxila, seus outros 98 irmãos tornaram-se renunciantes ascéticos e praticantes dos caminhos da liberação tal como ensinado por seu pai.

Após desafiar Bharata e ser por ele derrotado, Bahubali tornou-se também um monge renunciante e, de acordo com a tradição Digambara do jainismo, foi a primeira pessoa a atingir a iluminação nesta era. Para a outra corrente jainista, os Svetambara, a primeira pessoa a atingir a iluminação teria sido Merudevi, a mãe de Rsabah (Tukol, 1983).

Bharata Cakravartin é considerado ainda pelos jainistas como aquele que instituiu na organização civilizacional a quarta ordem ocupacional, os brahmanas. Essa casta seria formada por pessoas altamente instruídas e eruditas acerca da natureza transcendental da alma, sendo assim os responsáveis por instruir as outras ordens e, mais especificamente, direcionar a castas dos administradores, os quais, a partir daquilo que foi instituído por Bharata, deveriam administrar e organizar a sociedade de acordo com os ensinamentos brahmínicos.

Posteriormente, e devido à ação degradante do tempo, esse sistema social fundamentado em quatro *varnas* e quatro *ashrams* veio a se degradar no que ficou modernamente conhecido como *sistema de castas*. O último dos 24 Tirthankaras, Mahavira – sobre o qual trataremos mais especificamente no Capítulo 5 –, foi reconhecido como um crítico do sistema de castas. A principal degradação instituída por esse sistema foi considerar o nascimento, e não mais as qualidades cármicas funcionais das pessoas, como fator de classificação social.

A partir dessa breve exposição acerca dos mitos que fundam a vida social para os jainistas, concluímos que a vida perfeita e completamente próspera das primeiras eras tornava desnecessária a própria civilização. Os seres humanos dessas eras antigas eram não somente espiritualmente mais conscientes do que aqueles que nasceram em tempos mais recentes como coporalmente mais saudáveis, vivendo milhões de anos. Eles tinham menor necessidade de alimento e viviam apenas da coleta, em uma vida nômade e livre de desavenças. A civilização surgiu, a partir dessa perspectiva, de uma necessidade proveniente da possibilidade de escassez que passou a se manifestar no plano terrestre a partir de quando as árvores dos desejos (*kalpa-vrikshas*) já não produziam suficientemente a ponto de saciar igualmente a todas as pessoas. Nesse momento surgiu o primeiro mestre vitorioso (*Jina*), Rsahbadeva, com o propósito de ensinar a organização civilizacional aos seres humanos e por abrir para a humanidade o caminho da realização espiritual.

1.6 Tirthankaras: os fazedores de vau

Jainismo é um termo que se refere àqueles que são seguidores dos Jinas. *Jina*, em sânscrito, significa "vitorioso". Nesse caso, refere-se àqueles que venceram suas paixões internas: a raiva, o ego, a ilusão, a luxúria e a ganância. São considerados seres que, devido aos seus, atingiram o estado de omnisciência (*Kevala Darshana*) e realizaram sua natureza espiritual e eterna para além do corpo temporário. Por terem atingido o estado de perfeição (*arhat*), são considerados capazes de abrir caminhos para que outras almas possam atingir a liberação. Essa condição, de um ser autorrealizado capaz de abrir uma passagem para os outros, é expressa através do termo *Tirthankara*, que significa, literalmente, "fazedor de vau" (Feuerstein, 1998).

A palavra *vau* refere-se ao trecho específico de rio através do qual é possível atravessá-lo a pé. Seguindo a metáfora sugerida por essa tradução, uma das margens do rio é a condição de miséria e temporalidade vivenciada pelas almas condicionadas devido ao carma e à ilusão, enquanto a outra seria o estágio de perfeição ou divindade obtido pelas almas autoconscientes de sua transcendental natureza.

Nesse sentido, a pessoa que conduz os seres da condição do sofrimento para a liberdade seria aquela que, mediante seus esforços e compaixão, após ter atravessado o rio, torna-se apta a criar com pedras um trecho raso por meio do qual mais pessoas possam também atravessar e se livrar do ciclo de nascimentos e mortes.

Os "fazedores de vau" são então caracterizados como seres autorrealizados, capazes de promover a iluminação, conquistadores dos inimigos internos, vitoriosos na busca da verdade, reveladores do caminho, totalmente livres e capazes de conceder a instrução correta e instituir a ordem religiosa na sociedade humana.

FIGURA 1.3 – Shravanabelagola, 21 de fevereiro de 2018 – um *sadhu* participando de uma cerimônia de adoração aos Jinas, que ocorre uma vez a cada 12 anos

De acordo com os escritos jainistas, existem 24 "fazedores de vau" que aparecem ciclicamente em cada período ascendente e

descendente na roda do tempo eterno. Eles são os responsáveis por propagarem os ensinamentos jainistas, ou o *dharma jaina*, para a humanidade. De acordo com jainólogos, 22 desses mestres localizam-se em um tempo que poderia ser categorizado como a-histórico e dois em um tempo histórico. Os Tirthankaras do ciclo atual apareceram na terceira e na quarta era.

O termo *a-histórico* é usado devido ao fato de que, utilizando a medida de tempo apresentada nas escrituras jainistas, esse período de existência dos primeiros mestres seria de milhões de anos atrás. Um tempo que, se sobreposto ao tempo tal como concebido pela história e arqueologia acadêmicas modernas, seria um no qual ainda não existiriam seres humanos sobre a Terra.

Além de ensinarem, por meio de palavras e de seus exemplos existenciais, para os seres humanos o caminho pelo qual obter a perfeição espiritual, eles também fornecem orientações a respeito de como obter uma vida social satisfatória mesmo neste mundo. Nesse sentido eles são responsáveis por ensinar à humanidade diversos tipos de saberes, como artes, matemática, casamento, agricultura e cerâmica. Outra contribuição dos mestres Tirthankaras seria ter estabelecido as quatro ordens de vida na congregação jainista: *sadhus* (monges), *sadhvis* (monjas), *shravaks* e *shravakis* (homens e mulheres na ordem familiar) (Dundas, 2002).

Para os Digambaras, todos os 24 mestres foram homens, enquanto o ramo Svetambara considera que o 19º Tirthankara teria sido uma mulher. Nesse quesito reside uma das divergências centrais entre esses dois grupos, pois, enquanto para o primeiro somente almas encarnadas em corpos masculinos poderiam obter o estágio mais elevado de liberação – devido ao fato de somente nessa condição poderem cumprir estritamente o voto de ter nenhuma posse material ao andar somente nu –, o segundo grupo considera que uma alma, ainda que na vida atual esteja situada em um corpo de mulher, poderia também obter a liberação última, sendo que, nessa perspectiva, andar nu não seria uma condição incontornável para praticar o voto de ausência total de posses materiais. Essa temática será aprofundada no Capítulo 3.

Os mestres Tirthankaras são o objeto principal da adoração realizada pelos praticantes do jainismo. Apesar de não considerarem a devoção como caminho por excelência para a liberação, essa prática direcionada aos grandes mestres é tida como meio pelo qual se pode obter benefícios espirituais e purificação cármica.

As representações físicas – tecnicamente denominadas *murti* – dos 24 Tirthankaras encontram-se presentes nos locais de adoração e templos jainistas. Essas representações são tomadas como símbolos das virtudes espirituais obtidas por esses seres autoaperfeiçoados, e não como referências aos seus corpos físicos. Assim, ao praticarem sua devoção direcionada por meio do ato de adoração, o devoto adora não o corpo ou a pessoa do mestre, mas sim suas qualidades superiores pelas quais ele guia a humanidade.

A deidade que representa cada um dos 24 Tirthankaras nos templos jainistas é singularizada pela presença de um símbolo distintivo em sua base que indica qual dos mestres aquela imagem representa. Cada um dos 24 mestres possui uma marca específica. Rishabadeva, por exemplo, é representado pela marca de um touro, enquanto Mahavira – o 24º Tirthankara – é representado por um leão.

No que se refere à adoração das deidades dos Tirthankaras, encontramos também algumas diferenças entre as práticas realizadas por cada um dos respectivos grupos do jainismo. Enquanto os templos do grupo Digambara apresentam ídolos adorados de forma simples e sem adornos,

> Os mestres Tirthankaras são o objeto principal da adoração realizada pelos praticantes do jainismo. Apesar de não considerarem a devoção como caminho por excelência para a liberação, essa prática direcionada aos grandes mestres é tida como meio pelo qual se pode obter benefícios espirituais e purificação cármica.

simplesmente sentados em posição de lótus com os olhos semicerrados (o que representa o mestre como uma alma liberada livre do apego e da aversão), os templos do grupo Svetambara apresentam suas imagens sendo adoradas de forma requintada e elaborada, apresentando os mestres como reis espirituais e soberanos vitoriosos sobre os cinco sentidos e os inimigos internos.

Apesar de não considerar a existência de um Deus criador, a prática jainista reserva, dessa forma, um local especial para adoração àqueles seres que, pela prática correta do caminho, puderem realizar a divindade eterna latente na alma de todos os seres vivos. A obtenção desse estágio de divindade por meio do esforço pessoal é acessível a todos os seres humanos, sem distinção de casta. Ao tomar consciência de si como alma eterna e perfeita – e agir de acordo com essa consciência –, qualquer pessoa pode atingir esse estatuto divino obtido pelos grandes mestres. Dessa forma, Deus, na perspectiva jainista, não é uma pessoa ou um ser superior, mas a pura consciência da alma autoaperfeiçoada que realiza sua verdadeira identidade sem nenhum tipo de obstrução derivada dos atos passados.

Síntese

Neste capítulo compreendemos um pouco da relação do jainismo com outras tradições espirituais da Índia. Vimos que, assim como o budismo, essa religião pode ser entendida como uma prática heterodoxa (*nastika*), devido ao fato de recusar a natureza transcendental do conhecimento revelado na literatura védica, vista como o fundamento principal do hinduísmo e suas muitas ramificações.

Além disso, vislumbramos algumas diferenças entre jainismo e budismo, no que tange às divergentes concepções acerca da alma e do *karma*. Enquanto para o jainismo a alma (*jiva*) tem uma existência transcendental e eterna, o budismo considera que não existe um princípio individual que continue existindo após o nirvana. Além disso, apesar de em ambas as tradições o *karma* ser visto como algo relacionado a uma lei de ação e reação, no jainismo ele é visto como uma substância invisível que é armezanada em um dos corpos sutis que envolvem a alma. Já no budismo o *karma* é um processo responsável por atar e condicionar as entidades vivas não iluminadas entre si.

Dando continuidade a essa apresentação de aspectos gerais acerca do jainismo, vimos alguns aspectos da relação entre a o sagrado e a política, como de que forma esse imbricamento se manifestou em alguns traços de sua história. Apesar de o jainismo não ser uma religião de caráter expansionista, vimos que, ao longo de sua história, o suporte de algumas monarquias locais deu um grande impulso para institucionalização, expansão e permanência dessa prática religiosa.

Finalizando o capítulo, pudemos compreender que o que se entende como jainismo na verdade se refere ao esforço por seguir e praticar os ensinamentos dos grandes vitoriosos, também chamados de *Jinas* ("vitoriosos", em sânscrito) ou de *Tirthankaras* ("fazendores de vau"). Essas grandes personalidades foram capazes de elevar a consciência a um patamar considerado mais elevado, sendo assim aptas a instruir outras pessoas no processo místico de autorrealização. Esses mestres aparecem de tempos em tempos, de acordo com o fluir do ciclo cósmico. Considera-se que existam 24 desses grandes mestres, sendo que o último deles a ter aparecido na terra teria sido Mahavira, contemporâneo de Buda e um dos mestres do jainismo mais conhecidos e adorados na atualidade.

Atividades de autoavaliação

1. Mediante a leitura do primeiro capítulo, assinale V para verdadeiro ou F para falso nas afirmativas a seguir.
   [ ] O jainismo é uma tradição espiritual denominada *astika* devido ao fato de ser crítica com relação ao cânone védico.
   [ ] Apesar de promover a paz, o jainismo obteve apoio de algumas importantes dinastias monárquicas.
   [ ] As escrituras jainistas são consideradas revelações oriundas de um ser transcendental.
   [ ] De acordo com a tradição jainista, Rsahbadeva, o primeiro Tirthankara, tinha 365 metros de altura e teria vivido por 8,4 milhões de anos.
   [ ] A prática jainista reserva um local especial para adoração àqueles seres que, pela prática correta do caminho, puderem realizar a divindade eterna latente na alma de todos os seres vivos.

   Agora, marque a alternativa que apresenta a sequência correta:
   A] F, V, F, V, V.
   B] V, V, F, F, V.
   C] F, F, V, V, V.
   D] F, V, F, F, V.
   E] V, V, F, V, F.

2. Assinale V para verdadeiro e F para falso nas afirmativas a seguir.
   [ ] Apesar de criticar alguns postulados das escrituras védicas, os jainistas veem esses textos como tendo uma dimensão transcendental. Isso faz com que eles realizem festivais e cerimônias em homenagem a essas escrituras.
   [ ] Tendo em vista o apoio recebido por reis como Amogavarsha e outros, o jainismo pode ser caracterizado como uma religião expansionista.

[ ] Os textos sagrados jainistas não foram escritos pelos grandes mestres, sendo, na verdade, compilações dos ensinamentos públicos e verbais que eles transmitiram ao atingirem o estado de omnisciência.

[ ] Os mestres jainistas são tidos como deuses que, de tempos em tempos, se manifestam para propagar o conhecimento acerca da autorrealização.

[ ] Ao não concordar com o caráter divino da revelação védica, os jainistas renegam também o conceito de alma (*jiva*).

Agora, marque a alternativa que apresenta a sequência correta:

A] F, V, F, V, V.
B] F, F, V, F, F.
C] V, V, V, F, V.
D] V, F, V, F, F.
E] F, F, V, F, V.

3. Assinale V para verdadeiro e F para falso nas afirmativas a seguir.

[ ] Monges do ramo Digambara foram críticos à produção de uma versão das escrituras sagradas jainistas por considerarem que o uso do papel acarreta uma reação cármica negativa e acentuada por decorrência da necessidade da derrubada das àrvores, inerente ao uso de tal tipo de material.

[ ] Apesar das diferentes visões apresentadas pelas tradições escriturais, a reflexão acerca do próprio jainismo passa inescapavelmente pela divergência que ele apresenta com relação ao cânone escritural védico, devido à centralidade que esse *corpus* escritural apresenta na definição das práticas espirituais surgidas na Índia.

[ ] Ao analisar as relações entre o sagrado e o político em religiões não ocidentais, temos de ter em mente que a religião

é mais bem compreendida se vista como uma prática concreta de conhecimento diretamente inscrita em processos de poder, em uma rede ampla de posicionamentos que envolvem uma visão acerca da organização e da administração social.

[ ] Por ser uma religião de extrema não violência, o jainismo não esteve presente na história política dos reinados indianos, por meio de reis que, inspirados por mestres e preceptores praticantes do jainismo, vieram a adotar oficialmente essa prática.

[ ] O jainismo, junto com o budismo, é definido como uma cultura *sramanica* (Flood, 2015), devido ao fato de ter como ponto focal a experiência de iluminação no praticante que se esforça por meio de meditações e austeridades guiadas pelas palavras proferidas pelos mestres que obtiveram esse mesmo estado.

Agora, marque a alternativa que apresenta a sequência correta:

A] V, V, V, F, V.
B] F, F, V, F, V.
C] V, V, V, V, V.
D] V, V, F, V, F.
E] F, F, V, V, F.

4. Assinale V para verdadeiro e F para falso nas assertivas a seguir.

[ ] No jainismo, assim como no budismo, não encontramos apenas um livro sagrado, mas um corpo escritural que adquire esse estatuto devido ao fato de preservar os ensinamentos proferidos pelos grandes mestres.

[ ] Segundo o poeta Kundakunda, "O *Jina* pronuncia o significado, os principais discípulos reúnem habilmente o texto".

[ ] Mahavira é o primeiro dos 24 Tirthankaras (mestres do *dharma* jainista) a ter aparecido na Terra (582 a.C.-510 a.C.).

[ ] Entre os mestres do jainismo é, contemporanemante, o seu mais influente sistematizador, tendo sido contemporâneo de Sidharta Gautama e realizado seu trabalho missionário em uma região similar da Índia (atualmente conhecida como *Bihar*).

[ ] Segundo a tradição, o *dharma* jainista seria eterno, manifestando-se ciclicamente de acordo com o período no qual se encontra a terra no ciclo do tempo eterno (*Kalachakra*). O primeiro Tirthankara desse atual ciclo foi o rei Rsabahdeva. Ele teria nascido no final da terceira era, algo que, de acordo com o que vimos neste capítulo, significa milhões de anos atrás.

[ ] Devido ao fato de budistas considerarem o *karma* um processo e de os jainistas o definirem como uma substância, suas filosofias divergem quanto à importância do princípio da não violência no processo de avanço da consciência.

Agora, marque a alternativa que apresenta a sequência correta:

A] V, F, V, F, F.
B] V, V, F, V, V.
C] F, V, F, V, F.
D] V, F, F, V, F.
E] V, V, F, V, F.

5. Assinale V para verdadeiro e F para falso nas assertivas a seguir.

[ ] A doutrina jainista leva a prática da não violência ao extremo, buscando evitar tanto quanto possível ações que causem dano a qualquer tipo de entidade viva, mesmo micro-organismos.

[ ] Após a obtenção da liberação, Buda passou a recomendar severas austeridades como caminho para obtenção do nirvana. Nesse sentido, por mais que haja divergência, é possível afirmar que ele seria também um dos mestres do *dharma* jainista.

[ ] O budismo considera o ser como sendo somente um agregado de elementos físicos e mentais originados pelo desejo, sem um tipo de substância transcendental (não material e não empírica) como fundamento. O ego, portanto, seria apenas um princípio causal, e não uma entidade eterna.

[ ] Para os jainistas a alma é uma substância real e eterna a constituir o cosmos, não estando assim submetida a transitoriedade do mundo terreno e sendo, em verdade, algo muito além dele.

[ ] Para os jainistas, após alcançar o nirvana, a liberação do ciclo do *karma*, o ser não permaneceria existindo como uma alma individual, mas em um estado muito elevado de pureza, iluminação e consciência.

Agora, marque a alternativa que apresenta a sequência correta:

A] V, F, V, V, V.
B] V, V, V, F, V.
C] V, F, V, V, F.
D] F, F, V, V, F.
E] F, F, V, V, V.

Atividades de aprendizagem

Questões para reflexão

1. No jainismo é somente pelos ensinamentos e pela intermediação dos Tirthankaras que a meta suprema pode ser obtida. Compare essa situação com outras tradições religiosas que você conheça.
2. Compare a ideia que você tinha de *karma* com a percepção jainista abordada no capítulo.

Atividade aplicada: prática

1. Assista ao filme *Gandhi* (1982) e faça um texto reflexivo sobre as possíveis influências jainistas em sua trajetória.

2 PRINCÍPIOS E CONCEITOS FUNDAMENTAIS

Toda prática espiritual é fundamentada em concepções metafísicas que justificam e impulsionam sua realização. Neste capítulo apresentaremos os elementos principais da visão de mundo jainista, como a natureza dualista do universo, a teoria do carma e as bases que fundamentam a busca jainista pela transcendência. Tal como veremos, esses fundamentos conferem embasamento não somente para a busca pessoal pela autorrealização, mas também proporcionam as bases segundo as quais se considera a própria existência multinivelada de sua concepção cósmica.

2.1 Jainismo e dualismo

Esta seção pretende explorar alguns aspectos da posição metafísica dualista que a filosofia jainista manifesta ao apresentar seu modo de compreender a relação entres aquelas que são, em seu arcabouço conceitual, categorizadas como as mais importantes das seis substâncias fundamentais do universo: a alma e a matéria. O adjetivo dualista usado para se referir à maneira de categorizar é usado para caracterizar a postura segundo a qual dois termos em comparação, como matéria e espírito, mente e corpo, alma individual e Deus, são considerados como tendo entre si uma diferença fundamental. Essas substâncias, ou conceitos, apresentam, segundo a perspectiva dualista, naturezas irredutíveis uma à outra.

> Muitos filósofos apoiam o dualismo. Os sistemas Nyaya e Sankhya da filosofia indiana apoiam o dualismo. Platão compara o corpo a uma prisão na qual a alma está confinada. Platão e Sócrates fornecem vários argumentos em apoio à alegação de que a alma pode existir sem o corpo. Descartes chama a mente uma coisa pensante que pensa e não uma coisa extensa. Ele define corpo como uma coisa extensa e não uma coisa que pensa. Descartes afirma: "Eu estou presente para o meu corpo não apenas de um modo como um marinheiro está presente ao seu navio, mas... eu estou firmemente unido e, por assim dizer, misturado com ele, tanto que eu faço uma única coisa com isso". Descartes também avançou em vários argumentos para justificar a distinção entre mente e corpo. Os dualistas também defenderam sua posição empregando a Lei de Leibniz de muitas maneiras engenhosas. Geralmente, considera-se que tais argumentos compartilham uma falha comum: eles supõem que, como alguns aspectos dos estados mentais, como privacidade, intencionalidade, verdade ou significado, não podem ser atribuídos a substâncias físicas, devem ser atribuídos a substâncias não físicas. Outro argumento para o dualismo afirma que o dualismo é necessário para o livre-arbítrio.
> (Kachhara, 2010, p. 34, tradução nossa)

Apesar de compreensões diversas acerca de algumas questões, ambos os grupos do jainismo partem da mesma premissa dualista segundo a qual existe uma diferença essencial entre a alma espiritual e transcendental (*jiva*) e a matéria (*ajiva*). Esse marco diferenciador é a presença da consciência (*cetana*), característica distintiva da alma ausente na matéria. Apesar dessa diferença incontornável, esses dois elementos, devido à refutação que o jainismo apresenta à ideia de existência de um criador, seriam substâncias fundamentais e eternas a compor um universo sempre existente e ciclicamente em movimento.

A consciência, tal como compreendida no jainismo, estaria sempre presente, manifestando-se de forma explícita no estado consciente (vigília) e de modo implícito em outros estados, geralmente definidos como de inconsciência, como o sonho, o sono profundo ou o coma. Ela é a condição fundamental de manifestação da vida que se manifesta por meio do conhecimento, da potencialidade de sentir prazer e dor e, finalmente, pela presença da força de vontade.

Essa antítese é muito similar àquela apresentada pela filosofia Samkhya, que postula a dualidade entre os conceitos de *purusa* (consciência) e *prakrti* (matéria) como o fundamento da existência. No entanto, existe uma diferença entre essas duas escolas de pensamento devido ao fato de o jainismo considerar o ser espiritual como agente consciente, enquanto no Samkhya o polo da consciência (*purusa*) é considerado um espectador que, apesar de também consciente, seria passivo, caracterizado por um estado de indiferença (*udasina*).

No que concerne especificamente à natureza da mente e aos diferentes estados de consciência a ela associados, Kachhara (2010) afirmou que existiriam duas correntes metafísicas principais: dualista e materialista. A diferença central entre essas duas vertentes residiria no fato de que, enquanto a primeira considera que a consciência tenha – em última análise – uma natureza não física, a segunda sustenta que a mente poderia ser reduzida a processos mecânicos e materiais que, em última análise, residiriam no cérebro. A corrente materialista pressupõe uma continuidade e similaridade substancial entre a atividade mental e a atividade neural, sendo a consciência não mais do que um subproduto da interação de elementos materiais. Na perspectiva dualista, a consciência significa algo que estaria totalmente além do reino da matéria, sendo o sintoma manifesto da própria existência transcendental da alma. Assim como a fumaça é um indício da existência do fogo, a consciência, de acordo a perspectiva dualista – em sua lógica fundamentada em inferência –, seria o sintoma da alma.

Na visão metafísica sustentada pelas escolas dualistas, a consciência – e, em última análise, a alma – se refere, assim, a algo que estaria além do alcance dos sentidos materiais e, consequentemente, dos instrumentos físicos de percepção do mundo.

Realizar a natureza da alma – caracterizada por conhecimento, eternidade e bem-aventurança eternos e ilimitados – como sendo o verdadeiro eu seria o meio pelo qual a entidade viva poderia se ver livre do ciclo de nascimentos e mortes. Esse estágio de percepção e conhecimentos verdadeiros só seria obtenível mediante a autorrealização e a prática irrestrita da não violência, a qual propiciaria a cessação da influência do carma, o qual, como veremos, deposita-se no corpo sutil como um resíduo físico decorrente das ações. É mediante a influência do carma que a alma acaba se vinculando à matéria e tendo de vivenciar as dualidades e misérias da condição corpórea, a qual é, ontologicamente, oposta à natureza da alma. Nessa perspectiva, identificar o corpo como o ser verdadeiro da entidade viva se configura como a raiz de todo sofrimento. Similarmente a outras tradições soteriológicas de origem indiana, a ignorância, para o jainismo, apresenta-se como um dos principais obstáculos à liberação.

Um dos aspectos particulares da visão dualista, tal como postulado no jainismo, é o fato de apresentar uma terceira entidade na relação entre o corpo (material) e a alma (transcendental). Este terceiro elemento é apontado como sendo o corpo sutil. Ele é responsável por conter – e carregar ao longo do ciclo de transmigração da alma – as memórias, experiências e carmas de uma alma em específico. Esse corpo sutil é material, no entanto, é constituído de um tipo finíssimo de matéria denominado *vargana*, a qual é invisível e sem massa.

Existiriam, tal como demonstra Feuerstein (1998), duas partes na constituição intrínseca desse corpo sutil. A primeira delas, denominada *corpo cármico*, seria responsável por conter as memórias de longa duração (inconscientes), as quais podem se referir a experiências de milhares de anos no passado e, consequentemente, de outras vidas. A segunda, denominada *corpo passional* ou *ígneo*, contém pensamentos, emoções, crenças e memórias de curto prazo (conscientes), referentes à vida atual na qual se encontra um corpo específico. Nessa perspectiva, tanto a alma como a mente, fisicamente situada, acabam por ser coextensivas ao corpo material por meio do corpo sutil – elemento responsável por intermediar a relação entre a alma, que é pura consciência, e o corpo material inconsciente, no qual se encontra situada.

Seriam, então, as reações das ações de uma entidade viva, armazenadas no corpo sutil, que acabariam por impor propriedades materiais à alma transcendental. É dessa forma, devido ao efeito do carma, que a alma, apesar de ser considerada substancialmente imortal, acaba por ter de passar por nascimentos, velhices, doenças e mortes subsequentes no ciclo de reencarnações.

2.2 Teoria jainista do carma

Na perspectiva jainista, bem como de acordo com outras tradições soteriológicas indianas, todos os fenômenos do universo e os seres nele implicados estão unidos por uma corrente comum de causa e efeito. Em sua especificidade, no entanto, os jainistas consideram esse elo como sendo físico: material como um colar, mas sutil e invisível como uma atmosfera. Ele é uma forma de matéria fina que produz certas condições às almas mundanas atadas ao ciclo das transmigrações. Como você poderá acompanhar ao longo da leitura deste livro, o carma e, mais especificamente, os meios pelos quais é possível livrar a alma de suas influências, são o tema central da prática espiritual jainista.

De um modo amplo, o carma pode ser de dois tipos: os meritórios, que produzem como consequência prazer e sensação de felicidade; e os pecaminosos, que têm como consequência a experiência de dor, sofrimento e miséria. Ambos são responsáveis pela produção do cativeiro da alma no ciclo de transmigração, sendo assim necessário deles se purificar para atingir a liberação. Assim, todo evento é visto como tendo uma causa, constituindo um movimento perene regido pela lei da ação e reação.

> Esta é a mais universal de todas as leis. É a única lei que governa todos os fenômenos, por mais grosseiros ou sutis que eles venham a ser. Todas as forças da natureza, físicas e psíquicas, obedecem esta lei. Cada ação do nosso corpo, fala ou mente é resultado de alguma força ou poder que é sua causa. Ao mesmo tempo, aquele que é o efeito de alguma causa se torna, por sua vez a causa de algum efeito, e assim a corrente contínua estendendo sua esfera. Sob os efeitos desta permeante lei da causalidade, não existe espaço para o acaso ou acidente. O que nós genericamente consideramos como sendo um evento acidental, é produto de alguma causa definida que não nos é conhecida devido nosso conhecimento limitado. (Mehta, 1993, p. 97, tradução nossa)

Na visão jainista, todo o universo é repleto dessa matéria fina que se torna carma. Por meio das ações do corpo, mente e fala, essa matéria entra na alma e amarra-se a ela de acordo com as modificações da consciência que consistem em paixões (*kasayas*), por exemplo, ira, luxúria, cobiça e orgulho. Assim, tal como demonstra Mohan Mehta (1993), a relação entre a alma e o carma se dá por meio de seis estágios.

Primeiramente, existe um influxo (*asraya*) de partículas cármicas que influenciam o corpo sutil e levam a ocorrência de certas atividades da mente e, sucessivamente, das palavras e do corpo, as quais são responsáveis pelo enredamento fatual e concreto. Após este influxo das partículas cármicas sutis ocorre a sujeição da alma com relação a estas partículas (*bandha*), sendo este o período no qual o carma entra na alma e permanece dormente até sua manifestação. O terceiro momento ocorre quando um determinado carma manifesta seu efeito, sendo chamado de *maturação* (*udaya*).

> De um modo amplo, o carma pode ser de dois tipos: os meritórios, que produzem como consequência prazer e sensação de felicidade; e os pecaminosos, que têm como consequência a experiência de dor, sofrimento e miséria.

O período pelo qual este efeito permanece vigente é considerado como sendo a existência (*satta*) de um carma e entendido como o quarto estágio dessa relação.

É então nos dois últimos tipos possíveis de relacionamento entre a alma e o carma que se fundamenta a possibilidade de liberação deste ciclo de enredamento. O quinto estágio é considerado como sendo a possibilidade de estancar (*samvara*) o influxo de novos carmas, enquanto o sexto é a possibilidade extinção ou eliminação (*nirjara*) dos carmas existentes. Nesse último estágio, considera-se que o carma, enfim, separa-se da alma. No entanto, caso ela continue agindo em função de perspectivas ilusórias que tomam o corpo como sendo o eu, a alma continuará atraindo para si novos carmas e, assim, dará continuidade ao seu cativeiro.

Pode-se afirmar que toda a prática espiritual jainista, com sua soteriologia ética fundamentada no cumprimento de votos regulativos, encontra seu fundamento nesses dois últimos estágios de relacionamento entre o carma e a alma mencionados anteriormente. Tendo em vista que o carma é tido como aquilo que obscurece as qualidades inerentes da alma, é somente pelo processo de eliminação dos carmas existentes e pela não produção de novos que é possível a manifestação da condição original e transcendental da alma. Na visão jainista, enquanto cultivar uma vida familiar o praticante pode somente se prevenir da produção de novos carmas, sendo que a extinção daqueles já existentes pode ocorrer somente mediante o cultivo da vida ascética de modo perfeito.

É possível afirmar, tal como coloca Cakravarti (1951) que o termo *carma* implica em duas coisas, correlatas e simultâneas. As partículas materiais, que constituem os diferentes carmas, são chamadas de *Dravya carma*, enquanto as condições psíquicas impuras, que são derivadas dos fatores causais pelo acúmulo de partículas materiais cármicas, constituem o *Bhava Karma*. Assim, considera-se que os organismos no mundo concreto são todos caracterizados pelo intercâmbio desses dois estados do carma.

Na verdade, segundo Shah et al. (citado por Jaina Education Committee, 2015), os jainistas organizam e classificam o carma em 148 tipos distintos, que são divididos em oito grupos principais. Cada grupo produz efeitos diferentes na fruição ou sofrimento, sendo que cada tipo de carma é caracterizado por vários elementos, como duração, intensidade e quantidade.

Desses oito grupos, quatro são categorizados como **carmas destrutivos** – devido ao fato de afetarem negativamente a manifestação das qualidades inatas da alma. Nessa categoria encontram-se os carmas que obscurecem a percepção, o conhecimento, a energia e a bem aventurança. Esses tipos de carma iludem a alma, fazendo com que ela se afaste de sua natureza transcendental e se enrede de modo cada vez mais profundo pela corrente de ação e da reação.

Os **carmas não destrutivos** são aqueles que se manifestam como uma consequência natural da presença da alma em um corpo e não impedem a aquisição de convicção, conhecimento e conduta corretas, o que faz com que essas três joias possam ser cultivadas enquanto a alma ainda está no cativeiro do ciclo de nascimentos e mortes. Esses grupos de carmas são aqueles associados à determinação da duração de vida, do tipo de determinado corpo, sua forma, seus atributos físicos, sua condição social, bem como as experiências agradáveis ou desagradáveis que a alma encarnada pode vivenciar.

Considera-se que só é possível liberar-se completamente desse último grupo quando a alma abandona o corpo em consciência transcendental, sendo que os quatro primeiros tipos mencionados podem ser removidos ainda na vida encarnada, mediante a prática de austeridades, penitências e meditações. Caso não sejam extintos, os diferentes tipos de carmas se acumulam no corpo sutil e, assim, acompanham a alma ao longo do ciclo de transmigração, fazendo com que permença vivenciando as dualidades e impermanências características da situação material.

Na perspectiva jainista, as austeridades, ou inconveniências e sacrifícios assumidos com o propósito de avanço espiritual, são o caminho por excelência para a purificação, tanto para leigos como para ascetas. Por meio delas, espera-se manifestar o desapego e a equanimidade, pelos quais é possível situar a mente em uma plataforma estável livre da influência das paixões – consideradas as causas por excelência da ações.

As austeridades externas recomendadas para leigos e para ascetas são os jejuns periódicos, limitar a quantidade e a variedade de alimentos, bem como optar por refeições não muito suculentas, e ainda a mortificação do corpo e a opção por viver afastado como formas de obter purificação.

As austeridades internas recomendadas para purificação cármica são: a confissão e o arrependimento pelos erros cometidos; o cultivo da humildade; o respeito pelos mendicantes; o serviço aos ascetas ou a praticantes mais antigos; o estudo das escrituras; e a meditação.

Segundo Rudi Jansma e Sneh Rani Jain (2006), essas austeridades devem ser realizadas com a atitude correta de deliberação calma. Se os motivos forem os errados, como a esperança de obter admiração dos outros, ao invés de purificação, elas geram carmas negativos. Todas as práticas ascéticas enfatizam o autocontrole e a autoconsciência, o que ajuda no desenvolvimento do desapego e da equanimidade. Os dois métodos de remoção do carma estão, portanto, inter-relacionados. Estudar as escrituras e colocar os princípios religiosos em prática são centrais para o desenvolvimento espiritual na fé jainista. Estruturas práticas e conceituais, como as três joias e *guṇa-sthāna*, ajudam os seguidores dos Jinas a aprofundar seu conhecimento nos princípios jainistas, bem como os auxiliam a implementá-los na vida prática.

> As austeridades internas recomendadas para purificação cármica são: a confissão e o arrependimento pelos erros cometidos; o cultivo da humildade; o respeito pelos mendicantes; o serviço aos ascetas ou a praticantes mais antigos; o estudo das escrituras; e a meditação.

2.3 Bases da filosofia mística no jainismo

Dando prosseguimento às intenções deste capítulo, em que pretendemos apresentar as especificidades do jainismo enquanto prática espiritual, abordaremos neste tópico alguns elementos do que se constitui a base da filosofia mística no jainismo. Para isso, apresentaremos algumas definições de misticismo e experiência mística no intuito de compará-las com a especificidade da prática e da filosofia jainistas.

Segundo Henrique Vaz (2000), a experiência mística seria aquela que se manifesta em um plano transracional, em que cessa o discurso da razão. Essa experiência seria, segundo o autor, capaz de fazer com que "a inteligência e o amor venham a convergir numa experiência inefável do Absoluto que seria capaz de arrastar consigo toda a energia pulsional da alma" (Vaz, 2000, p. 10). Já Nicola Abbagnano (1970), em seu *Dicionário de Filosofia*, define misticismo ou *mística* como toda doutrina que admite uma comunicação direta entre o homem e Deus.

Dadas essas definições, podemos compreender como *filosofia mística* todo tipo de pensamento ou corpo organizado de ideais espirituais que propõem uma prática mediante a qual seria possível atingir uma qualidade sentimental singular que, como coloca Max Weber (1994, p. 367) se experimenta como "a união sentida do saber e da espiritualidade prática que oferece ao místico a confirmação decisiva de seu estado religioso de graça" (1994, p. 367). No estado proporcionado pela experiência mística, o praticante tem uma experiência concreta e vivencial – e ao mesmo tempo suprassensorial – acerca da verdade apresentada por sua tradição em específico.

Tal como coloca T. G. Kalghatgi (1969), em seu livro *Jaina View of Life*, o jainismo enquanto prática espiritual e filosofia nega a concepção teísta de Deus enquanto criador, bem como a própria visão politeísta. Essa circunstância apresenta um interessante paradoxo por meio do qual podemos iniciar nossa reflexão acerca do lugar da filosofia e da experiência mística no jainismo. Tendo em vista o fato de o misticismo ser, de um modo geral, compreendido como uma vivência direta do divino ou como comunicação com Deus, seria possível falar de experiência mística em uma filosofia não teísta como o jainismo?

De acordo com as definições apresentadas, podemos compreender que isso é perfeitamente possível, tendo vista o fato de a experiência mística ser – de acordo com os autores apresentados – um estado de consciência oriundo da prática regular e regulada que permite ao praticante uma vivência direta da verdade postulada pela sua tradição espiritual. Assim, a concepção acerca de Deus não precisa necessariamente ser o ponto central da experiência mística.

Os Tirthankaras, mestres iluminados responsáveis pela transmissão dos ensinamentos Jainas, são considerados seres humanos que, pela prática perfeita, atingiram a liberação (*mukti*). Nesse estágio de consciência e autorrealização, eles obtiveram a visão acerca da verdade em uma experiência concreta, um estado de omnisciência suprarracional chamado pelos jainistas de *Kevala Darsana*. Dessa forma, vemos que a experiência mística é o próprio fundamento da filosofia jainista, pois é somente nela que seus pressupostos últimos são vivenciados. Tendo atingido tal estágio elevado e perfeito de consciência, fundamentado na experiência da alma enquanto realidade última e independente, os mestres jainistas – também chamados de *Jinas* – ensinam o caminho a ser seguido por aqueles que querem também atingir esse mesmo estágio de liberação completa das reações do carma[1]. Em resumo, os mestres ensinam o caminho mediante o qual seria possível atingir o mesmo estágio místico de consciência por eles obtido. Nesse estágio, o praticante realiza e visualiza o ser como a alma espiritual eterna, plena de conhecimento e bem-aventurança, essencialmente diferente da matéria impermamente.

Pode-se afirmar que o conceito central em torno do qual se desenvolve a filosofia mística jainista é a noção de alma (*atma*). A sua existência como realidade transcendental é uma pressuposição para a qual não são necessárias provas empíricas, tendo em vista o fato de a constatação da sua veracidade ser uma decorrência do próprio estado de omnisciência atingido mediante a prática correta que leva ao avanço na senda da autorrealização. Ela, a alma, é aquilo que distingue os seres vivos dos objetos sem vida, sendo

---

[1] O conceito de *karma* e a teoria a ele ligada são centrais na filosofia jainista. Veremos isso em detalhes no tópico 2.6, "Os três planos do mundo material", deste capítulo.

que suas qualidades inerentes são definidas como percepção, felicidade, energia e conhecimento infinitos.

Segundo Kalghatgi (1969), o misticismo jainista gira em torno de dois conceitos, *atma* e *paramatma*. Este último, que pode ser traduzido como "superalma", se refere ao estágio de avanço supremo que pode ser obtido pela entidade viva mediante a remoção dos carmas por meio da meditação, da prática do caminho triplo e do autocontrole. O *paramatma* é definido como o verdadeiro objetivo da busca mística, pelo fato de ser nesse estágio que as qualidades inerentes da alma podem ser devidamente vivenciadas como realidade última. Tal como afirma Kundakunda, um poeta jainista do século I (citado por Dundas, 2002, p. 135, tradução nossa): "Misticismo consiste em realizar o ser transcendental através do ser interior depois de renunciar o ser exterior".

As bases da filosofia mística jainista se encontram nos ensinamentos dos grandes mestres (*Jinas*), registrados em manuscritos como o *Tattvartha Sutra* e outros. O primeiro verso dessa escritura, que é a única aceita como autoridade pelos diferentes grupos de jainistas[2], afirma que "a fé (convicção) correta, o conhecimento correto e a conduta correta constituem o Caminho da Liberação"[3]. Esses três princípios constituem aquilo que foi definido como "as três joias" (*ratna-traya*), as quais constituem a base dos princípios e das crenças jainistas.

A "fé ou percepção correta" (*samyag-darsana*) é a primeira condição necessária para que a pessoa adentre o caminho da liberação. Significa a aceitação da concepção jainista acerca do universo e da realidade. De acordo com a doutrina jainista, todo conhecimento – exceto aquele proveniente da omnisciência – é apenas uma

---

2   Os praticantes do jainismo dividem-se, de forma geral, em dois grupos, os Digambara e os Svetambara. As diferenças entre eles serão abordadas no Capítulo 3.
3   Esse trecho corresponde a uma tradução aproximada de um dos aforismos do Tattvartha Sutra: *samyag-darśana-jñāna-cāritrāni moksa-mārgah*, Tattvārtha-sūtra 1.1.

verdade parcial, fruto de um ponto de vista em particular. Todas as percepções são simultaneamente válidas e incompletas. O primeiro passo na senda da autorrealização seria então descartar as falsas crenças e percepções, adotando uma atitude racional perante a vida, algo que, na doutrina jainista, significa compreender a verdadeira natureza do ser e do não ser, a interação entre eles e o resultado dessa interação sem ser influenciado por preconceitos, apegos ou aversões (Jaina Education Committee, 2015).

O conhecimento correto (*samyag-jnana*) é definido como o conhecimento verdadeiro e relevante acerca da realidade. Seus elementos principais tratam sobre a existência da alma, a interdependência entre os seres vivos, os efeitos das boas e más ações sobre a entidade viva, bem como sobre a forma por meio da qual seria possível pôr fim ao ciclo de nascimentos e mortes mediante a realização da natureza transcendental da alma.

A conduta correta (*samyag-caritrani*) seria então uma decorrência tanto da percepção como do conhecimento corretos. Por meio da realização acerca da verdade (*samyaktva*), o praticante é levado inevitavelmente a adequar as atitudes e os hábitos de sua vida com relação a essas percepções adquiridas. Assim, a conduta correta coloca muita ênfase na não violência (*ahimsa*), na compaixão, no respeito ao pluralismo de visões, na veracidade, no desapego, na autopurificação, no autocontrole, na austeridade, no ascetismo, na prática de ioga e na meditação. O cultivo da conduta correta ocorre, na prática jainista, por meio da aceitação de votos, os quais constituem o centro da moralidade jainista e devem ser aceitos de forma vitalícia com completo conhecimento acerca de sua natureza (Mehta, 1993).

Essas três joias, ou *caminho triplo*, devem ser cultivadas ao longo de toda a jornada da entidade viva em busca da liberação final. De acordo com a filosofia mística jainista, essa jornada ocorre ao longo de 14 estágios denominados *gunasthana*. Por meio desses estágios, a alma progride de um estágio impuro até o estágio puro de liberação ao longo de um caminho de progresso interno. Esses estágios serão abordados de maneira mais detalhada no último capítulo deste livro.

2.4 Os mitos do tempo no jainismo

O tempo não é absoluto. Cada sociedade, e, mais especificamente, cada tradição espiritual, apresenta em suas concepções cosmológicas e mitológicas diferentes maneiras de conceber o universo e, consequentemente, o tempo que nele opera.

A filosofia jainista, por sua vez, apresenta uma gama ampla e diversa de medidas temporais, fundamentadas naquilo que poderia ser chamado a *porção indivisível do tempo*, a qual é entendida como um espaço de tempo tão pequeno que seriam necessárias inumeráveis unidades dela para constituir o tempo de um piscar de olhos. Essa unidade de medida de tempo chama-se *Samay* e da combinação dela seriam feitos os segundos, os momentos, os minutos, as horas, os dias, os anos e as eras.

No Quadro 2.1 vemos como, a partir de *samay*, são derivadas muitas outras unidades de medida de tempo, as quais serão importantes em nossa viagem imaginativa ao logo dos ciclos de tempo jainistas.

QUADRO 2.1 – Medidas de tempo jainistas

Inumeráveis *Samays*	Um *Ävali* (tempo de um piscar de olhos)
16, 777, 216 Ävalis	Um *Muhurt* (48 minutos)
30 *Muhurts*	Um dia
15 dias	Uma quinzena
2 quinzenas	Um mês
12 meses	Um ano
5 anos	Uma *yuga*
8,400,000 × 8,400,000 anos	Um *Purva* (70,560,000,000,000 anos)
Inumeráveis anos	Um *Palyopams*
10 × 10,000,000 × 10,000,000 *Palyopams*	Um *Sägaropam*
10 × 10,000,000 × 10,000,000 *Sägaropams*	*Avasarpini* ou *Utsarpini* (meio ciclo)
20 × 10,000,000 × 10,000,000 *Sägaropams*	Um ciclo do tempo (*Kalachakra*)

Fonte: Jaina Education Committee, 2015, p. 48, tradução nossa.

De acordo com Mircea Eliade (1992), o essencial ao compararmos diferentes mitologias é que há sempre uma concepção do fim e do princípio de um novo período do tempo baseada na observação dos ritmos cósmicos. Isso não é diferente no caso do jainismo, que apresenta, por meio de sua antiga filosofia, uma concepção de universo não criado, eternamente existente e sem fim dentro do qual opera um tempo cíclico. Essa caraterística da cosmologia jainista está ainda ligada ao fato de o universo ser concebido como uma estrutura perfeitamente ordenada, fundamentada em conceitos matemáticos e caracterizada simultaneamente por simetria e repetição.

Segundo Tukol (1983), o tempo no jainismo é visto como um princípio passivo e sem forma que subjaz todas as transformações e mudanças, não sendo um princípio ativo a definir o rumo dos acontecimentos. Ele é também conhecido como a sexta das seis substâncias essenciais[4] que constituem o universo, sendo então

---

4   A concepção jainista acerca do universo será aprofundada no Capítulo 6.

uma condição indispensável para as mudanças fenomenais que ocorrem com todas as coisas.

O universo, nessa perspectiva, consiste de dois elementos: *jiva*, termo sânscrito que significa literalmente "alma", e *ajiva*, que quer dizer "não alma". Segundo Shah et al. (citado por Jaina Education Committee, 2015), essas duas substâncias são eternas, não criadas e coexistentes. A alma é o fundamento e ao mesmo tempo está além da mente e do corpo, elementos considerados materiais. A primeira característica da alma seria definida como a consciência, o que faz desse elemento o centro da existência manifesta em diferentes formas de vida, como seres humanos, animais, insetos, plantas e bactérias. De acordo com a filosofia jainista, os sentidos, as capacidades ativas do seres expressas por meio da fala, das ações e da mente são todos apenas manifestações da consciência – o subproduto da alma.

Nesse sentido, tudo que é inerte, sem consciência, é definido como sem alma (*ajiva*). A maior parte das coisas não vivas são partes ou derivados de entidades vivas. Um papel, uma camiseta feita de algodão, uma pérola, uma cadeira, o petróleo e o silício são todos subprodutos da atividade vital de seres vivos, como árvores, plantas, ostras ou mesmo o planeta Terra. Aprofundando a compreensão disso que seria o aspecto sem alma do universo, o jainismo classifica esses objetos ou elementos não vivos em cinco categorias: matéria (*pudgala*), meio de movimento (*dharma*), meio de descanso (*adharma*), espaço (*akasa*) e tempo (*kala*). A primeira dessas categorias significa simultaneamente matéria e energia. A segunda delas (*dharma*) é entendida como a substância que auxilia no movimento da matéria, enquanto a terceira, *adharma*, é a sua contraparte respectiva e auxilia na permanência ou no aspecto estacionário tanto da matéria como das entidades vivas. Estas duas últimas categorias se referem aos princípios de movimento e descanso, sem os quais uma estrutura do mundo estável seria impossível e incompleta (Tukol, 1983).

A quarta categoria é *Akasa*. Ela é definida como puro espaço, aquilo que permite a própria existência de espaço para cada uma das outras substâncias. Ela não tem forma, ao mesmo tempo em que acomoda a existência de todos os objetos do universo, bem como das outras categorias descritas anteriormente. *Akasa* é ainda definida como de dois tipos. O primeiro, *Lokakasha*, que é aquilo que permeia todo o universo existente, o qual é dividido em três níveis: no primeiro habitam os seres celestiais, no intermediário os seres humanos e no inferior os seres infernais. O segundo tipo dessa quinta categoria é *Alokakasha* e se refere ao puro espaço que se estende ao infinito além do universo existente. Dentro dele não existe nenhum tipo de seres ou objetos, é eterno, infinito e sem forma, podendo ser percebido somente por meio do estado de omnisciência.

Finalmente, como a sexta das categorias de classificação da substância não viva do universo temos *Kala*, o tempo. Ele é visto como uma entidade real de cujo progresso podem ser obtidas todas as atividades e mudanças – ou seja, mesmo que não seja a causa delas, é através do tempo que podemos medir as transformações ocorridas na matéria e na alma.

O principal e mais elaborado aspecto do tempo enquanto fenômeno cósmico no jainismo é sua característica cíclica. Na cosmologia jainista, o ciclo do tempo é tradicionalmente representado como uma roda de 12 raios, denominada *Kalacakra*. Cada ciclo é feito de duas fases: a primeira é chamada *Utsarpini* e se refere à fase ascendente do ciclo, caracterizada pelo avanço e pelo desenvolvimento do conhecimento, da felicidade e de boas condições de existência; a segunda fase é chamada de *Avasarpini* e se refere ao estágio descendente do ciclo, sendo caracterizada pelo declínio das boas qualidades e, consequentemente, pelo retrocesso no conhecimento, na duração da vida e no bem-estar das pessoas em geral.

Cada um desses ciclos apresenta seis subdivisões. O ciclo ascendente se inicia com um período extremamente infeliz (*duhsama-duhsama*), passa por períodos infelizes (*duhsama*), por aquele de felicidade misturada com infelicidade (*susama-duhsama*), pela felicidade (*susama*) e, finalmente, atinge o período de extrema felicidade (*susama-susama*). O ciclo descendente, por sua vez, inicia-se com a extrema felicidade e vai decaindo até a extrema infelicidade.

A primeira era do período de ascenção do ciclo eterno do tempo (*susuma-susuma*) é definida como um período de absoluta felicidade, no qual as pessoas viviam por muitos milhares de anos e eram muito mais altas, chegando a medir 9,5 quilômetros. As pessoas tinham fome somente a cada quatro dias e eram plenas de princípios éticos, como tranquilidade, humildade, amorosidade e desapego. Nessa era, todas as necessidades e os desejos das pessoas eram satisfeitos por dez diferentes tipos de árvores dos desejos (*kalpa-vriskha*). Essas árvores provinham as pessoas com roupas, potes, locais de moradia, boa alimentação, joias, músicas harmoniosas e até mesmo iluminação durante a noite. Não existiam mortes, crimes ou vícios. Considera-se ainda que nesse período não haveria necessidade de religião nem de ensinamentos acerca do caminho da liberação.

A segunda era também é definida como um período de felicidade (*susuma*). A despeito disso, a duração da vida, e outras características auspiciosas da primeira era – como a abundância de árvores dos desejos – começaram a diminuir, apesar de ainda existirem. As pessoas passaram a ter de se alimentar a cada três dias, a água tornou-se menos doce e a terra menos fértil do que na primeira era. Tendo em vista a condição ainda muito auspiciosa, nessa era também não existiam religiões ou revelações através de sábios Iluminados.

A partir do final da terceira era, os jainistas consideram que as *Kalpa Vrikshas*, ou árvores dos desejos, passaram a já não serem capazes de satisfazer as necessidades das pessoas, razão por que estas foram levadas a viver em sociedades. Foi também no final dessa era que ocorreu o advento do primeiro Thirtankara – ser humano que obteve a liberação e passou a iluminar a humanidade, cujo nome era *Rsabahdeva*. Ele foi responsável por ensinar à humanidade as habilidades e artes civilizacionais, como a agricultura, o comércio, a política e o casamento. Além disso, ao longo dessa era, a duração da vida, a estatura dos seres humanos e a quantidade de dias entre uma refeição e outra também continuaram diminuindo.

A quarta era (*susuma-duhsama*) representa um avanço ainda mais significativo da infelicidade, fazendo com que a miséria se tornasse predominante sobre a felicidade. Devido, então, à crescente demanda por conhecimento correto e instrução iluminadora, foi nessa era que apareceram os outros 23 Tirthankaras responsáveis por propagar o caminho da liberação através do jainismo. O último deles foi Jain Mahavira, considerado o mais influente dos mestres iluminados jainistas na contemporaneidade. Ele viveu entre 599 a.C. e 527 a.C. (Dundas, 2002).

A quinta era (*duhsama*) caracteriza-se pelo sofrimento e pela miséria tornando-se majoritários na experiência da vida humana. Seria a era na qual estamos vivendo atualmente. Ela teria se iniciado há 2500 anos e teria uma duração de 21 mil anos. Nessa era, considera-se que a altura média atingida pelos seres humanos é de 1,8 metro e a duração de vida muito dificilmente passa dos 130 anos. Além disso, a liberação torna-se possível somente com a prática religiosa estrita. Afirma-se que, devido ao avanço da ignorância e do sofrimento, no final dessa era até mesmo o jainismo – ou os ensinamentos para obtenção da liberação – terá se perdido. Ele desaparecerá temporariamente para retornar somente com o próximo Tirthankara, no próximo ciclo da roda do tempo.

A sexta e última era (*duhsama-duhsama*) é definida como uma época de intensa miséria e sofrimento, nenhuma prática religiosa ou espiritual existirá nesse período. A idade, o tamanho e a força dos seres humanos se reduzirão drasticamente; a vida humana não durará mais do que 20 anos e o caos será a tônica dos sistemas sociais desestrutrurados. Além disso, a Terra terá se tornado um local extremamente inóspito, com dias excessivamente quentes e noites terrivelmente frias, e calamidades ambientais como terremotos, *tsunamis* e enchentes serão extremamente comuns. No final dessa era, o período de *Utasrpini* – a fase ascendente do ciclo do tempo – irá se iniciar. As misérias irão diminuir gradualmente e a felicidade pouco a pouco irá se estabelecer novamente entre os seres. Resumindo, sobre essa concepção José D'Assunção Barros (2013, p. 131-132) afirma:

> No modelo de degradação humana proposto pela mitologia jainista, o circuito descendente, no qual a felicidade começa a se misturar com a tristeza e a virtude com os vícios, corresponde à ocorrência de sucessivos decréscimos na estrutura física e moral dos seres humanos, que de colossais gigantes geminados, plenos de virtudes, ao final da série já terão se transformado em anões entregues a toda sorte de vícios e já sem nenhum resquício das virtudes primordiais. Mas então se iniciará, deste que é o ponto mais baixo possível de decadência humana, a séria ascendente que através de seis novas idades restituirá progressivamente aos seres humanos a sua estatura moral e física, levando-os de novo ao ponto de origem, no qual todos possuíam uma altura descomunal em relação ao padrão atual.

Esse ciclo do tempo, alternando entre as suas fases ascendentes e descendentes, continua então se desenvolvendo na eternidade.

Dessa forma, tal como coloca Barros (2013, p. 130), a visão mítica do jainismo acerca do tempo o apresenta "como um 'giro cosmogônico', que inclui dentro de si a sequência da degradação humana". Nesse fluxo a série descendente de degradação é contrabalanceada por uma séria ascendente de recuperação da virtude, de modo que seria possível afirmar que tudo se constitui em um círculo que se repete eternamente.

2.5 O conceito jainista de universo

As definições e os conceitos acerca da natureza do universo são um ponto de significativa relevância na prática espiritual jainista. Meditar sobre a estrutura cósmica e o lugar das entidades vivas dentro dela se constitui, segundo Nalini Balbir (1984), como um foco substancial dessa prática espiritual. Considera-se que o contato com essas noções cosmológicas seja um parte fundamental do avanço da consciência, tendo em vista que as conclusões que esse tipo de reflexão sugere podem estimular a entidade viva a renunciar os deveres mundanos e a se dedicar de forma estrita à busca da autorrealização.

Segundo Bossche (2011), a cosmografia e a geografia jainistas formam uma parte essencial do jainismo como religião. Tendo em vista esse lugar de importância conferido às reflexões cosmológicas, é possível encontrar referências à estrutura do universo em textos, escrituras e estórias populares integrantes da cultura jainista. Além disso, a representação gráfica e visual dessas concepções assumiu, ao longo da história jainista, um lugar importante como método pedagógico soteriológico. Considerava-se, especialmente a partir do século IX, que a reflexão e a meditação guiadas pelas pinturas que representam o cosmos teriam o poder de operar transformações profundas na consciência do praticante, direcionando-o de forma mais assídua à prática espiritual concentrada (Bossche, 2011).

De acordo com Dundas (2002), apesar de tipicamente tratada como material de apoio para compreensão da ontologia e da soteriologia jainistas, ou simplesmente como um material exótico remanescente de períodos pré-modernos, a cosmografia jainista tem um significado duradouro para a comunidade jainista que prevalece até hoje. Ela tem implicações para a vida religiosa em geral, estando ligada a datas e formas de realização de festividades, à vida ritual, à soteriologia e ao estebelecimento de autoridade religiosa.

A concepção jainista do universo é muito complexa, sendo composta de padrões simétricos e repetitivos fundamentados em princípios matemáticos. Algumas das categorias religiosas fundamentais dessa filosofia, como *atma*, *karma*, *samsara* e *gunasthana*, se encontram intrinsecamente relacionadas à estrutura do universo e ao ciclo do tempo universal que sobre ele opera. Assim, esse é o motivo pelo qual meditar no universo está, para os jainistas, diretamente ligado à busca pela liberação.

Ao contrário de algumas tradições indianas, como o Advaita Vedanta de Shankara, que consideram o mundo como uma ilusão, o jainismo afirma que o universo é real. Apesar disso, ele se encontra em um fluxo constante (e lento) de transformação e ainda é compreendido como algo eterno e que, dessa forma, não foi criado nem será destruído por nenhuma espécie de consciência superior ou ser divino.

O universo tal como visto pelo jainismo é feito de dois tipos de espaço e seis substâncias[5]. Um desses tipos de espaço, apesar de imenso, é limitado e nele existem os três mundos da vida. Esse primeiro tipo é chamado de *Lokakasha*. Circundando esse primeiro

---

5   A temática das substâncias do cosmos foi abordada no Capítulo 5.

tipo e com proporções ilimitadas, existe ainda o "espaço do não mundo", chamado *Alokakasha*.

A conceito de *loka*, palavra de origem sânscrita, é o termo usado pela filosofia jainista que mais se aproxima do conceito ocidental de universo. Essa palavra pode ser traduzida como "região", ou "local circunscrito". Algo que, em termos metafísicos, é um modo de se referir a um plano de existência. É aquilo que contém o mundo que vivenciamos, bem como os planos celestiais e infernais. Os três mundos estão circunscritos no espaço referido como a estrutura do universo (*Lokakasha*), o qual é entendido como limitado e existente dentro de um espaço ilimitado (*Alokakasha*) (Tukol, 1983).

Segundo consta no *Trisastisalakapurusacarita* (Sermão sobre o universo), escrito por Hemacandra e traduzido por Helen Johnson, é nos três mundos – superior, intermediário e inferior – existentes no *Lokakasha* que se encontram todas as almas existentes. Ao longo do ciclo de nascimentos e mortes, as almas viajam através dos três mundos, tendo sua jornada influenciada pelo carma. Isso significa que as atitudes da vida passada determinam o corpo e a condição com os quais a entidade viva vai aparecer em uma próxima vida, a qual pode se desdobrar em um dos três planos, de acordo com o tipo de carma acumulado pela entidade viva em questão. Existem quatro tipos de condição por meio da qual uma alma pode renascer. Esses estágios são referidos pelos termos *gati*: como ser humano (*manusya-gati*), como ser celestial (*deva-gati*), como ser infernal (*naraka-gati*) e, ainda, na forma de planta ou animal (*tiryag-gati*).

É importante considerar que, mesmo nos planos celestiais, as entidades vivas que lá residem estão submetidas à temporalidade e às misérias características da condição de vida material não liberada, ou seja, ainda estão submetidas ao ciclo de nascimentos e mortes. Assim, apesar de se configurar como um espaço em que se vivencia em menor intensidade o sofrimento, o plano celestial é entendido como uma espécie de "cela especial" no mundo material

(*Lokakasha*), pois, mesmo que nele se possa desfrutar de um tipo de prazer inacessível em *Madhya-Loka* (mundo intermediário terreno), aqueles que lá residem não são seres definitivamente liberados.

Considera-se que, ao atingir a omnisciência e obter a liberação última, a entidade viva atinge uma região que se encontra no topo do universo, acima ainda dos planos de existência celestiais, chamada *Sidha-Sila*. Para obter esse estágio de liberação, é necessário passar pelo estágio preliminar de omnisciência (*Kevala Darshan*), o qual, de acordo com a perspectiva jainista, só pode ser obtido pela entidade viva que esteja encarnada em um corpo humano no plano intermediário terrestre. Assim, após a prática espiritual intensa e a evolução ao longo dos 14 estágios da consciência, a entidade viva autorrealizada estaria apta a habitar a morada da perfeição completa e eterna.

Essa circunstância configura o plano terrestre e a forma de vida humana como as condições mais propícias para o avanço espiritual definitivo. Isso ocorre porque se considera que em outros planos a experiência do prazer (no caso nos planos celestiais) e da dor (no caso dos planetas infernais) é tão intensa que impossibilita a busca espiritual perfeita. Essa condição inauspiciosa para a prática da transcendência também se manifesta em algumas das eras que se apresentam no plano terrestre, como nas primeiras eras em que não havia a necessidade de Tirthankaras, e na era final, na qual não haverá mais representantes do Dharma jainista no plano intermediário terrrestre. Ou seja, mesmo na forma humana, é necessário estar em um período específico do ciclo do tempo eterno para ter a oportunidade de atingir a liberação final.

A estrutura universal é tradicionalmente representada por meio de uma

> Considera-se que, ao atingir a omnisciência e obter a liberação última, a entidade viva atinge uma região que se encontra no topo do universo, acima ainda dos planos de existência celestiais, chamada *Sidha-Sila*.

pintura conhecida como o "homem cósmico" (*Loka-Purusa*). Referências a essa forma de representar o universo estão no manuscrito conhecido como *Tattvartha Sutra*, que sintetiza os princípios essenciais do jainismo e é considerado uma autoridade pelos dois grupos jainistas.

Figura 2.1 – *Lokapurusha* ou homem cósmico

Umasvati descreveu o formato do universo em seu comentário ao terceiro sutra da escritura em questão. Segundo ele, o mundo inferior – com seus sete níveis infernais em forma de pirâmide – sustenta-se no espaço (*akasa*) como uma tigela de terra virada para baixo e seria a base desse corpo. Ao chegar à cintura, o corpo estreita-se e é nessa região, situada literalmente no meio do corpo cósmico, que se encontra o plano terrestre – em formato de um címbalo circular.

Para os jainistas, é no plano intermediário em que se encontram os corpos celestes como planetas, estrelas, luas e os muitos sóis existentes. Como em um tambor indiano tradicional (chamado *Mrdanga*) virado de cabeça baixo, a parte de cima alarga-se novamente e nela existem os 12 níveis do plano da existência celestial. Acima dessa região, localizado no ponto no qual estaria o terceiro olho desse homem cósmico, encontra-se a morada eterna dos seres liberados, *Sidha-Sila*, representada por uma lua crescente branca e resplandecente.

Tal como demonstrado por Dundas (2002), uma versão estilizada desse homem cósmico, com uma *swastika* e uma mão, tornou-se o símbolo padrão da comunidade jainista nos últimos 40 anos (Dundas, 2002).

Figura 2.2 – Símbolo oficial do jainismo

Em 1974 a comunidade jainista reuniu-se no auspicioso dia de comemoração de 2500 anos da obtenção do nirvana por parte de Mahavira, o último grande mestre do jainismo. Nessa circunstância, o emblema que aparece na Figura 2.2 foi adotado como símbolo oficial da religião, ou seja, um conjunto de referências aos ensinamentos principais enunciados pelos grandes Tirthankaras. Seu formato é oriundo da descrição do homem cósmico comentada anteriormente. A lua crescente representa a morada eterna dos seres liberados (*Sidha Sila*) e os três pontinhos abaixo dela são uma referência às três joias (convicção, conhecimento e conduta corretos), as quais permitem a evolução espiritual e o acesso à morada eterna.

Abaixo desses três pontos temos a Swastika[6]. Tal como colocado por Sangave (2001), esse é um importante símbolo jainista, usado também por diversas tradições espirituais da região indiana, como o budismo e algumas das diversas práticas abarcadas pelo termo *hinduísmo*. Para os jainistas, os quatro braços da swastika têm um significado tríplice. Eles representam os quatro estados de existência (seres celestiais, humanos, seres infernais e outros seres vivos não humanos, como plantas, animais e insetos) e são ainda uma referência aos quatro pilares da comunidade jainista (monges, monjas, homens e mulheres leigos) e também às quatro características da alma: conhecimento, percepção, felicidade e energia infinitas.

A mão com uma roda simboliza a não violência, ou *ahimsa*, o principal preceito ético e fundamento do jainismo. A roda – presente ao redor da palavra *ahimsa* escrita em *Prakrti* – representa o ciclo cármico do qual só possível se ver livre por meio do cultivo desse preceito.

---

6   Esse símbolo ficou famoso devido à apropriação descontextualizada por parte do nazismo. Apesar disso, o símbolo é difundido em muitas culturas com significados próprios, mas geralmente associado ao ciclo do tempo e à paz.

Finalmente, o mantra escrito em devanagari no fundamento visual do símbolo é um aforismo oriundo do *Tattvartha Sutra*, de Umasvami: *"Parasparopagraho Jivanam"*. Ele pode ser traduzido como "as almas rendem serviço umas às outras" (Tatia, 1994, p. 131) ou, ainda, como "Toda vida está interligada pelo apoio mútuo e interdependência" (Sangave, 2001, p. 123).

2.6 Os três planos do mundo material

Neste tópico, abordaremos alguns aspectos acerca da descrição dos três diferentes planos em que as almas podem obter corpos no ciclo de nascimentos e mortes. O mundo inferior, que poderia ser descrito como plano infernal, é o local por excelência do sofrimento. O nascimento em tal circunstância ocorre, de acordo com os jainistas, como decorrência do comportamento violento, da mentira, da raiva, da ganância, do egoísmo e também do apego excessivo ao mundo material e ao gozo dos sentidos. Apesar de ser uma condição totalmente desfavorável ao avanço espiritual, não é uma condição eterna, como no caso do cristianismo. Aqueles que reencarnam em algum dos sete planos infernais vivem lá até terem colhido o resultado de suas ações inauspiciosas e depois voltam ao plano intermediário "terrestre", na forma animal ou ainda na forma humana (Jaina Education Committee, 2015).

No plano celestial, seus habitantes levam uma vida de prazeres e felicidade, apesar de não estarem livres do *samsara*. O nascimento em uma morada celestial é decorrente de uma vida simples e disciplinada, fundamentada em valores morais ligados à bondade, como atos caridosos e generosidade. Como se trata de uma vida ainda limitada por nascimento, velhice, doença e morte, um praticante jainista não tem como objetivo renascer em um dos 12 tipos de moradas celestiais, mas ascender à *Sidha-loka*, a morada suprema dos seres eternamente liberados.

A vida humana, de acordo com a cosmografia jainista, é possível somente em uma parte do plano intermediário, conhecida como *Adhai-Dvipa*, ou "Dois continentes e meio". Esse setor do homem cósmico é aquele sobre o qual encontramos uma descrição mais detalhada. Devido à extensa e complexa elaboração que essa temática apresenta ao longo de muitos escritos em torno dela, o que abordamos aqui é somente uma breve introdução para que você tenha acesso a alguns dos aspectos básicos da cosmografia jainista. Além disso, apesar de essa perspectiva cosmográfica se distinguir pela sua abordagem sistemática meticulosa e matemática (Bossche, 2011), esta apresentação tem como foco detalhes centrais na formação e na compreensão da vida religiosa jainista.

Como temos visto desde o último tópico, a cosmologia e a cosmografia jainistas, tal como descritas nas escrituras, não estão de acordo com o modelo copernicano de universo defendido pela ciência moderna. Elas apresentam um esforço de traduzir a visão omnisciente dos Tirthankaras que não se limita pelo plano tridimensional empírico no qual se fundamenta o esforço científico ocidental. Essa informação pode parecer absurda para pessoas que, como nós, são treinadas nos fundamentos e nas crenças da ciência empírica desde a mais tenra idade. No entanto, para os praticantes do jainismo, o estado de omnisciência obtido pelos grandes mestres Tirthankaras permite a eles obter a visão acerca de aspectos da realidade que são tidos como inacessíveis aos sentidos mundanos.

Dessa forma, o atestado de veracidade dessas afirmações cosmológicas se dá pelo estado de consciência no qual se encontram aqueles que as proferem, e não por testes empíricos acessíveis aos limitados sentidos das entidades vivas condicionadas. Tal como colocou uma cientista que se iniciou na prática jainista:

> O que quer que tenha sido dito pelo Senhor Jinendra Deva é a verdade suprema. Se vemos o outro lado, o desenvolvimento pela ciência e tecnologia modernas também estão se apresentando ao mundo inteiro de maneira notável. Então o que fazer? Devemos aceitar os princípios declarados pelo Senhor mesmo quando não podemos testificá-los ou devemos nos sintonizar completamente na linha da ciência moderna, que está presente diante de nós com provas completas? Embora a última opção seja a mais acessível para todos nós, ainda assim devemos aceitar que a ciência moderna não é completa em si mesma. A completude está na alma que atingiu a Onisciência. Assim, temos que ser guiados pelas normas declaradas por Jinendra Deva e estar totalmente convencidos do que ele disse. Nós não temos que questionar se a Montanha Sumeru, os céus ou os infernos estão lá ou não, sim! Eles estão lá porque o Senhor Onisciente os viu. (Aukland, 2011, p. 47, tradução nossa)

Vemos, assim, que para os praticantes ascéticos do jainismo a omnisciência dos Jinas é superior aos avanços da ciência moderna. Cabe ainda colocar que esse conflito entre a ciência e a tradição teve como consequência também, apesar de em menor número, alguns casos de ascetas que abandonaram a perspectiva jainista para adotarem a visão do universo tal como apresentada pela ciência moderna. Assim, ao adentrarmos, ainda que de forma introdutória, aspectos do fundamento da realidade, caminhamos por um terreno em disputa entre visões de mundo coexistentes, mas não coextensivas.

Segundo Knut Aukland (2011), o mundo intermediário no qual vivemos é considerado como constituído de inumeráveis ilhas que se fundamentam em círculos concêntricos ao redor da ilha central, chamada *Jambudvipa*. Na perspectiva jainista, existe uma distinção entre "inumerável" e "infinito". Essas ilhas que configuram o plano intermediário não são infinitas em número, apesar de serem inumeráveis. Os textos jainistas fazem referência ao nome de 13 dessas ilhas.

O conceito de um mundo humano existente em ilhas concêntricas circundadas por oceanos de diferentes tipos está presente não somente no jainismo, mas também no budismo e no hinduísmo. Essas diferentes tradições apresentam também visões cosmológicas e cosmográficas que são, à primeira vista, incompatíveis com a da ciência moderna. No entanto, apresentam algumas variações e divergências entre si, ao mesmo tempo em que se utilizam de conceitos e ideias similares.

Com base em um estudo realizado acerca da cosmografia jainista, Aukland (2011) afirmou que o mundo como conhecemos, ou seja, os países encontrados no planeta Terra, se encontram ao sul do continente central e interior e ocupam aproximadamente apenas um centésimo do espaço ali existente. Apesar disso, considera-se que os seres humanos podem ser encontrados também em outras áreas de Jambudvipa.

Jambudvipa significa, literalmente, "Ilha do Jambo Rosa" e nela existem dois sóis e duas luas. Em seu centro, encontra-se o mítico Monte Meru, localizado no Himalaia, o qual se configura como o ponto axial do universo. Esse continente é dividido em sete regiões (*varsas*), chamadas respectivamente *Bharata, Haimavata, Hari, Vdeha, Ramyka, Hairanyavay* e *Airavat*, as quais são estabelecidas por seis cadeias de montanhas (Bossche, 2011).

Circundando Jambudvipa encontra-se o oceano de sal, chamado *Lavana Samudra*. Para além desse oceano, está a segunda ilha ou continente, chamado *Dhatakikhanda*. Ele é definido como um anel concêntrico de terra ao redor do oceano de sal. Ele tem o dobro do tamanho de Jambudvipa e é dividido em duas partes, uma ocidental e outra oriental, e por uma cadeia de montanhas chamada *Isvakara*, nome que significado "em formato de arco". Nesse continente existem quatro templos jainistas, um em cada lado da cadeia de montanhas. Ao redor de Dhatakikhanda, encontra-se um oceano chamado *Kalodadhi*, que significa "oceano de águas negras". Ele é caracterizado por não ter ondas e é governado por duas deidades (semideuses com *status* semelhante aos dos habitantes dos planos celestes), chamadas *Kala* e *Maha Kala*.

Finalmente, temos o último componente da morada possível para os humanos – é a metade interna do terceiro continente, chamada *Puskara-dvipa*. Ela tem o dobro do tamanho de Dhatakikhanda, é circundada por um oceano de água doce e seus habitantes vivem muitos milhares de anos seguindo uma vida moral baseada em regras de conduta elevada (Aukland, 2011).

Vemos, assim, que na concepção jainista o universo material (*Lokakasha*) é constituído de diferentes dimensões habitadas por diferentes tipos de seres. Esse é o local no qual ocorre o processo da transmigração das almas condicionadas pelo carma, onde a alma fica presa, por vezes desfrutando e outras vezes, sofrendo. O praticante jainista, tendo em vista essa conjuntura, tem como propósito sair dessa condição caracterizada por misérias e dualidades, tanto nos níveis terrestres quanto nos infernais e celestiais. Por meio da purificação, que permite o desabrochar da natureza eterna da alma, o objetivo é ascender à Sidha Loka, a morada dos seres perfeitos localizada além desses três planos materialmente condicionados.

FIGURA 2.3 – Cartografia mítica jainista

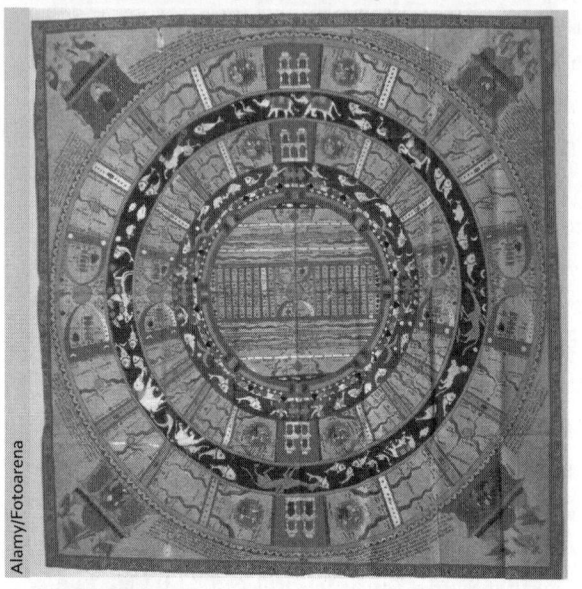

Alamy/Fotoarena

Síntese

Por meio das ideias apresentadas neste capítulo, procuramos oferecer um panorama geral das premissas filosóficas jainistas. A primeira percepção importante se refere à natureza dualista de sua percepção cosmológica. Isso significa que, desse ponto de vista, o cosmos (ou totalidade da existência) se encontra intrinsecamente dividido entre dois princípios opostos e irredutíveis um ao outro: a alma espiritual e transcendental (*jiva*) e a matéria sem vida (*ajiva*). Esse marco diferenciador entre os dois polos seria a presença da consciência (*cetana*), característica distintiva da alma ausente na matéria. Apesar dessa diferença incontornável, esses dois elementos, devido à refutação que o jainismo apresenta à ideia de existência de um criador, seriam substâncias fundamentais e eternas a compor um universo sempre existente e ciclicamente em movimento.

Nesse sentido, a identificação da alma (tida como eterna, plena de consciência e bem-aventurada) com a matéria é o que faz com que o ser vivo tenha de experienciar situações de sofrimento e miséria alheias a sua própria natureza. O processo de enredamento ocorre mediante o influxo do carma, um tipo sutil de substância que se acumula em um dos corpos que encobrem a alma mediante os atos que ela realiza em sua existência. Na visão jainista todo o universo é repleto dessa matéria fina que se torna carma. Considera-se que, por meio das ações do corpo, mente e fala, essa matéria se acopla em um dos corpos sutis que encobrem a alma, amarrando-se, assim, a ela de acordo com as modificações da consciência que consistem em paixões (*kasayas*), como ira, luxúria, cobiça e orgulho.

Dessa forma, a prática espiritual jainista consiste em um processo por meio do qual a alma individual (*jiva*) busca se purificar das contaminações oriundas do *karma* (proveniente das ações) e assim realizar sua indentidade como eterna, livre e plena de conhecimento. O caminho entre o estágio inferior e superior é esmiuçado dentro do jainismo. Poetas místicos como Kundakunda e outros sistematizaram essa jornada de evolução da consciência como tendo 14 níveis, sendo que aquilo que permitiria a progressão da alma ao longo desse processo seria o cultivo das "três joias" (*ratna-traya*): a fé (convicção) correta, o conhecimento correto e a conduta correta. Esses princípios, segundo uma das principais sínteses do pensamento jainista (Tattavartha Sutra), constituem o caminho da liberação.

Essa jornada da alma à procura de libertação teria como destino um local do cosmos chamado *Sidha Loka*, a morada dos seres perfeitos. A busca espiritual transcorreria num universo concebido como sendo de três níveis (que poderiam ser aproximadamente traduzidos, tendo em vista o viés cristianizado do português, como: plano celestial, terrestre e infernal). Todas essas dimensões são ainda consideradas lugares de sofrimento e cativeiro, sendo a libertação espiritual algo que estaria para além dessa condição derivada da sujeição ao tempo. Somente após a obtenção da perfeição é que uma alma poderia atingir a morada dos seres autorrealizados, que se encontra acima desses três planos, em uma esfera de existência atemporal e perfeita.

A complexa visão cosmológica jainista funciona com uma percepção cíclica dessa passagem do tempo, que determina os ritmos de funcionamento das três diferentes dimensões. Segundo Tukol (1983), o tempo no jainismo é visto como um princípio passivo e sem forma que subjaz todas as transformações e mudanças, não sendo um princípio ativo a definir o rumo dos acontecimentos. Ele é também conhecido como a sexta das seis substâncias essenciais que constituem o universo, sendo então uma condição indispensável para as mudanças fenomenais que ocorrem com todas as coisas. Assim, o tempo (*Kala*) é visto como uma entidade real de cujo progresso podem ser obtidas todas as atividades e mudanças – ou seja, mesmo que não seja a causa delas, é por meio do tempo que podemos medir as transformações ocorridas na matéria e na alma. Seu principal e mais elaborado aspecto enquanto fenômeno cósmico no jainismo é sua característica cíclica e matematicamente harmoniosa.

Atividades de autoavaliação

1. Assinale V para verdadeiro ou F para falso nas assertivas a seguir.
    [ ] Ambos os grupos do jainismo partem da mesma premissa dualista segundo a qual existe uma diferença essencial entre a alma espiritual e a transcendental (*jiva*) e a matéria (*ajiva*).
    [ ] Ao contrário dos budistas, que consideram o carma uma substância, os jainistas o definem como um processo de ação e reação, segundo o qual colhemos aquilo que semeamos.

[ ] O jainismo enquanto prática espiritual e filosofia nega a concepção teísta de Deus enquanto criador, bem como a própria visão politeísta.

[ ] O principal e mais elaborado aspecto do tempo como fenômeno cósmico dentro do jainismo é sua característica cíclica. Na cosmologia jainista, o ciclo do tempo é tradicionalmente representado como uma roda de 12 raios, denominada *Kalacakra*.

[ ] As categorias religiosas fundamentais dessa filosofia, como *atma, karma, samsara* e *gunasthana* não se encontram intrinsecamente relacionadas à estrutura do universo e ao ciclo do tempo universal que sobre ele opera.

[ ] Os seres celestiais, segundo o jainismo, habitam um plano superior de existência e são, por isso, liberados do ciclo de nascimentos e mortes.

Agora, marque a alternativa que apresenta a sequência correta:

A] V, F, F, V, V, F.
B] F, V, V, F, F, V.
C] V, F, V, V, F, F.
D] F, F, V, V, V, F.
E] V, V, F, F, V, V.

2. Assinale V para verdadeiro e F para falso nas assertivas a seguir.

[ ] Um dos aspectos particulares da visão dualista tal como postulado no jainismo é o fato de apresentar uma terceira entidade na relação entre corpo (material) e alma (transcendental). Esse terceiro elemento é apontado como sendo o corpo sutil.

[ ] O carma pode ser de dois tipos: os meritórios, que produzem como consequência prazer e sensação de felicidade, e os pecaminosos, que têm como consequência a experiência de dor, sofrimento e miséria.

[ ] Segundo os jainistas, para obtenção da liberação, é necessário libertar-se somente dos carmas negativos, ou pecaminosos, tendo em vista que os atos meritórios promovem a ausência de dualidade.

[ ] É somente pelo processo de eliminação dos carmas existentes e pela não produção de novos que é possível a manifestação da condição original e transcendental da alma.

[ ] Os jainistas consideram que para um praticante sincero e dedicado seria possível se livrar de todos os carmas mesmo na vida familiar, sendo a prática da renúncia completa destinada somente àqueles que se encontram em uma condição possível para tal vivência.

Agora, marque a alternativa que apresenta a sequência correta:

A] V, V, F, F, F.
B] V, V, F, V, F.
C] V, V, V, F, F.
D] F, F, V, V, F.
E] V, V, F, F, V.

3. Assinale V para verdadeiro e F para falso nas assertivas a seguir.

[ ] As partículas materiais, que constituem os diferentes carmas, são chamadas de *Dravya Karma*, enquanto as condições psíquicas impuras, que são derivadas dos fatores causais pelo acúmulo de partículas materiais cármicas, constituem o *Bhava Karma*. Assim, considera-se que os organismos no mundo concreto são todos caracterizados pelo intercâmbio desses dois estados do carma.

[ ] As austeridades externas, recomendadas somente para ascetas, são: jejuns periódicos, limitar a quantidade e a variedade de alimentos, bem como optar por refeições não muito suculentas. Além destas, considera-se ainda a mortificação do corpo e a opção por viver afastado como formas de obter purificação.

[ ] Tal como coloca Kalghatgi (1969) em seu livro *Jaina View of Life*, o jainismo enquanto prática espiritual e filosofia ratifica a concepção teísta de Deus enquanto criador, bem como a própria visão politeísta.

[ ] Dessa forma, vemos que a experiência mística é própria do fundamento da filosofia jainista, pois é somente nela que seus pressupostos últimos são vivenciados.

[ ] Tal como afirma Kundakunda (citado por Dundas, 2002, p. 135, tradução nossa), um poeta jainista do século I: "Misticismo consiste em realizar o ser transcendental através do ser interior depois de renunciar o ser exterior".

Agora, marque a alternativa que apresenta a sequência correta:

A) V, F, F, V, V.
B) V, V, F, V, V.
C) V, F, V, F, V.
D) F, F, F, V, V.
E) F, V, F, V, V.

4. Assinale V para verdadeiro e F para falso nas assertivas a seguir.

[ ] De acordo com a doutrina jainista, todo conhecimento – exceto aquele proveniente da omnisciência – é apenas uma verdade parcial, fruto de um ponto de vista em particular. Todas as percepções são simultaneamente válidas e incompletas.

[ ] A partir do final da terceira era, os jainistas consideram que as Kalpa Vrikshas, ou árvores dos desejos, passaram a já não serem capazes de satisfazer as necessidades das pessoas, razão porque estas foram levadas para começar a viver em sociedades.

[ ] Segundo Bossche (2011), a cosmografia e a geografia jainistas formam uma parte essencial do jainismo enquanto religião. Tendo em vista esse lugar de importância conferido às

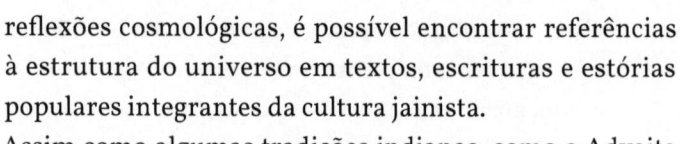

reflexões cosmológicas, é possível encontrar referências à estrutura do universo em textos, escrituras e estórias populares integrantes da cultura jainista.

[ ] Assim como algumas tradições indianas, como o Advaita Vedanta de Shankara, que consideram o mundo como uma ilusão, o jainismo afirma que o universo é real.

[ ] O universo tal como visto pelo jainismo é feito de dois tipos de espaço e seis substâncias. Um desses tipos de espaço, apesar de imenso, é limitado e nele existem os três mundos da vida. Esse primeiro tipo é chamado de *Lokakasha*. Circundando esse primeiro tipo e com proporções ilimitadas, existe ainda o "espaço do não mundo", chamado *Alokakasha*.

Agora, marque a alternativa que apresenta a sequência correta:

A] V, V, F, F, V.
B] V, V, V, V, V.
C] V, V, F, F, F.
D] F, V, V, F, V.
E] V, V, V, F, V.

5. Assinale V para verdadeiro e F para falso nas assertivas a seguir.

[ ] *Loka*, palavra de origem sânscrita, é o termo usado pela filosofia jainista que mais se aproxima do conceito ocidental de universo. Essa palavra pode ser traduzida como "região", ou "local circunscrito".

[ ] As atitudes da vida passada não são relevantes para determinar o corpo e a condição na qual a entidade viva vai aparecer numa próxima vida, a qual pode se desdobrar em um dos três planos, dependendo do tipo de carma acumulado pela entidade viva em questão.

[ ] Existem quatro tipos de condição nos quais uma alma pode renascer. Esses estágios são referidos pelo termos *gati*: como ser humano (*manusya-gati*), como ser celestial (*deva-gati*),

como ser infernal (*naraka-gati*) e ainda na forma de planta ou animal (*tiryag-gati*).

[ ] Para obter o estágio de liberação, é necessário passar pelo estágio preliminar de omnisciência (Kevala Darshan), que, de acordo com a perspectiva jainista, só pode ser obtido pela entidade viva que esteja encarnada em um corpo humano no plano intermediário terrestre.

[ ] A mão com uma roda simboliza a não violência, ou *ahimsa*, o principal preceito ético e fundamento do jainismo. A roda – presente ao redor da palavra *ahimsa* escrita em *Prakrti* – representa o ciclo cármico do qual é só possível se ver livre por meio do cultivo desse preceito.

Agora, marque a alternativa que apresenta a sequência correta:

A] V, V, V, V, V.
B] V, F, F, V, V.
C] V, F, V, V, V.
D] V, F, V, F, F.
E] F, F, V, V, V.

Atividades de aprendizagem

Questões para reflexão

1. Você considera a experiência mística algo possível nos dias modernos? Como o jainismo constribuiria nesse processo?
2. Discorra sobre a relação entre o tempo evolutivo e o progresso da civilização ocidental materialista em oposição ao tempo cíclico que opera no jainismo.

Atividade aplicada: prática

1. Entreviste cinco conhecidos a respeito daquilo que eles imaginam ser o carma. Depois, compare essas visões com a teoria jainista sobre o assunto.

3 PRÁTICA ESPIRITUAL: VOTOS E VIDA MONÁSTICA

O comportamento é o cerne dos princípios espirituais do jainismo. Toda a sua concepção cósmica manifesta-se em uma orientação específica para aqueles que almejam a liberação do ciclo cármico. Neste capítulo, veremos como a conduta direcionada à ascece se expressa nos votos principais seguidos pelos praticantes, bem como o modo pelo qual esses mesmos votos são seguidos em conjunturas específicas, como aquelas das pessoas situadas na vida familiar.

3.1 Organização monástica

Buscando compreender um pouco mais acerca da formação espiritual jainista, o objetivo desta seção é tratar dos aspectos da organização monástica tal como ela se apresenta nesta tradição. A palavra *monasticismo* é derivada da palavra grega *monachos*, que significa "sozinho" ou "solitário". Com base nessa raiz grega se originaram muitas outras palavras em línguas de matriz greco-latina, como *monge*, *monastério*, *monástico*, as quais denotam uma forma de vida religiosa seguida por aqueles que se apartam do resto da sociedade em busca de um ideal espiritual superior.

Segundo Tukol (1983), o objetivo da vida monástica na perspectiva jainista é realizar um esforço sincero e rigoroso para atingir um propósito elevado para a vida humana. Essa forma possível de vida para almas condicionadas é considerada, principalmente para as tradições espirituais de origem indiana, uma rara oportunidade para colocar um fim ao interminável ciclo de nascimentos e mortes.

A figura do monge apareceu no jainismo desde seu início, na época do primeiro Tirthankara, Rsabahdeva. Ele teve 84 mil seguidores – liderados por Rishabasena, o monge principal – que renunciaram a vida familiar e a sociedade em geral para adotarem o estilo de vida ascético e monástico. Segundo a tradição, outros Jinas também estabeleceram comunidades monásticas. Parsvanatha, o 23º Tirthankara, teve um grupo de 16 mil monges liderados por Aryadatta; e Mahavira, o último dos grandes mestres, teve um grupo de 14 mil monges liderados por Indabhuti (Mehta, 1993).

Uma das características distintivas das ordens monásticas jainistas é o fato de, desde seu inicio, aceitarem mulheres na prática do estilo de vida renunciante, as quais, tornando-se monjas mendicantes, têm a possibilidade de renunciarem a seus deveres sociais e familiares. Essa prática consta desde a época do primeiro Tirthankara. Segundo a tradição, suas filhas Brahmi e Sundari lideraram um grupo de milhares de monjas. Até hoje encontramos não somente grupos de homens renunciantes andarilhos como também de mulheres que praticam o jainismo por meio da renúncia extrema. De forma geral, em virtude do voto de absoluto celibato, esses grupos nunca se misturam e são liderados, respectivamente, por monges experientes, no caso dos homens, e por monjas veteranas, no caso das mulheres.

De acordo com Kundakunda, místico jainista do século IX, um monge na tradição jaina é entendido como um verdadeiro asceta, sem nenhum tipo de posses materiais e que, tendo se livrado completamente do ego e do orgulho, está devidamente absorto na realização do eu transcendental. O propósito da vida de um monge passa por obter o controle total sobre a mente e o corpo, levando um estilo de vida em que se cultivam pureza, serviço, austeridade e desapego.

Idealmente, um monge não tem inimigos e é amigo de todas as entidades vivas. Devido à prática da não violência, mesmo se alguém agredi-lo, ele deve permanecer estrito em seus votos, não devendo reagir nem deixar ser tomado pelos sentimentos de raiva ou revolta.

Os fundamentos da vida dos renunciantes jainistas giram em torno dos cinco grandes votos (*pancha-maha-vratas*): não violência, sinceridade, não roubar, desapego e celibato absolutos. A natureza e as implicações desses votos serão abordadas em detalhes no tópico 3.3, "O voto da não violência". Algumas das características principais da vida de um monge decorrem do esforço para aplicar de modo prático esses princípios na vida. A atenção constante e o autocontrole são considerados práticas essenciais na vida de um monge, uma vez que somente por meio dessas características se torna possível realizar os votos assumidos no momento da iniciação.

Além dos cinco grandes votos, temos as três restrições (*Gupti*) e os cinco cuidados (*Samiti*), que caracterizam a conduta ética que caracteriza a vida dos ascetas jainistas. As três restrições são o controle da mente, da fala e do corpo. Considera-se que nesses três elementos reside a semente das ações. Dessa forma, sem controlá-los, a pessoa continua produzindo reações para suas ações e, consequentemente, seu enredamento neste mundo de sofrimento. Assim, para proteger e controlar a mente, o asceta deve cultivar a concentração; para estar atento às consequências da fala, deve cultivar o silêncio; e, para evitar maus atos, deve refletir sobre o que deve e o que não deve ser feito.

Os cinco cuidados ou precauções são cuidado ao movimentar-se, ao comunicar-se, ao coletar esmolas, ao pegar e colocar coisas no chão e, finalmente, cuidado ao depositar excreções. O intuito dessas precauções é fazer com que o praticante possa efetivamente ser pacífico em seu atos, palavras e pensamentos, evitando causar dor e sofrimento a qualquer pessoa ou entidade viva. Esse estágio completamente pacífico somente é possível com a prática constante da atenção e do cuidado, sem os quais é muito fácil quebrar algum dos votos. Desse modo, vemos que, devido ao cultivo da atenção constante, espera-se que o asceta jainista desenvolva a capacidade de controlar a mente, mantendo-a consciente do momento presente para que possa assim evitar algum ato violento.

Outro traço distintivo da vida monástica jainista é o fato de essas comunidades monásticas serem organizadas em grupos hierárquicos. Neles, o lugar que um praticante obtém depende do tempo de prática, de sua ocupação institucional ou representacional, bem como do gênero. Em geral, as mulheres ocupam uma escala hierárquica inferior. Os novatos e neófitos devem se dirigir aos superiores com uma atitude respeitosa e serviçal e, mesmo quando repreendidos, não devem expressar raiva ou revolta. Espera-se que, por meio da convivência e dos ensinamentos recebidos dos monges mais experientes, seja possível avançar em conhecimento e aperfeiçoamento da prática espiritual. Dessa forma, modéstia, humildade e obediência aos superiores são também traços distintivos da vida monástica jainista.

FIGURA 3.1 – *Sadhvi* e *sadhu* em peregrinação

Aqueles que ingressam na ordem de vida monástica são conhecidos como *sadhus*, no caso dos homens, e *sadhvis*, no caso das mulheres. Eles não aceitam água ou alimentos depois do pôr do sol ou antes do nascer do sol e devem esperar 48 minutos após o nascer do sol para quebrarem seu jejum com um copo de água morna, devidamente peneirada para evitar a ingestão de micro-organismos (Jaina Education Committee, 2015).

Os *sadhus* e *sadhvis* não preparam o próprio alimento nem aceitam que se cozinhe exclusivamente para eles. Como renunciados, levam uma vida itinerante, alimentando-se de doações de remanentes que recebem dos chefes de família (*sravakas*). Para estes últimos, é uma grande honra e alegria poder oferecer alimento a um renunciante; dessa forma, eles lhes oferecem preparações exclusivamente vegetarianas preparadas com capricho e carinho. No entanto, os monges e monjas não devem comer em demasia, limitando-se a se alimentar somente uma ou duas vezes por dia, dependendo do grupo jainista ao qual pertencem. Essas doações são aceitas somente em porções pequenas o suficiente para caberem em uma pequena cumbuca que carregam ou ainda na palma das mãos.

Essa prática tradicional chama-se *Gochari*, expressão que significa "pastando como as vacas" e é utilizada para se referir a essa prática, pois, assim como as vacas se movem de um lugar ao outro pegando apenas pequenas porções da parte superior da grama, os renunciantes jainistas aceitam pequenas porções de alimento de várias casas. Além de estar ligada ao controle dos sentidos e à renúncia do prazer do alimento, essa prática é cultivada porque assim as famílias não precisam cozinhar de novo nem cozinhar exclusivamente para eles. Na perspectiva jainista, o processo de cozimento envolve muita violência a outras formas de vida na forma do fogo, do corte de vegetais, do consumo de água. Os renunciantes desejam agir de forma a se envolverem o mínimo possível com esses atos, visando a não vinculação ao mundo por meio do carma.

Com a vida dedicada à prática espiritual e ao estudo das escrituras sagradas jainistas, aqueles que aderem ao estilo de vida monástico levam uma vida itinerante viajando de um lugar ao outro, muitas vezes nus e descalços. Essa prática visa, também, impedir o desenvolvimento do apego e a consequente identificação com circunstâncias de confortos materiais. O cultivo da austeridade e a prática assídua de penitências são vistos como uma forma de desenvolver indiferença com relação às transformações características da condição material.

Antigamente, durante a estação das chuvas, os renunciantes se retiravam em cavernas, período no qual dedicavam-se à prática de austeridades, à meditação e ao estudo. Esse era o único período do ano em que permaneciam mais do que alguns dias em somente um local. Além disso, aproveitavam essa estadia prolongada para pregar os princípios da prática jainista para chefes de família que os visitavam em busca de conhecimento. Ao longo do tempo, esses locais de parada dos monges deram origem a templos e monastérios (*mathas*), dedicados à propagação da filosofia jainista e ao treinamento de neófitos.

Um importante aspecto do viajar dos renunciantes jainistas é que eles o fazem exclusivamente a pé e descalços. Essa prática é uma decorrência do cumprimento dos votos de desapego e da não violência, tendo em vista que o uso de outras formas de transporte, como carroças, carros e aviões, envolve, de modo praticamente inevitável, a morte de insetos e outros micro-organismos. O fato de andar descalço lhes permite maior sensibilidade, de modo que possam evitar esmagar insetos e outros minúsculos seres vivos que porventura se encontrem em seu caminho.

Outro traço peculiar é que os *sadhu*s e *sadhvi*s, apesar de usarem a cabeça raspada, não utilizam lâminas ou outro tipo de ferramenta para isso. Duas vezes ao ano eles arrancam os próprios cabelos ou têm os cabelos arrancados um a um por algum outro monge. Essa prática visa obter independência com relação aos outros na realização de seus votos, além de expressar desapego com relação ao próprio corpo.

A prática da não possessividade e de desapego traz algumas características peculiares também à vestimenta, ou à ausência dela, para aqueles que adentram a ordem de vida monástica no jainismo. Os praticantes do ramo Digambara são conhecidos por andarem completamente nus. Já aqueles que usam roupas, sejam do ramo Svetambara, sejam do Digambara (pois nem todos desse ramo aderem ao nudismo), sempre usam roupas brancas sem costura. Alguns carregam também um xale para cobrir a parte superior do corpo, o qual também pode ser usado como assento. Outros elementos da vestimenta monástica são um pano branco usado para cobrir a boca e uma vassoura feita de fio de lã. Esses acessórios servem para evitar a violência contra insetos e micro-organismos, no caso do pano sobre a boca ao realizar o ato da respiração e, no caso da vassoura, nos momentos de sentar-se e de caminhar.

Aqueles que são iniciados na ordem monástica recebem títulos que funcionam como novos nomes para essas pessoas. Esse nome é dado como reconhecimento das boas características alcançadas por determinado renunciante. Somadeva, por exemplo, recebeu o título de Kaviraja ("rei entre os poetas") e de Vadindra Kalanala ("floresta negra para os debatedores").

Neste tópico, observamos quão austera e disciplinada deve ser a vida daqueles que aderem à ordem monástica. De acordo com a filosofia jainista, somente por meio desse estilo de vida são possíveis a autorrealização, a omnisciência e a liberação. Assim, os praticantes do jainismo, que não são *sadhus* ou *sadvis*, almejam obter, nesta vida ou na próxima, a purificação e a determinação necessárias para se tornarem também renunciantes. Essa característica faz do jainismo uma espécie de religião monástica por excelência, tendo em vista o fato de, sob essa perspectiva, não haver outro caminho viável para pôr fim ao ciclo de nascimentos e mortes.

3.2 A liberação espiritual feminina

Uma questão distintiva presente na reflexão jainista acerca da liberação é o modo como essa tradição considera a possibilidade de esse estado de consciência ser ou não possível para as mulheres. No jainismo, a forma diversa pela qual os dois grupos de praticantes abordam essa questão é um dos principais motivos de divergência entre eles.

Cabe colocar que, assim como em outras tradições espirituais provenientes da Índia, como o budismo e o hinduísmo, o jainismo encara – de uma forma geral – as mulheres como em uma condição inerentemente diversa da dos homens, o que leva a inevitáveis implicações soteriológicas. Mesmo que a alma seja considerada, em última análise, sem gênero – devido ao fato de não poder ser definida com base em condições materiais como o corpo –, o estado corpóreo atual no qual uma alma se encontra pode trazer implicações específicas para o cultivo do caminho da liberação.

Figura 3.2 – Mulheres renunciantes (*sadhvi*)

Os Svetambara (vestidos de branco) consideram que a mulher pode atingir a liberação, enquanto os Digambara (vestidos de céu) afirmam que, por não estarem aptas a praticar completamente o voto de não possessividade por meio da prática do nudismo, não poderiam atingir a liberação. Na perspectiva Digambara, mesmo monges homens que usem roupas também não se encontram aptos a alcançar o estado mais avançado da consciência.

Aqui vemos que a discussão entre os grupos do jainismo adentra uma esfera mais ampla. Isso se deve ao fato de que poderíamos nos questionar: "Por que as mulheres não podem praticar o nudismo?". De forma geral, isso se deve a uma estrutura de sociedade patriarcal que se formou ao longo da história indiana. De acordo com essa visão, a mulher deveria ser sempre protegida pela sociedade como um todo: pelo pai quando criança, pelo marido quando jovem e pelos filhos quando em idade avançada.

O corpo feminino nu estaria potencialmente mais inclinado a despertar o desejo e o interesse ao desfrute sensorial – o que é visto como prejudicial ao avanço espiritual. Devido a esse tipo de discurso, as mulheres não poderiam praticar o nudismo tanto para a própria proteção (com relação aos desejos descontrolados dos homens) quanto para não despertarem sentimentos e emoções ditas luxuriosas em outros praticantes.

Apesar disso, ambos os grupos são pioneiros em aceitar mulheres na ordem de vida monástica, algo que – na tradição bramânica – foi proibido durante muito tempo. Para os jainistas, o único caminho para obtenção da liberação é levar uma vida ascética, regulada por estritos votos de conduta. As ordens monásticas femininas no jainismo são ainda anteriores àquelas que surgiram no budismo, pois, no tipo de comunidade monástica prescrita pelos Tirthankaras, já está prevista a presença de mulheres tanto na vida familiar quanto na vida monástica (Jaini, 1993).

Dessa forma, é possível afirmar que ambos os grupos aceitam as mulheres como praticantes aptas a obter o avanço espiritual. Isso significa afirmar que a mulher tem um lugar como indivíduo que, mediante o próprio esforço pessoal, pode cultivar o caminho da liberação. Essa postura é radicalmente oposta àquela segundo a qual a mulher só pode avançar espiritualmente cumprindo seus deveres morais e sociais perante o marido e a família, postura que é difundida em algumas tradições hinduístas.

No entanto, o grupo Digambara, em uma leitura particular da escala dos 14 estágios de evolução da alma, afirma que o último dos níveis de evolução não poderia ser atingido por uma alma que estivesse encarnada em um corpo feminino. Essa entidade viva teria, então, de renascer em um corpo masculino para que, ao dar continuidade em sua busca, pudesse praticar estritamente todos os votos e assim obter a liberação. Essa concepção fez com o que o número de monjas entre os Digambara seja consideravelmente menor do que entre os Svetambara.

Outro argumento usado pelos Digambara para defender a inelegibilidade das mulheres para a obtenção de *moksha* é que, devido a características específicas de seu organismo, elas também não poderiam praticar de forma estrita o voto da não violência. Afirma-se nas escrituras Digambaras que, devido ao fluxo constante de sangue menstrual, existem vários tipos de seres diminutos sendo gerados nos órgãos genitais das mulheres e em outras partes de seu corpo, como nos seios. Assim, pelo simples movimentar do corpo, as mulheres estariam rompendo o voto da não violência ao matar esses "seres diminutos". Além disso, os Digambara acreditam que as mulheres sofreriam de um tipo de coceira constante causada por esses seres, o que não lhes permitiria parar completamente a vida sexual.

O grupo Svetambara, que argumenta a favor da capacidade feminina de liberação, não concorda com essas afirmações e acredita que o 19º Tirthankara teria sido uma mulher, o que é contestado pelo grupo oposto. Malinatha, a 19ª Jina, não poderia ser considerada como tal se não tivesse atingido o estado supremo de consciência, o que faz com que esse estágio seja, com base nessa perspectiva, possível de ser alcançado por qualquer mulher. Segundo a visão defendida por esse grupo, ela não teria praticado o nudismo para cumprir o voto de não possessividade; ao assumir os votos de renúncia, vestia-se com vestes brancas e simples. Dessa forma, para os Svetambara, mesmo para os homens, seria possível obter a liberação sem ter de abdicar completamente das roupas.

O foco principal, de acordo com a perspectiva Svetambara, é a prática das três joias do caminho espiritual, que são, como comentado no Capítulo 1, a convicção (fé), o conhecimento e o comportamento corretos. A prática desses três princípios é vista como a condição por excelência para obter a liberação, e é possível de ser realizada tanto por homens como por mulheres. Vemos, assim, que, com relação ao grupo Digambara, o enfoque Svetambara se dá mais intensamente no aspecto interno da renúncia em vez de em sua expressão externa.

FIGURA 3.3 – Mulheres leigas oferecendo alimentos a uma *sadhvi*

Seguindo a tendência de valorização da posição feminina no que se refere à capacidade das mulheres para obter a liberação, no ramo Svetambara há uma referência a um grupo de 16 mulheres que são reverenciadas, chamadas *sol sati*. A palavra *sati*, na cultura hindu, de forma mais ampla, é utilizada para se referir a mulheres consideradas exemplares devido à fidelidade ao marido e à firmeza moral. No caso em questão, o termo refere-se à fidelidade que essas mulheres demonstraram com relação à filosofia e à prática jainista, tornando-as exemplos não somente para outras mulheres, mas também para os homens.

A invocação dos nomes das 16 *satis* é considerada uma prática que atrai auspiciosidade e está presente em orações rituais, como a Bharahesara nī Sajjhāy. A invocação diária desses nomes por meio dessa oração é feita, no grupo Svetambara, tanto por homens como por mulheres, seja por aqueles que adotam a vida monástica, seja por aqueles que se encontram na vida familiar. Os nomes das 16 satis são: *Brāhmī, Sundarī, Candanbālā, Rājīmatī, Draupadī, Kausalyā, Mṛgāvatī, Sulasā, Sītā, Subhadrā, Śivā, Kuntī, Damayantī, Puṣpacūlā, Prabhāvatī* e *Padmāvatī*.

Algumas delas referem-se a personagens históricas e míticas não só do jainismo, mas também do hinduísmo. No entanto, a especificidade das *satis* na concepção jainista é de que elas teriam aceitado austeridades não somente para o próprio benefício e para o benefício dos outros, mas também porque cultivavam a expectativa de que, em última análise, esses atos poderiam conduzi-las à própria liberação. Essa convicção fez com que algumas delas renunciassem à vida mundana adentrando, assim, à ordem monástica. Desse modo, apesar de o ideal da esposa devotada ser também parte do modelo de mulher jainista e estar presente na vida dessas 16 mulheres exemplares, as satis jainistas incluem mulheres aclamadas como virtuosas não somente pelo papel desempenhado no casamento, mas também pela renúncia antes e depois do casamento, tendo em vista um objetivo transcendental.

Vemos assim que, apesar de diversas formas de opressão e diferenciação redutora aplicadas por alguns argumentos do jainismo, especialmente no grupo Digambara, encontramos também formas de exaltação da figura feminina. Isso, como no caso das *sol sati*, se dá não somente pelo papel social e familiar desempenhado por essas mulheres, mas também pelo exemplo como buscadoras da finalidade última da existência.

3.3 O voto da não violência

Existem cinco votos principais que guiam a vida do praticante jainista. Neste tópico, abordaremos o voto fundamental da não violência. Os outros votos serão tratados no tópico 3.4, "Outros votos fundamentais", a seguir. A prática desses votos encontra-se, segundo Tukol (1983), diretamente ligada às três joias (*ratna-traya*), sobre as quais já comentamos brevemente: fé, conhecimento e conduta corretas. Esses três elementos são considerados responsáveis por impulsionar o avanço do praticante ao longo dos 14 estágios da consciência que culminam na omnisciência e na liberação.

Para alguns jainistas, é a prática dos cinco votos que dá acesso às três joias do avanço espiritual, enquanto para outros são as três joias que possibilitam a realização efetiva dos cinco votos. Independentemente do ponto de vista que se adote, esses dois elementos estão em uma relação de retroalimentação, de acordo com a qual a percepção da realidade e da consciência atingidas pelo praticante deve estar de acordo com os atos e as condutas que ele manifesta no mundo. Ao mesmo tempo, os atos manifestos na existência podem, ou não, contribuir para o avanço da consciência.

Nessa empreitada de autorrealização, as paixões, como ganância, ira, luxúria e apego, são consideradas os maiores inimigos daquele que pretende realizar sua natureza eterna como alma espiritual. A prática estrita dos cinco votos protege o buscador das falsas convicções que possam gerar uma eventual queda do caminho espiritual, bem como dos atos que produzem carma. Nesse sentido, mesmo os jainistas que não vivem sob o estilo de vida monástica também têm esses cinco votos como forma geral de se conduzir perante a existência.

Segundo Tukol (1983, p. 136, tradução nossa), um voto (*vrata*) é compreendido como "uma regra religiosa de comportamento observada com determinação por um período específico ou indefinido. Sempre indica aversão e abstinência de atos desonrosos e vergonhosos. Revela uma inclinação e conduta para fazer atos bons e virtuosos". Os votos devem ser seguidos não somente no âmbito concreto da ação, mas também no plano sutil da fala e do pensamento. Considera-se que a raiz das ações se encontra no desejo, que se prende à entidade viva por meio do pensamento e, posteriormente, da palavra. O plano da realização concreta de uma ação (carma) é visto como o último estágio de maturação dessa ação, assim o praticante deve estar alerta e ser cuidadoso com relação aos pensamentos e às palavras que cultiva, de modo que estejam de acordo com o princípio ético e moral oferecido pelos cinco votos.

> Em resumo, ao fazer esses votos, eles dizem: "Ó Senhor Arihanta! Não vou cometer os pecados da violência, expressar falsidade, roubar, desfrutar de prazeres sensuais ou ser possessivo. Eu não cometerei esses pecados por meio de palavras, pensamentos ou ações físicas, nem ajudarei ou ordenarei que alguém cometa esses pecados. Eu não aprovarei nem endossarei alguém que cometer tais pecados. Oh senhor! Eu por meio deste voto sagrado e solene que ao longo da minha vida, eu seguirei estes cinco votos principais e seguirei estritamente o código de conduta estabelecido para sadhus e sadhvis". (Jaina Education Committee, 2015, p. 137, tradução nossa)

O primeiro e mais importante dos votos é a não violência (*ahimsa*), considerada a pedra fundamental do jainismo. De modo geral, esse voto se refere a um comprometimento absoluto em não machucar, oprimir, escravizar, insultar, atormentar, torturar ou matar qualquer tipo de criatura ou entidade viva. Essa postura parte da pressuposição de que, em termos transcendentes, todos os seres são iguais. Apesar de se encontrarem em diferentes tipos de corpos devido às ações acumuladas em sua jornada, todos os seres são almas espirituais puras e diferentes da existência material. A divindade, que na perspectiva jainista é um condição impessoal de perfeição, e não uma relação específica com um ser transcendental, permeia toda a existência. Assim, em seus modos de vida, um praticante do jainismo deve se esforçar para não somente promover a paz por meio de seus atos, mas também por meio desses atos evitar a todo custo causar algum tipo de mal a alguma entidade viva, seja ela um inseto, seja uma planta ou um animal.

De acordo com as escrituras jainistas, a violência pode ser classificada em quatro tipos: intencional ou premeditada, comum, vocacional e defensiva. O primeiro tipo refere-se a atos que conscientemente machucam ou matam algum tipo de ser vivente. O segundo tipo acontece quando a violência é cometida em atividades ordinárias, como sentar-se, respirar, cozinhar, limpar uma casa etc. O terceiro tipo refere-se a atos violentos na execução de um dever profissional perante a sociedade, e o último a atos de violência praticados em prol da autodefesa (Mehta, 1993).

Essas reflexões sobre tipos diferentes de violência servem para que o praticante possa cultivar a atenção ao longo de todas as esferas do dia, tornando a não violência o fundamento de um estilo espiritualizado de vida que tem como consequência a promoção de benefícios a todos os seres vivos.

> A não violência também é baseada na qualidade positiva do amor universal e da compaixão. Aquele que aceita este ideal não pode ser indiferente ao sofrimento dos outros. Como crentes de Ahimsa, não podemos ferir os outros, nós mesmos, ou mostrar insensibilidade à dor e à miséria que podem ser causadas por outros fatores. Um verdadeiro observador de Ahimsa tem que desenvolver uma

atitude simpática. Ele ou ela deve se livrar dos sentimentos de raiva, arrogância, animosidade, ciúme e hostilidade que degradam a mente e geram instintos violentos. Torturas mentais por meio de palavras duras e maus pensamentos são considerados violência no jainismo. Por outro lado, para perseguir ativamente o voto de não violência, deve-se ajudar os necessitados, cuidar e compartilhar com os outros e demonstrar bondade para com todos. (Jaina Education Committee, 2015, p. 142, tradução nossa)

Dessa forma, podemos afirmar que o princípio de *ahimsa* fundamenta toda a cultura jainista, por vezes genericamente categorizada como religião da não violência. Mesmos pessoas que se encontram na ordem de vida familiar se esforçam ao máximo para aplicarem esses conceitos em seu dia a dia. Admite-se que a possibilidade de uma vida completamente sem violência, levando em conta a existência de micro-organismos, é praticamente inalcansável neste plano de existência. No entanto, seja qual for sua condição de vida, o praticante deve realizar todos os esforços possíveis para minimizar ao máximo todos os tipos de atos de violência.

Do ponto de vista religioso, o jainismo prescreve regras de condutas diversas para os chefes de família (*sravakas*) e para os ascetas (*sadhus*), mas alguns votos e austeridades são comuns a ambos. A diferenciação entre eles se deve ao fato de que, para cuidar de sua família, o praticante na condição de *sravaka* tem de se ajustar às condições sociais e políticas na qual se encontra, fazendo com que a prática perfeita de alguns votos não seja possível.

Existem cinco regras que, segundo Umasvami, são seguidas por aqueles que desejam atingir o estágio da não violência. Chefes de família e monges seguem essas mesmas regras apesar de, por conta de suas condições diversas, sua prática ocorrer em intensidades diferenciadas. As cinco regras são: controle da mente, controle do pensamento, regulação do movimento, cuidado ao levantar ou posicionar objetos e observação do alimento antes da ingestão. Vemos, assim, que, no estilo de vida proposto pelo jainismo, o autocontrole e a atenção são essenciais para a condução da vida rumo à plataforma da não violência.

A busca pelo cultivo de um estilo de vida fundamentado na não violência conduz obviamente a algumas restrições e peculiaridades no plano alimentar. Todos os jainistas são vegetarianos, e, contemporaneamente, muitos praticantes têm adotado a alimentação vegana, totalmente livre de compostos de origem animal, incluindo o leite e seus derivados – alimentos que integram a cultura alimentar tradicional não só jainista, mas de toda a Índia. Existem alguns vegetais, como o figo, que também são evitados por serem considerados portadores de pequenos seres viventes, e consumi-los envolveria a morte de muitos desses seres.

Os jainistas estão cientes de que se alimentar de vegetais, bem como o próprio ato de colhê-lhos, envolve certa violência aos seres vivos, tendo em vista que os próprios vegetais são considerados como tais. No entanto, eles fazem uma distinção segundo a qual a violência infligida a seres de apenas um órgão dos sentidos tem menor reação cármica do que sobre seres móveis, com mais orgãos sensitivos.

Além disso, cientes de que apenas por existirmos neste mundo já estamos de alguma forma promovendo algum grau de violência a outros seres, o esforço dos jainistas é no sentido de minimizar ao máximo a violência e, especialmente, a violência consciente. Para os jainistas, essa prática contribui para ampliar a compaixão na consciência de quem procura levar uma vida mais pacífica. Como já foi comentado, a não violência é entendida por alguns poetas e santos jainistas como a essência fundamental de uma vida religiosa, prática que é vista como possível de promover benefícios em todos os níveis.

3.4 Outros votos fundamentais

Tendo analisado o primeiro e mais essencial dos votos, agora apontaremos alguns aspectos dos outros quatro votos que conduzem a vida dos praticantes jainistas. Os votos que trataremos nesta seção são considerados igualmente importantes e essenciais. O destaque dado à não violência, como vimos na seção anterior, se deve ao fato de que esse princípio é, simultaneamente, o fundamento e o horizonte dos outros quatro.

O segundo voto é a **veracidade** ou *satya*. Ele se refere à consciência da intenção no momento do uso das palavras. Uma frase verdadeira, mas promulgada com o propósito de prejudicar ou magoar outra pessoa é, sob essa perspectiva, considerada uma quebra desse princípio. Da mesma forma, uma palavra proferida sem a devida consciência de suas consequências pode promover a falsidade em vez da verdade. Ao mesmo tempo, uma mentira que busca a promoção do bem-estar e a segurança de outras pessoas pode ser considerada uma prática em acordo com o voto da veracidade. A consequência da falsidade, de acordo com a perspectiva jainista, é uma forma de violência.

Segundo Jonardon Ganeri (2011), temos no Mahabharata, parte da seção épica e narrativa presente nos Vedas, uma estória que ilustra bem essa situação. Em uma vila havia uma asceta que ficou reconhecido como sábio pela população local devido ao fato de sempre falar a verdade. Apesar disso, ele não era um grande conhecedor das escrituras que versavam a respeito do certo e do errado quanto ao avanço espiritual. Era como uma espécie de autoditata no caminho da sabedoria que, em certa medida, até desdenhava do saber teórico dos livros. No entanto, certa vez, passou por perto de seu local de meditação um grupo de pessoas em fuga que lhe perguntaram se ele conhecia alguma espécie de esconderijo nas redondezas. O dito sábio prontamente indiciou a caverna mais próxima e segura que conhecia. Algum tempo depois, aproximou-se do sábio outro grupo de pessoas, armadas e em um humor beligerante. Elas perguntaram ao sábio se ele sabia onde o grupo de brâmanes que eles estavam perseguindo havia se escondido. Atado por seu voto de sempre falar a verdade, o sábio indicou a caverna aos homens armados, que, munidos da informação, foram até ela e, além de assaltarem, assassinaram os cinco brâmanes que ali estavam.

Vemos que, em uma circunstância como esta, de acordo com o princípio da veracidade, o mais adequado teria sido proferir uma mentira do que revelar a verdade. Assim, é possível que esse princípio esteja acima da dualidade mentira-verdade, sendo uma procura pelo comprometimento com a promoção da paz e do conhecimento por meio de palavras, atos e pensamentos. Mais do que isso, deve-se ter consciência de que as palavras proferidas podem ter consequências dolorosas a outros seres. Nesse sentido, atingir o princípio da veracidade se torna mais do que se comprometer com uma simples regra como a de não mentir, mas se envolver em um processo constante de reflexão e autoanálise. Aquele que assume esse voto deve estar consciente do poder de influência das palavras na realidade e na consciência tanto de quem as profere como de quem as ouve. Deve se comprometer a falar sempre fundamentado na intenção sincera de promover o bem e a iluminação a respeito do conhecimento correto acerca da realidade.

No conjunto de orientações sobre como cumprir esse voto existe uma classificação dos quatro tipos de falsidade a serem

> O segundo voto é a **veracidade** ou ***satya***. Ele se refere à consciência da intenção no momento do uso das palavras. Uma frase verdadeira, mas promulgada com o propósito de prejudicar ou magoar outra pessoa é, sob essa perspectiva, considerada uma quebra desse princípio. A consequência da falsidade, de acordo com a perspectiva jainista, é uma forma de violência.

evitados: negar a existência de algo com referência a sua posição, seu tempo e sua natureza quando, na verdade, ele existe; aceitar a existência de algo com referência a sua posição, seu tempo e sua natureza quando, na verdade, ele não existe; representar algo de forma diferente da realidade; e, finalmente, proferir uma fala condenável, pecaminosa ou desagradável (Tukol, 1983).

Bhattacharyya ([S.d.]), em um texto denominado *Other Vows than Ahimsa*, aponta que os mestres jainistas prescrevem cinco meditações específicas que auxiliam o praticante na prática desse voto: abandono da raiva, da avareza, da covardia, da frivolidade e da disposição em falar em desacordo com as injunções escriturais. Esse autor destaca ainda as práticas restritivas que constituem o voto da veracidade, como evitar ensinar falsas doutrinas, dar publicidade à vida íntima de outros ou quebrar a confiança de outra pessoa.

O terceiro voto é de **não roubar** (*asteya*). De modo geral, ele se refere ao esforço por não se apropriar daquilo que não lhe foi dado. Mesmo que não seja efetivamente um roubo, o ato de apropriar-se de algo indevidamente, ou seja, sem a expressa doação ou permissão do dono, é considerado uma quebra desse voto (Dundas, 2002).

Tukol (1983) afirma que, assim como no caso dos outros votos, existem cinco tipos de transgressões a serem evitadas por aqueles que desejam efetivamente cumpri-lo: instigar alguém a se apropriar do que não é seu; receber algum objeto ou propriedade fruto de roubo; recorrer a negociações subescritas para fazer algo que infrinja as regras de controle impostas pela sociedade; adulterar a composição de algo com o intuito de, ao enganar um possível consumidor do que está sendo produzido, obter mais lucro; e, finalmente, usar dois pesos e duas medidas visando favorecimento próprio. Observando estas restrições, podemos afirmar que esse voto pode ser compreendido como uma postura mais ampla, ligado ao cultivo da honestidade, da simplicidade e da humildade.

O quarto voto é o **celibato (*brahmacarya*)**. De acordo com Saman-tabhadra, esse voto consiste em abster-se completamente da prática sexual em atos, palavras e pensamentos. Aquele que encontra-se inebriado pela paixão é considerado pelos textos jainistas inepto para prática das boas virtudes, tendo em vista que uma mente assim atribulada é incapaz de se concentrar devidamente na prática espiritual. Isso faz com que aos chefes de família a prática sexual seja indicada somente no casamento, sendo que para monges e monjas é completamente restrita.

De acordo com a perspectiva jainista expressa por Samatabhadra, aqueles que desejam cumprir esse voto adequadamente devem se abster das seguintes práticas: considerar o casamento como um arranjo sexual; masturbação; inclinação excessiva ao desfrute sensual; contemplar outros corpos com intenções luxuriosas; e falar sobre temas que estimulem o apego corpóreo. Segundo Tukol (1983), os filósofos jainas têm sido unânimes em condenar qualquer tipo de quebra do voto de celibato, tendo em vista que isso leva a vários tipos de ações carmicamente negativas que incluem violência para com minúsculas entidades vivas. A indulgência sexual é, segundo esse autor, considerada pelos jainistas um ato que prejudica a sociedade ao perturbar o código ético comum e necessário para a manutenção da paz e a promoção da confiança mútua na vida familiar (Mehta, 1993).

O último dos cinco grandes votos é o **desapego (*aparigraha*)**. Ele se refere especificamente ao cultivo interno de uma disposição determinada a dissolver a ideia de "meu". O apego ao objeto e a situações mundanas também é visto como um impedimento ao avanço da consciência. O cultivo do desapego, no caso daqueles que se encontram na ordem de vida familiar, deve estar de acordo com as necessidades sociais a serem cumpridas. Nesse sentido, recomenda-se que a pessoa estipule uma quantidade de bens e dinheiro necessários para a manutenção de sua família e não exceda esse montante, evitando assim a contaminação da consciência por paixões como a ganância. Esse tipo de prática pode ser levado em diversos âmbitos da vida do praticante, que pode, por exemplo, fazer um voto de não ter mais do que quatro peças de determinado tipo de roupa. Isso é visto como uma forma de cultivar gradualmente o desapego ao limitar e minimizar ao máximo a quantidade de objetos necessários.

Os monges não cultivam nenhum tipo de posse material, sendo que o grupo Digambara, como já comentado, considera o nudismo a única forma de cumprir estritamente o voto de desapego absoluto. De acordo com a perspectiva jainista, a pureza da alma é encoberta pelo sentimento de posse, não somente externa mas também internamente, fazendo com que atingir esse voto seja possível somente com constantes auto-observação e autocontrole mediante os quais se evita o desenvolvimento do sentimento de posse e as paixões a ele associadas. A prática do desapego é vista pelos jainistas como o caminho pelo qual se atinge a equanimidade, um dos pré-requisitos para obter o estado de liberação.

3.5 Digambaras e Svetambaras: diferenças e peculiaridades

Já mencionamos em diversos pontos deste trabalho a existência de dois grupos dentro do jainismo: os Digambara e os Svetambara. Nesta seção, trataremos do evento histórico que levou a essa separação, bem como acerca das diferenças básicas na prática desses dois grupos.

Por volta de 327 a.C., ocorreu, segundo Sastri (2002), a ascensão da dinastia Maurya, que teria se aproveitado do vácuo político deixado pela invasão de Alexandre da Macedônia na região norte da Índia. Uma das características dos governantes dessa dinastia foi o fato de terem patrocinado a ascensão das culturas *sramanicas*, como o budismo e o jainismo, tornando esse o período em que essas religiões obtiveram apoio para estabelecer seus monastérios e vivenciar um processo no qual suas tradições, geralmente orais, passaram a assumir a forma escrita.

No reinado de Chandragupta, seu preceptor e guia, o mestre jainista Bhadrabahu teve uma visão de que um período de grande fome e miséria se abateria sobre a região nordeste na qual se situava o reinado. Ele então liderou uma grande migração de jainistas rumo ao sul para fugir de tal situação calamitosa que, segundo consta em registros históricos, realmente ocorreu. Essa migração é tida como o principal fator para o surgimento de dois setores no jainismo: os Digambara (predominantemente situados ao sul, apesar de existirem grupos no norte) e o Svetambara (predominantemente situados no nordeste da Índia, apesar de contarem com praticantes em outras regiões do país). Isso ocorreu porque cada grupo observou certo desenvolvimento próprio e autônomo, ligado às particularidades históricas da região geográfica e cultural na qual se encontravam, o que acabou conferindo a cada um dos ramos algumas práticas específicas e singulares.

Além disso, devido à separação, cada grupo desenvolveu um corpo canônico próprio no que concerne às escrituras que transmitem o saber da filosofia jainista, o que é um dos temas principais nessa divisão. Enquanto os Digambara sustentam que os escritos que preservavam os ensinamentos originais dos antigos Tirthankaras teriam sido perdidos quase completamente – deles restando somente uma pequena parte por eles preservada –, os Svetambara consideram-se como tendo sido capazes de preservar em seus escritos os ensinamentos originais dos mestres, apesar de concordarem que parte deles tenha efetivamente se perdido.

Essa circunstância originou, além de um cânone escritural divergente, algumas diferenças ritualísticas baseadas em concepções variadas acerca da data de nascimento do último grande mestre,

Mahavira, e também no que concerne à recitação da principal oração mântrica do jainismo, chamada *Namokar Mantra*. Enquanto os Digambara recitam apenas as primeiras cinco linhas do mantra, os Svetambara afirmam que ele deve ser recitado em sua totalidade de nove versos.[1]

Outra diferença prática originada da separação refere-se à concepção acerca da necessidade de o praticante se alimentar ou não ao atingir o estágio de omnisciência. Enquanto os Digambara sustentam a posição segundo a qual após chegar a esse estado não é preciso mais ingerir alimentos, os Svetambara discordam, dizendo que é necessário ministrar pequenas porções de alimentos mesmo que o asceta esteja no estágio da omnisciência.

Apesar de ter gerado essas divergências, o jainismo vivenciou uma espécie de "era dourada", tanto no sul quanto no norte, após a grande migração; tendo atraído a comunidade mercadora, tornou-se, nesse período, uma religião próspera:

> O primeiro milênio da Era Comum foi um período de prodigiosa realização jainista em literatura, filosofia, arquitetura e arte visual, com muitos famosos templos jainistas sendo construídos durante esse período. O edifício do templo tornou-se, e continua a ser, uma maneira popular para os leigos ricos Jain ganharem mérito religioso, e a riqueza que é aplicada a essas estruturas é o marcador mais evidente, para os estrangeiros, da riqueza da comunidade como um todo. Na área da filosofia, destacados colaboradores deste período incluem Umasvati, o compositor do Tattvartha Sutra do segundo século, um compêndio do ensino jainista que é considerado autoritativo tanto por Digambara quanto por jainistas Shvetambara. As doutrinas jainistas básicas têm se desviado notavelmente pouco da apresentação de Umasvati através dos vários subgrupos jainistas e através dos séculos. A maioria das

---

1   Esse mantra será especificamente tematizado no Capítulo 6.

diferenças entre os jainistas, incluindo a divisão Digambara e Shvetambara, como vimos, estão focadas nos detalhes da prática, e não em questões de crença básica. (Upadhye, citado por Tukol, 1983, p. 165, tradução nossa)

Como já comentado no tópico 3.2, "A liberação espiritual feminina", a principal divergência entre os dois setores se dá pela consideração a respeito do nudismo como um ponto essencial do voto de desapego e, consequentemente, do processo pelo qual se obtém a liberação. Assim, os monges *Digambara*, termo que pode ser traduzido como "vestidos de céu", andam nus enquanto os *Svetambara*, tal como indica a tradução do nome desse grupo, vestem-se de branco. Essa situação se expressa ainda, como já exposto, em posições opostas com relação à possibilidade de obter a liberação por parte das mulheres.

FIGURA 3.4 – Monge Digambara e seu discípulo, descansando e orando aos pés da estátua de Gomateshwara, em Sravanabelagola, na Índia

As diferentes concepções com relação ao uso de roupas se expressam também no tipo de adorno que os ídolos adorados nos templos jainistas recebem. Essas estátuas ou deidades são representações, geralmente em algum tipo de pedra, dos 24 mestres do jainismo. Enquanto os Svetambara promovem decorações mais opulentas e sofisticadas, que incluem ouro e tecidos, algo que segundo eles ocorre para representar a riqueza das potencialidades espirituais adquiridas por esses grandes mestres, os Digambara têm ídolos nus muito modestamente adornados somente com flores.

Algumas outras diferenças também emergem por conta das especulações em torno do princípio da não possessividade. Enquanto aos monges Digambara é permitida a posse de dois objetos, tidos como importantes para a prática espiritual, os Svetambara têm uma lista maior, de 14 itens. Os objetos permitidos para os ascetas Digambara são o *pichi*, uma vassoura de penas de pavão utilizada para afastar eventuais insetos que apareçam no caminho, e o *kamandalu*, um pequeno pote de madeira utilizado para carregar e beber água. Os monges Svetambara, além desses dois objetos, possuem roupas, livros e outros itens cuja posse não é considerada um rompimento com o voto do desapego. Outra diferença no estilo de vida dos ascetas de cada um dos grupos é que os Digambara se alimentam somente uma vez ao dia e coletam suas esmolas apenas com as mãos, já os Svetambara utilizam uma pequena cumbuca para coletar as doações e podem se alimentar duas vezes ao dia, apesar de, assim como os ascetas do outro grupo, não se alimentarem antes ou depois do nascer do sol.

FIGURA 3.5 – Monge Svetambara em peregrinação

3.6 Sravakas e Sravakis: praticantes não ascetas

Apesar de a literatura jainista de modo geral enfatizar o lugar e as temáticas ligados à vida dos ascetas, a maior parte dos jainistas é formada por pessoas leigas, no sentido de que praticam a fé e a filosofia jainista concomitantemente aos deveres e às necessidades da vida familiar. Nesse sentido, o jainismo apresenta uma visão comunitária que pressupõe um funcionamento integrado, fundamentado na ajuda mútua entre os diferentes setores da comunidade (*sangha*). Segundo consta da tradição, esse formato de comunidade foi instituído pelo próprio Mahavira (Dundas, 2002).

De certa maneira, na estrutura social jainista, os ascetas mendicantes necessitam de uma sociedade organizada de praticantes leigos, inclusive para a prática tradicional do esmolar. Enquanto os chefes de família fornecem alimento e, em alguns casos, abrigo aos ascetas viajantes, estes, por sua vez, são responsáveis por levar o conhecimento acerca do caminho da liberação para as pessoas engajadas na vida familiar.

Durante o período medieval, após a grande migração liderada por Bhadrabahu, houve o florescimento de uma intensa reflexão nos dois grupos do jainismo acerca do papel dos praticantes não ascetas (Sastri, 2002). Dessa forma, muitos estudos e tratados sobre a temática foram produzidos entre os séculos V e XVII. De modo geral, essas reflexões apontam para a consideração segundo a qual o comportamento e a vida de um praticante leigo deve espelhar os cinco grandes votos aceitos pelos ascetas.

A doutrina jainista, no entanto, sustenta que, enquanto o caminho ascético pode levar à destruição (*nirjara*) do carma, o caminho leigo permite somente o afastamento (*samvara*) do novo carma e, portanto, não alteraria radicalmente o *status* cármico fundamental de um indivíduo.

No que se refere à progressão dentro do *guna-sthana*, a escala de 14 estágios da consciência até a obtenção da liberação, considera-se que os últimos dois estágios sejam obteníveis somente por ascetas. Apesar disso, o jainismo oferece aos seus praticantes leigos, por meio de suas regras alimentares, cerimônias regulares e tradições, um mundo social e cultural por meio do qual fornece sentido às suas existências mediante uma prática gradual de purificação da vida perante o cultivo diário da ética jainista.

A vida dos leigos é, de um modo geral, caracterizada pelo vegetarianismo estrito, pela condução disciplinada e regulada dos negócios e pela prática da caridade. Além disso, são recomendadas meditações e reflexões diárias de modo a rememorar ao praticante os ensinamentos dos Jinas.

A caridade é considerada uma ação piedosa que, assim como outras elencadas nessa categoria – como jejuns e prática de não violência –, permite melhorar não somente a sua condição material futura como promover progressão no caminho espiritual. Estando historicamente ligada a grupos de comerciantes, a comunidade leiga jainista, apesar de cultivar um modo de vida simples e regulado, apresenta uma grande prosperidade, o que contrasta com a austeridade e abnegação do estilo de vida dos monges e monjas que inspiram os ideais jainistas.

> A doutrina jainista sustenta que, enquanto o caminho ascético pode levar à destruição (*nirjara*) do carma, o caminho leigo permite somente o afastamento (*samvara*) do novo carma e, portanto, não alteraria radicalmente o *status* cármico fundamental de um indivíduo.

Apesar de não poder praticar as mesmas austeridades e renúncias que um asceta, o leigo é orientado a observar oito regras básicas de comportamento, que incluem evitar a alimentação noturna, bem como praticar uma dieta que exclua carne, vinho, mel e tipos de frutas e raízes considerados portadores de formas de vida. Há também 12 votos a serem cumpridos: cinco *anuvratas*, três *gunavratas* e quatro *shikshavratas* (Jaina Education Committee, 2015).

Os *anuvratas* são os cinco grandes votos, no entanto em uma espécie de versão resumida possível de ser praticada por pessoas no contexto da vida familiar, como os votos de se abster de violência, da possessividade, da indulgência sexual, da falsidade e do roubo. A prática desses votos envolve, entre outros elementos, contentar-se com a própria esposa, limitar voluntariamente suas posses e evitar práticas que levam a ações cármicas que contaminem a consciência, como ler ou ouvir material mundano desncessário.

Os *gunavratas* são os chamados *votos subsidiários*. Esses são votos suplementares destinados a fortalecer e proteger os votos principais. Eles envolvem evitar viagens desnecessárias e atividades prejudiciais ao avanço espiritual, assim como a busca desregulada pelo prazer sensorial. Além disso, pede a prática do jejum, o controle da dieta e o cultivo do costume tradicional de sempre oferecer presentes e serviços a monges, pessoas pobres e familiares.

Finalmente, temos os quatro *siksavratas*, que são conhecidos como os votos de instrução e disciplina. Eles se resumem a: voto da meditação (*samayik vrata*), segundo o qual o praticante deve meditar sentado por 48 minutos todos os dias; voto da restrição de atividades (*desavakasika*), segundo o qual deve-se se restringir a determinadas atividades, como comer e dormir em períodos específicos do dia e do calendário anual; voto da vida ascética limitada (*pausadha vrata*), segundo o qual se deve adotar regularmente a vida de um monge por um dia; e o voto da caridade, de acordo com o qual não se pode negar caridade aos ascetas, necessitados e familiares.

A prática da abstenção de alimentos com o propósito de abandonar o corpo, conhecida como *sallekhana*, é tradicionalmente realizada não somente por ascetas, mas também por leigos. A tradição jainista considera, segundo Bhattacharyya ([S.d.]), que, quando a velhice e a enfermidade estão avançadas e o corpo não pode mais ser usado para bons propósitos, o praticante pode optar por completar o abandono das coisas do mundo, abstendo-se de todos os alimentos e bebidas enquanto mantém a mente ocupada na meditação e em atividades religiosas até que chegue o momento da morte.

Para os jainistas essa prática não é vista como suicídio, uma vez que, tal como eles a encaram, não existe violência implicada nela, seja via pensamento, seja via palavras ou outros atos. Ela é tomada ainda como a forma mais elevada de não violência, em que a ação violenta é evitada ao máximo, inclusive em níveis mentais, sendo, portanto, uma prática que contribui para o avanço espiritual da alma. Devido à sua radicalidade, essa prática é raramente adotada, apesar de ser aplicada tanto por ascetas como por leigos, que veem nela uma forma de conduzir conscientemente a vida a uma espécie de fim digno e em acordo com os princípios jainistas.

Síntese

O foco neste capítulo foi perceber de que maneira os fundamentos espirituais jainistas organizam não somente o modo de vida do praticante, regulado pelos cinco votos principais, como também a vida da comunidade, dividida entre *sadhus* (monges), *sadhvis* (monjas), *sravakas* (homens leigos) e *sravakis* (mulheres leigas).

Nesse sentido, pudemos abordar o modo como os diferentes ramos do jainismo concebem a possibilidade da liberação espiritual feminina. Vimos que, enquanto os Digambara consideram que a alma precise necessariamente de um corpo masculino para atingir o último estágio de ascenção espiritual, os Svetambara julgam que as almas podem chegar ao estágio mais elevado mesmo em um corpo feminino. Uma das principais divergências entre os grupos se refere ao fato de que os Digambara veem como indispensável para o acesso ao nível mais alto o desapego total, que inclui a prática da nudez. Já os Svetambara aceitam que um dos 24 grandes mestres do jainismo teria sido uma mulher (Merudevi). Devido a isso julgam que a nudez completa é dispensável para a prática do desapego absoluto, o que tornaria esse voto possível também de ser executado por mulheres (em uma sociedade não favorável à prática do nudismo feminino público), que assim poderiam também acessar o nível mais alto da escada de evolução da consciência mesmo partindo de um corpo atual feminino.

Tendo em vista a aplicação prática da filosofia jainista, abordamos ainda os cinco votos fundamentais, que consistem em não violência (*ahimsa*), veracidade (*satya*), não roubar (*asteya*), castidade (*brahmacarya*) e desapego (*aparigraha*). Esses refreamentos pretendem purificar o praticante, aniquilando a subjetividade advinda do egocentrismo, e prepará-lo para os estágios seguintes, que se desenrolam, na perspectiva jainista, de acordo com o que foi definido como *gunasthana*, ou os 14 estágios da consciência até a liberação. Por meio do cultivo desses votos, é possível ainda desempenhar o controle dos impulsos naturais, que se manifestam através dos cinco órgãos de ação (*karmendriyas*): braços, pernas, boca, órgãos sexuais e excretores.

Para alguns jainistas, é a prática dos cinco votos que dá acesso às três joias do avanço espiritual, enquanto para outros são as três joias que possibilitam a realização efetiva dos cinco votos. Independentemente do ponto de vista que se adote, esses dois elementos encontram-se em uma relação de retroalimentação na qual a percepção da realidade e da consciência atingida pelo praticante deve estar de acordo com os atos e as condutas que ele ou ela manifesta no mundo.

Atividades de autoavaliação

1. Assinale V para verdadeiro e F para falso nas assertivas a seguir.
   - [ ] O propósito da vida de um monge passa por obter o controle total sobre a mente e o corpo, levando um estilo de vida em que cultiva a pureza, o serviço, a austeridade e o desapego.
   - [ ] Os jainistas consideram que a mulher não pode obter liberação espiritual, sendo necessário reencarnar em um corpo masculino para chegar ao estágio final.
   - [ ] A não violência, voto secundário no jainismo, refere-se a um comprometimento absoluto em não machucar, oprimir, escravizar, insultar, atormentar, torturar ou matar qualquer tipo de criatura ou entidade viva.
   - [ ] A prática do desapego é vista pelos jainistas como o caminho pelo qual se atinge a equanimidade, um do pré-requisitos para obter o estado de liberação.
   - [ ] Os jainistas seguem um mesmo conjunto de escrituras, as quais transmitem os ensinamentos do Tirthankaras.
   - [ ] A liberação final só é possível mediante o cultivo completo da vida ascética.

   Agora, marque a alternativa que apresenta a sequência correta:
   A) V, F, F, V, V, F.
   B) F, F, V, F, V, V.
   C) V, F, F, V, F, V.
   D) F, F, F, V, F, V.
   E) V, F, F, V, V, V.

2. Assinale V para verdadeiro e F para falso nas assertivas a seguir.
   - [ ] Os cinco votos fundamentais consistem em não violência (*ahimsa*), veracidade (*satya*), não roubar (*asteya*), castidade (*brahmacarya*) e desapego (*aparigraha*).
   - [ ] O objetivo da vida monástica na perspectiva jainista é realizar um esforço sincero e rigoroso para atingir um propósito

elevado para a vida humana, o qual se encontra ligado à percepção acerca da eterna relação amorosa entre a alma (*jiva*) e o universo.

[ ] Parsvanatha, o 23º Tirthankara, teve um grupo 16 mil monges liderados por Aryadatta, e Mahavira, o último dos grandes mestres, teve um grupo de 14 mil monges liderados por Indabhuti.

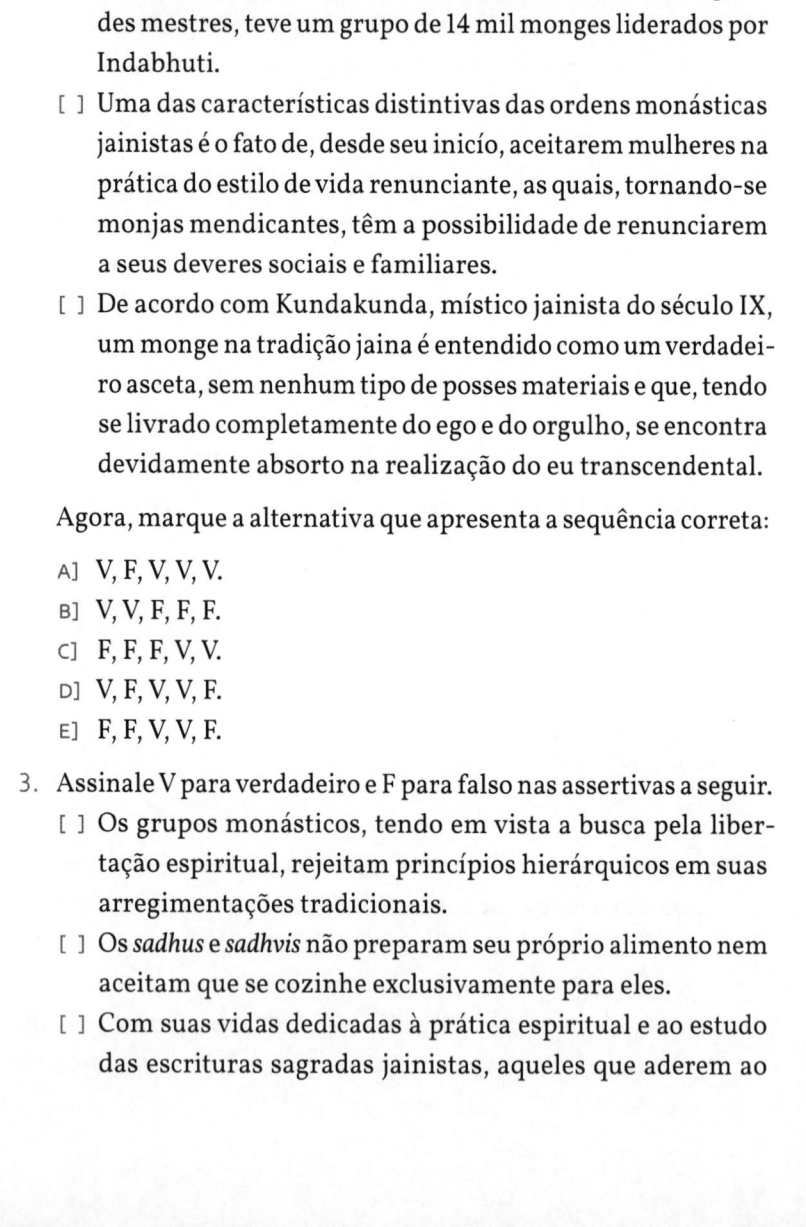

[ ] Uma das características distintivas das ordens monásticas jainistas é o fato de, desde seu início, aceitarem mulheres na prática do estilo de vida renunciante, as quais, tornando-se monjas mendicantes, têm a possibilidade de renunciarem a seus deveres sociais e familiares.

[ ] De acordo com Kundakunda, místico jainista do século IX, um monge na tradição jaina é entendido como um verdadeiro asceta, sem nenhum tipo de posses materiais e que, tendo se livrado completamente do ego e do orgulho, se encontra devidamente absorto na realização do eu transcendental.

Agora, marque a alternativa que apresenta a sequência correta:

A] V, F, V, V, V.
B] V, V, F, F, F.
C] F, F, F, V, V.
D] V, F, V, V, F.
E] F, F, V, V, F.

3. Assinale V para verdadeiro e F para falso nas assertivas a seguir.

[ ] Os grupos monásticos, tendo em vista a busca pela libertação espiritual, rejeitam princípios hierárquicos em suas arregimentações tradicionais.

[ ] Os *sadhus* e *sadhvis* não preparam seu próprio alimento nem aceitam que se cozinhe exclusivamente para eles.

[ ] Com suas vidas dedicadas à prática espiritual e ao estudo das escrituras sagradas jainistas, aqueles que aderem ao

estilo de vida monástico levam vidas itinerantes, viajando de um lugar a outro muitas vezes nus e descalços.

[ ] Os praticantes do jainismo que não são *sadhus* ou *sadvis* almejam obter, seja nesta vida, seja na próxima, a purificação e a determinação necessárias para se tornarem também renunciantes. Essa característica faz do jainismo uma espécie de religião monástica por exclência, tendo em vista o fato de, dentro dessa perspectiva, não haver outro caminho viável para pôr fim ao ciclo de nascimentos e mortes.

[ ] Os Svetambara (vestidos de branco) consideram que as mulheres podem atingir a liberação, enquanto os Digambara (vestidos de céu) afirmam que, por não estarem aptas a praticar completamente o voto de não possessividade por meio da prática do nudismo, não poderiam atingir a liberação.

Agora, marque a alternativa que apresenta a sequência correta:

A] F, F, F, V, V.
B] F, V, V, F, F.
C] V, V, V, V, V.
D] F, V, V, V, V.
E] F, V, V, F, V.

4. Assinale V para verdadeiro e F para falso nas assertivas a seguir.

[ ] O grupo Digambara, em uma leitura particular da escala dos 14 estágios de evolução da alma, afirma que o último dos níveis de evolução não poderia ser atingido por uma alma que estivesse encarnada em um corpo feminino.

[ ] Apesar de o ideal da esposa devotada ser também parte do modelo de mulher jainista e assim estar presente também na vida dessas 16 mulheres exemplares, as satis jainistas incluem mulheres que são aclamadas como virtuosas não somente pelo seu papel desempenhado no casamento, mas

também pela renúncia praticada antes e depois deste, tendo em vista um objetivo transcendental.

[ ] Segundo Tukol (1983), um voto (*vrata*) é compreendido como uma regra religiosa de comportamento observada com determinação por um período específico ou indefinido. Sempre indica aversão e abstinência de atos desonrosos e vergonhosos.

[ ] O primeiro e mais importantes dos votos é a não violência (*ahimsa*), considerado a pedra fundamental do jainismo.

[ ] Admite-se que a possibilidade de uma vida completamente sem violência, levando em conta a existência de micro-organismos, é praticamente inalcansável nesse plano de existência. No entanto, seja qual for sua condição de vida, o praticante deve realizar todos os esforços possíveis para minimizar ao máximo todos os tipos de atos de violência.

Agora, marque a alternativa que apresenta a sequência correta:

A] V, F, V, V, V.
B] F, V, V, V, V.
C] V, V, V, V, V.
D] V, V, V, V, F.
E] F, F, V, V, V.

5. Assinale V para verdadeiro e F para falso nas assertivas a seguir.

[ ] Somente os *sadhus* têm a vida regulada pela prática absoluta dos cinco votos.

[ ] Existem cinco regras que, segundo Umasvami, são seguidas por aqueles que desejam atingir o estágio de não violência. Chefes de família e monges seguem essas mesmas regras, apesar de que, por conta de suas condições diversas, elas ocorram em intensidades diferenciadas.

[ ] Como o jainismo é uma religião da não violência, a prática do vegetarianismo é fundamental. Por meio dela, é possível obter uma alimentação totalmente livre da produção de carma.
[ ] A consequência da falsidade, de acordo com a perspectiva jainista, é uma forma de violência.
[ ] Para os jainistas, o apego a objeto e situações mundanas não é visto como um impedimento ao avanço da consciência.

Agora, marque a alternativa que apresenta a sequência correta:

A] V, V, V, F, F.
B] V, V, F, F, F.
C] V, F, V, F, V.
D] V, F, F, F, F.
E] V, V, F, V, F.

Atividades de aprendizagem

Questões para reflexão
1. Quais hábitos você mudaria na sua vida para aproximá-la do conceito de não violência?
2. Partindo de uma situação prática de sua vida, reflita sobre o aprendizado do desapego.

Atividade aplicada: prática
1. Escolha um ou mais dos cinco princípios citados neste capítulo, estipule um tempo para praticá-lo (de 2 a 30 dias) e discorra acerca da experiência.

4
TEXTOS SAGRADOS, DEVOÇÃO E FESTIVIDADES

Buscando oferecer dinâmica aos princípios até agora apresentados, este capítulo pretende considerar formas da vivência prática desse cultivo espiritual. Nesse sentido, trataremos sobre as especificidades da constituição do cânone escritural de cada um dos grupos principais, além das festividades e das formas pelas quais a devoção se apresenta como um elemento importante no jainismo.

Figura 4.1 – Templo de Ranakpur, importante local sagrado jainista no estado do Rajastão, na Índia

4.1 Os Agamas: o cânone[1] Svetambara

Neste capítulo, exploraremos alguns dos princípios filosóficos que subjazem a prática jainista, bem como a concretização de alguns desses princípios por meio de rituais e festividades. Como pudemos acompanhar no capítulo anterior, um dos principais motivos de separação entre os dois grupos jainistas é o desacordo a respeito de quais escrituras são consideradas canônicas.

No entanto, ambos os grupos concordam que o conhecimento das escrituras fundamenta o acesso ao saber acerca da natureza eterna do ser, bem como aos fundamentos metafísicos necessários à destruição do carma. O saber escritural e a vida ascética são esferas que se alimentam entre si. Dessa maneira, considera-se que o conhecimento acerca das escrituras não se revela nem é útil a pessoas que não estejam cultivando a prática do caminho da liberação. O conhecimento teórico por si só é inútil, ao mesmo tempo que a prática das austeridades que levam à liberação é incompleta sem o conhecimento escritural (Dundas, 2002).

Essa circunstância revela uma atitude comum dos dois grupos para com suas escrituras sagradas. De acordo com a análise apresentada por Paul Dundas (2002), tem havido uma tendência geral ao longo da história do jainismo em considerar o estudo de escrituras por pessoas não qualificadas – sejam elas leigas, sejam ascéticas – como uma atividade injustificada e potencialmente perigosa. Isso fez com que alguns grupos impusessem restrições específicas à leitura dos textos sagrados, principalmente no ramo Svetambara.

---

[1] Cânone é um termo que deriva do grego *kanón*, utilizado para designar uma vara que servia de referência como unidade de medida. Na Língua Portuguesa, o termo adquiriu o significado geral de regra, preceito ou norma. Em determinados contextos, a palavra *cânone* pode ter significados mais específicos. Na literatura e na religião, refere-se a um conjunto de livros considerados referência em determinado período, estilo ou cultura (Cânone, 2018).

Dharmasagara, um polemicista jainista do século XVI, considerou que a principal causa do surgimento de grupos rivais no jainismo teria sido o florescimento de uma posição segundo a qual a revelação escritural somente poderia ter validade em si, independentemente da validação oferecida por autoridades reconhecidas – integrantes de uma linhagem de professores, munidos de técnicas hermenêuticas por eles desenvolvidas – que poderiam atestar o nível de consciência efetivamente obtido por determinado praticante. Assim, o significado de uma escritura, segundo a posição defendida por Dharmasagara, só poderia ser devidamente ativado em conjunto de uma exegese autorizada por renomados mestres do passado. Isso faz com que a escritura, por conta própria, seja considerada ineficaz, uma espécie de campo fértil para polêmicas ao se apresentar como um alvo fácil de interpretações literalistas realizadas por hereges (Dundas, 2002).

Apesar das divergências, todos os jainistas concordam com a existência de 14 *Purvas* – termo sânscrito que pode ser traduzido como "textos ancestrais". Esse conjunto de saberes memorizados em versos preservava os ensinamentos dos primeiros 23 Tirthankaras. Esses textos continham todo o conhecimento do universo, e aqueles que os conheciam recebiam o elevado *status* de *sruta-kevalin*, que significa "oniscientes devido à maestria no conhecimento das escrituras". No entanto, devido à sua antiguidade e ao fato de não terem sido escritos, todos se perderam em, no máximo, mil anos após a partida de Mahavira, por volta do século VI a.C. Apesar disso, os jainistas consideram que pequenas partes desse saber teriam sido preservadas como trechos integrantes de outras obras que foram posteriormente elaboradas.

Aquilo que forma o corpo escritural jainista atualmente é dividido entre os dois grupos, cada um com seu próprio cânone de escrituras consideradas sagradas.

Os Digambara afirmam que as escrituras compiladas a partir de assembleias (*vachans*) realizadas pelos Svetambara durante o período em que os dois grupos ficaram separados devido à grande migração para o sul não seriam autênticas. Dessa forma, elas não representariam os ensinamentos originais de Mahavira, o 24º Tirthankara.

Cabe lembrar que os 24 grandes mestres transmitiram seus ensinamentos exclusivamente pela via oral, não tendo legado livros escritos. Na concepção geral dos praticantes do jainismo, considera-se que, ao atingir o estágio supremo de omnisciência, o Tirthankara passa a emitir um som transcendental, fruto de sua visão e iluminação acerca dos princípios essenciais da existência. Para os Digambara, esse é um som semelhante ao rufar grave de muitos tambores, não constituindo frases em nenhuma língua em específico (Dundas, 2002). Já para os Svetambara esse som emitido se dá numa língua articulada, sendo o *Ardhamagadhi Prakrti* a língua usada por Mahavira para manifestar as verdades provenientes de sua consciência totalmente purificada.

No entanto, ambos os grupos concordam com o fato de que somente seus discípulos mais próximos, também ascetas em um alto grau de elevação espiritual, podem compreender o que é dito pelo Tirthankara. Eles são então encarregados de sintetizar a essência desses ensinamentos em sutras, ou seja, textos aforísticos. O conhecimento revelado pelos Jinas passa, assim, a ser transmitido oralmente por meio da relação pessoal entre mestres e discípulos, que tinham como incumbência memorizar todos os versos que integravam o perfeito conhecimento.

Durante centenas de anos, o conhecimento transmitido por Mahavira foi guardado somente na memória dos ascetas. Após a grande migração, os praticantes que ficaram na região norte decidiram que, devido à degradação da memória humana, o conhecimento do último Tirthankara estava correndo risco de se perder. Cabe lembrar que o *acarya* Badhrabahu, considerado o último praticante a ter memorizado todas as escrituras, havia sido o líder responsável pela migração de jainistas para o sul.

Assim, os praticantes do ramo Svetambara promoveram três assembleias entre os anos 320 a 520, reunindo centenas de sábios ascetas para, por meio de mútuo consenso, redigir essa sabedoria. A primeira delas ocorreu no ano 320 e foi liderada por Sthulabadhra. A segunda foi em Mathura no ano 380, liderada por Arya Skandil. E a terceira foi liderada por Devardhigani no ano 520 na cidade de Valabhi. Esta última foi responsável por apresentar o cânone redigido ao qual estudiosos e praticantes tiveram acesso na modernidade. Certamente nessas sessões de declamação e rememoração houve divergências, que foram, segundo afirmam os Svetambara, devidamente registradas nos apêndices que passaram a integrar esse corpo escritural canônico (Mehta, 1993).

Foi dessa maneira que surgiu a literatura categorizada pelos jainistas como *Agamas*, o corpo literário que preserva os ensinamentos de Mahavira. Segundo Paul Dundas, para o grupo Svetambara, esses textos "representam uma série de verdades sem começo, sem fim e fixas, uma tradição sem qualquer origem, humana ou divina, que nesta era do mundo foi canalizada através de Sudharman, o último dos discípulos de Mahavira a sobreviver" (Dundas, 2002, p. 125, tradução nossa).

A composição das escrituras tem como propósito específico mostrar aos ouvintes o caminho da felicidade e da liberação permanentes e indissolúveis. Os Agamas ensinam acerca das verdades eternas ligadas à conduta, ao cultivo, à equanimidade, da afeição e da amizade universais, além de apresentarem princípios fundamentais à prática jainista, como a não violência, a teoria do carma, a natureza da alma, a multiplicidade de pontos de vista e o respeito universal a todas as formas de vida. Visando à obtenção desses objetivos, são oferecidas instruções de comportamento tanto para pessoas na ordem da vida familiar como para os monges ascetas. A palavra *Agama* é uma designação pan-indiana que se refere à revelação do corpo de uma doutrina por meio da linha de transmissão que ocorre pelos mestres autorizados.

O número de textos que compõem a literatura chamada *agâmica* – considerada o cânone Svetambara – variou ao longo do tempo, dependendo de cada grupo monástico. Com base em estudos e pesquisas do erudito austríaco Johann Georg Buhler, no século XIX, os ocidentais definiram os Agamas como compostos de 46 textos, divididos em seis grupos: 12 Angas (partes), 12 Upangas (textos subsidiários), 4 Mula-Sutras (textos básicos), 6 Cheda-sutras (textos sobre disciplina destinados a ascetas), 2 Chulika-sutras (apêndices) e 10 Prakirnakas (textos diversos). Esses textos apresentam diversos diálogos, principalmente entre Mahavira e seu discípulo Indrabhuti Gautama, presumidamente recordados pelo discípulo Sudharman, responsável por transmitir esse saber aos próprios discípulos.

Fazem parte do cânone Svetambara também os comentários acerca dos Agamas. Existem aqueles feitos em versos poéticos, chamados *Niryukrtis* ou *Bhasyas*, e aqueles feitos em prosa, chamados *Curnis*. Esses comentários foram redigidos tanto em *prakrti* como em sânscrito. Dos Niryukrtis atuais, o mais importante e renomado é aquele que foi composto por Bhadrabahu entre os séculos V e VI e que apresenta discussões filosóficas em uma linguagem poética e atraente. Por meio desse trabalho, estabeleceu-se as bases fundamentais da filosofia jainista. Os *Bhasyas* são vistos como estudos de consulta fundamental para aqueles que almejam uma visão completa em torno da discussão sobre um tema em específico. Jinabhadra[2] e Haribhadra[3] são dois dos compositores de comentários mais lidos e reconhecidos.

4.2 Sidhanta: os textos sagrados Digambara

Na conjuntura do pensamento Digambara, se, por um lado, as escrituras sagradas não constituem mais do que metáforas do legítimo ensinamento, por outro são veneradas de diversas maneiras. Dessas expressões devocionais ao conhecimento talvez a mais proeminente seja um festival anual chamado *Sruta-pancami*. Nessa ocasião, os livros sagrados são ritual e simbolicamente adorados, recebem guirlandas, fazem procissão ao som de mantras e recitações sob a reverberação de tambores em ritmos variados e, ao final, torna-se o centro de uma celebração comunitária (Balbir, 1984).

No entanto, é fundamental em sua visão acerca das escrituras a perspectiva segundo a qual os 24 Agamas originais proferidos pelos discípulos de Mahavira já teriam quase todos se esvanecido ao longo do tempo, tornando-se agora inacessíveis às memórias dos praticantes. Os Agamas compilados como frutos dos conselhos de recitação realizados pelos Svetambara não teriam sido capazes de, segundo seu ponto de vista, manter intactos e preservar os ensinamentos.

---

2   Jinabhadra (520-623) foi um monge do ramo Svetambara durante o sexto século VII. Não se sabe muito sobre sua vida; o pouco que se sabe é que levou uma vida itinerante nas partes ocidentais da Índia. Ele pertencia ao ramo Nirvruttikula do jainismo e era chefe de vários monges. Estava em Vallabhi durante o reinado de Maitraka, rei Shiladitya I, em 609, e era conhecido por ter conhecimento sobre os textos canônicos jainistas, bem como sobre outros sistemas filosóficos prevalentes na Índia (Datta, 1988).
3   Haribhadra Suri era um líder e autor jainista do ramo Svetambara, levava uma vida ascética e mendicante. Existem várias datas contraditórias atribuídas ao seu nascimento. Segundo a tradição, ele viveu entre 459-529. Em seus escritos, Haribhadra identifica-se como um discípulo dos mestres Jinabhadra e Jinadatta. Existem vários relatos, um tanto contraditórios, de sua vida. Ele escreveu vários livros sobre ioga, como o *Yogadrstisamuccaya e a religião comparada*, delineando e analisando as teorias de hindus, budistas e jainistas.

Os dois livros que fundam esse cânone, segundo seus praticantes, foram fruto de duas circunstâncias nas quais se acredita que o saber milenar dos sutras originais teria sido levado até a forma escrita de maneira verdadeira e legítima, constituindo, assim, os únicos Agamas que teriam sido preservados de forma intacta. Esses livros são: *A escritura de seis partes* e *Tratado sobre as paixões*, os quais, junto com os *anuyogas* ou "exposições", constituem o cânone Digambara, denominado *Sidhanta* – um termo de origem sânscrita que pode ser compreendido como conclusão autorizada em relação às escrituras fundadoras de uma prática espiritual por elas sancionadas.

O *Satkhandagama* (*A escritura de seis partes*), considerado o mais antigo, baseia-se no conhecimento oral transmitido pelo monge Dharasena, que teria vivido por volta do século II. Esse monge, preocupado com a degeneração da memória e a decorrente perda das escrituras, teria convocado dois outros monges, Puspadanta e Bhutabali, para se reunirem em um local chamado *Caverna da Lua*, seu retiro pessoal localizado no Monte Girnar na província de Gujarat, região noroeste da Índia. Lá ele lhes ensinou porções do 5º e do 12º Angas. Esses discípulos prontamente condensaram o ensinamento em um total de 6.117 sutras, ou aforismos (Jaini, 1998).

No século VIII um famoso comentário desse livro foi elaborado por Virasena[4]. Devido ao seu reconhecimento, esse escrito passou também a integrar o cânone escritural Digambara.

---

4 Āchārya Virasena foi, além de poeta e filósofo jainista, um renomado matemático. Educado pelo sábio Elāchārya, fazia parte da linhagem de Kundakunda. Tal como demonstram Mishra e Singh (1997), seus estudos matemáticos tiveram como consequência a derivação do volume de um tronco de bases paralelas e ele também trabalhou com o conceito de *ardhaccheda*: o número de vezes que um número pode ser dividido por 2 (logaritmos binários), além de uma ideia logarítmica de base 3 (trakacheda) e base 4 (*caturthacheda*). Além disso, Virasena deu uma fórmula aproximada $C = 3d + (16d + 16)/113$ para relacionar a circunferência de um círculo C e o seu diâmetro d, o qual resulta na aproximação da constante $\pi \approx 355/113 = 3.14159292...$, dado anteriormente como $\pi \approx 3.1416$ por Aryabhata em Aryabhatiya (Mishra; Singh, 1997).

O *Tratado sobre as paixões, Kasaya-Prabhrta*, e o comentário que o acompanha teriam sido redigidos mais ou menos na mesma época que a *Escritura de seis partes*, no século II. Esse texto é baseado nos antigos Purvas e trata sobre as paixões que conduzem ao apego e ao consequente cativeiro material. Nessa obra, as paixões são vistas como fruto de um tipo específico de partícula chamada *mohaniya-karma* (carma ilusório).

Essas duas obras e seus respectivos comentários teriam sido preservados em uma pequena cidade considerada sagrada chamada *Mudbidri*, na região sudeste da Índia, onde um templo foi construído para preservá-los. Anteriormente reverenciado por ter sido o local de encontro de um antiquíssimo ídolo do Tithankara Parsvanata, sua importância como local de peregrinação para os Digambara aumentou devido ao fato de ele ter se tornado o local de preservação das escrituras originais. O acesso a essas escrituras era limitado somente a monges e em ocasiões ritualísticas.

De acordo com Paul Dundas (2002), um reverenciado erudito leigo do ramo Digambara do século XVIII, chamado *Todarmal*, afirmou que essas escrituras haviam se tornado somente objetos de observação reverencial, tendo em vista que os efeitos do mundo corrompido teriam feito com que ninguém mais fosse capaz de compreendê-las. No século XX, dr. Hiralal Jain foi o primeiro erudito leigo jainista que decidiu restaurar esses Agamas, levando ainda a uma edição e publicação sistemáticas.

Ao longo do século XIX, essas escrituras teriam se tornado extremamente frágeis e desgastadas. Devido a esse estágio preocupante, membros leigos e eruditos da comunidade Digambara de Mudbidri se reuniram e encontraram um monge que era capaz de compreendê-las, com o intuito de patrocinar a primeira edição impressa dessas escrituras sagradas. Esse processo se desenrolou entre os anos de 1896 e 1922, quando enfim esse cerne do cânone Digambara veio à tona para o público mais amplo.

Esse esforço de preservação das escrituras levou a um conflito entre praticantes antigos e estritos e aqueles que estavam promovendo o restauro e a publicação dessas obras. A visão mais tradicionalista defendida pelo primeiro grupo sustentava que esse saber não poderia ser revelado ao grande público, tendo em vista o fato de que deveria ser estudado somente por praticantes do caminho ascético. Além disso, do ponto de vista Digambara, que prega o voto da não possessividade de forma muito estrita, monges não podem portar livros impressos, que, além de objetos passíveis de despertar sentimento de posse, quebrariam o princípio da não violência, uma vez que são fruto da morte de muitos micro-organismos em virtude da derrubada de árvores em larga escala para a produção industrial de papel.

Refletindo sobre o conteúdo desses escritos, Dundas (2002, p. 65, tradução nossa) afirmou:

> Não há mistério sobre o conteúdo dos manuscritos de Mudbidri, embora antes de sua decifração não houvesse uma ideia clara sobre o que eles pudessem constituir. A "Escritura das Seis Partes" e o "Tratado sobre as Paixões" revelaram-se um longo e altamente técnico tratado em Prakrit, acerca da natureza da alma e sua conexão com Karma. Apesar, indubitavelmente, de conter um material antigo que data desde o início da era comum, dificilmente podem ser considerados de antiguidade imemorial como se pensava. Mas, para Digambara Jainistas em geral, que têm pouco interesse em investigação filológica, o que os manuscritos representam é mais importante do que o que eles realmente dizem. Como evidência tangível de um passado antigo e glorioso, eles são considerados como uma ligação direta com os monges eruditos com aqueles que criaram a tradição Digambara.

Como comentado no início desta seção, o cânone Digambara é formado também por um grupo de textos chamados *anuyogas*, termo que significa "exposições". Esses escritos podem ser agrupados de diferentes formas e foram escritos entre os séculos II e XI. Eles exploram diversos campos do conhecimento e da conduta, como códigos de comportamento para monges e leigos, e tratam acerca de cosmologia, lógica e natureza da alma.

FIGURA 4.2 – Deidade de Bahubali

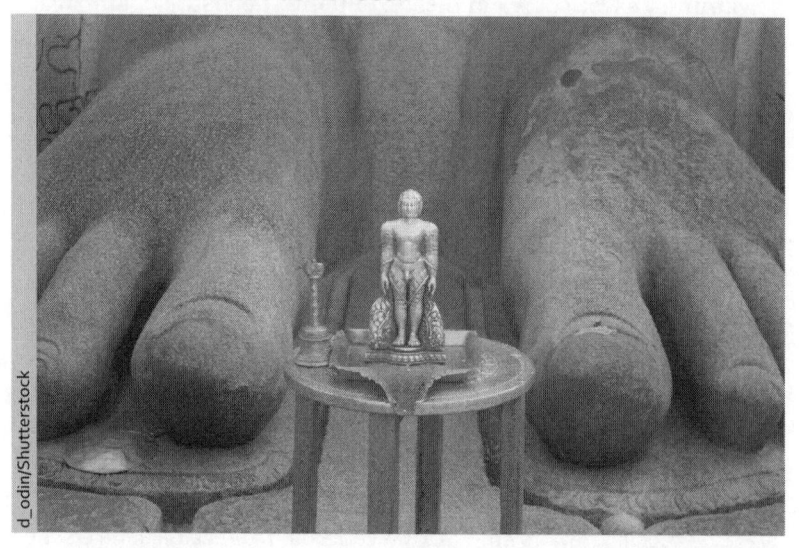

d_odin/Shutterstock

Como vieram a público mais recentemente, as escrituras Digambara foram menos estudadas por acadêmicos ocidentais e mesmo na Índia. Já os Svetambara não só tiveram suas obras publicadas anteriormente, o que facilitava a pesquisa, como tiveram encontros históricos mais frequentes com estudiosos e acadêmicos europeus, algo que contribuiu para que a imagem geral que primeiro veio a se formar sobre os jainistas acabasse tomando esse grupo como modelo referencial para todo o jainismo, algo que, como pudemos acompanhar até aqui, não ocorre sem muitas dificuldades e imprecisões.

4.3 Aspectos da devoção ritualística no jainismo

Curiosamente, a adoração ritualística (*puja*) é uma parte importante da prática espiritual jainista, apesar de sua filosofia não afirmar a existência de um Deus Supremo ou pessoal. É possível dizer que o jainismo integra uma série de tradições espirituais de origem oriental que fazem dessa atividade algo essencial em suas práticas devocionais.

Nos termos em que é compreendida em diversas religiões sul-asiáticas, a palavra sânscrita *puja* significa ato de devoção ou reverência à divindade, momento em que ocorre alguma interação entre o devoto e o ser sagrado adorado, por meio de uma oferenda feita à forma icônica (Dundas, 2002). No jainismo, essa prática pode ocorrer tanto em templos, com a presença de pessoas especializadas no ritual, como na casa dos praticantes leigos, quando os próprios membros da família fazem a oferenda.

O jainismo tem em comum com as práticas ritualísticas de adoração que integram a tradição védica a noção central de purificação. Assim, existe uma série de interdições e prescrições que devem ser seguidas por quem realiza a adoração aos Tirthankaras. A condição para que a relação ritual com a deidade adorada ocorra é a purificação, ao mesmo tempo que a purificação é almejada como um dos resultados dessa relação.

O polo da pureza, nesse caso, se apresenta ligado à noção de alma completamente livre de desejos, em sua natureza transcendental à matéria e aos desejos. Essa ideia assume, assim, uma noção tanto externa quanto interna. O praticante, ao se colocar em relação ao ser divino manifesto na deidade adorada, expressa no corpo sintomas da purificação. Ao mesmo tempo, ele deve estar consciente do estado de sua mente nesse momento, mantendo-a completamente fixa na relação de devoção como uma forma prática de meditação.

Considera-se que a prática constante de adoração ritual aos Tirthankaras purifica as reações cármicas acumuladas e situa o devoto, no momento da relação ritual, em uma plataforma de ação **acármica**, ou seja, desprovida de qualquer reação – seja boa, seja ruim – neste mundo material. Dessa forma, o ritual de adoração, quando de acordo com as prescrições tradicionais, situa-se em uma plataforma de ação transcendental.

> A condição para que a relação ritual com a deidade adorada ocorra é a purificação, ao mesmo tempo que a purificação é almejada como um dos resultados dessa relação.

Assim, apesar das divergências filosóficas e práticas entre Digambaras e Svetambaras, e da existência de setores minoritários – nos dois grupos – que rejeitem essa prática, a adoração aos ídolos que presentificam os Jinas pode ser considerada um ritual de grande importância na vida espiritual jainista. Por conta dessa condição ímpar, Dundas (2002) afirmou que o culto a imagens representa uma das maiores continuidades históricas da civilização jainista.

Nesse sentido, este tópico tem como propósito apresentar de maneira introdutória o objetivo das práticas rituais de adoração no jainismo, bem como algumas das regras de conduta para aqueles que aderem a elas.

A adoração ritual na prática jainista é direcionada a um ou mais dos 24 Tirthankaras responsáveis pela propagação do ensinamento da liberação eterna. Segundo a perspectiva desses praticantes, o estágio de consciência obtido por esses grandes mestres é obtenível por qualquer ser humano, que, ao se purificar das reações cármicas e realizar sua natureza espiritual, é capaz de ascender até a condição divina vivenciada pelos mestres.

Em resumo, os Tithankaras não são deuses, mas seres humanos que realizaram a natureza divina da alma que habita em todos os seres vivos. Os ícones que os representam em geral são humanos claramente identificáveis em conformidade com os padrões indianos físicos masculinos, sem a multiplicidade de braços e cabeças que distinguem algumas das deidades hindus (Dundas, 2002). O traço distintivo desses ícones é a calma meditativa e o poder que ela traz. Em geral, são representados sentados em posição de lótus e com os olhos semicerrados, fazendo referência ao estado de omnisciência. Os ícones dos diferentes mestres são distinguidos entre si por meio dos símbolos especificamente ligados a cada um deles.

A prática da adoração ritual aos Tirthankaras é de tamanha importância no jainismo que, segundo sua perspectiva cosmológica, existe uma região em Madhya-Loka chamada *Nandisvara* (a oitava ilha do Mundo Intermediário, um lugar inabitado) na qual existem 52 templos que abrigam imagens dos Tirthankaras. Essas imagens teriam, segundo a perspectiva jainista, existência eterna e seriam adoradas por seres celestiais (*devas*) liderados por Indra. De acordo com Dundas (2002), existiriam outras dessas imagens eternas espalhadas pelo universo, inclusive em Jambu – Dvipa –, região cósmica habitada por seres humanos.

De acordo com a representação jainista da história universal, o primeiro imperador dessa era mundial, Maharaj Bharata, teria instalado há milhões de anos diversas imagens ao redor de seu império. Uma delas seria uma referência ao seu pai, Rsabah, o primeiro Tirthankara, e estaria no maior de todos os lugares sagrados para o grupo Svetambara, o Monte Satrunjaya, localizado na região de Saurashtra, na província de Gujarat.

FIGURA 4.3 – Templo no Monte Satrunjaya

Segundo Dundas (2002, p. 201, tradução nossa):

> A imagem do ídolo Jina é usada como uma ajuda tangível para a visualização de um ser considerado tão sagrado que se pode esperar despertar sua alma através da contemplação a ele dirigida. Olhar o ídolo de Tirthankar em uma postura meditativa, com seu rosto calmo e sereno nos lembra de Seus atributos de compaixão e desapego. A imagem do Jina é vista apenas como um ideal, um estado atingível por todas as almas encarnadas. Olhar para o estado puro do Tirthankar nos permite lembrar de pensar sobre o nosso estado puro interior e se esforçar para alcançar o mesmo. Ir ao templo regularmente pode trazer consciência em nosso pensamento e ação. Por ser um local sagrado, há regras especiais que você deve seguir enquanto estiver no templo.

Referindo-se, assim, às regras de conduta adequadas ao momento da adoração, o Muni Bhandrakaravijaya (Balbir, 1984) afirmou que a adoração das imagens envolve algumas das preocupações centrais da religião jainista, fazendo parte da disposição espiritual correta. Ele argumenta que realizar oferendas à imagem representa um ato de doação religiosa, sendo necessária a contenção dos sentidos durante o *puja*, prática que contribui para o cultivo da moralidade. O abandono de comida e bebida imediatamente antes e durante o *puja* é visto como um ato de austeridade. Nesse sentido, elogiar as qualidades do Tirthankara é visto como uma atitude semelhante à da meditação. Ele também afirma que nesta era as pessoas comuns não podem concentrar-se adequadamente nos grandes mestres sem algum tipo de suporte material ou mental e que, além de trazer mérito ao adorador, a adoração de imagens é capaz de destruir uma grande variedade de carmas nos praticantes.

O ponto central da adoração é o estado de consciência do adorador, sua disposição espiritual. Assim, uma de suas consequências é trazer benefício a si próprio, no sentido de lhe prover avanço espiritual, e não para outrem. Nesse sentido, é importante afirmar que os objetivos da adoração são sempre de natureza espiritual, ou seja, o que se almeja é a purificação e o avanço da consciência, e não benefícios materiais. Tal como no hinduísmo, a forma mais simples e comum de devoção aos ídolos adoráveis é o ato de olhar contemplativamente, chamado *darshana*. Nessa prática, o adorador deve fixar sua consciência nas qualidades transcendentais daquele que é adorado.

FIGURA 4.4 – Deidade de Mahavira, localizada na vila de Osian, na Índia

Os praticantes que levam a vida ascética praticam apenas a adoração interna (simbólica) da deidade, pois o voto de desapego os impede da posse dos artigos com os quais se realiza a adoração. Já os praticantes leigos realizam o *dravya-puja*, que é a adoração física feita com elementos materiais que são espiritualizados pelo ritual de adoração. Esse ritual é dividido, segundo Tukol (1983), em três partes. Na primeira, chamada *Anga-Puja*, decora-se as diferentes partes do ídolo com água, pasta de sândalo e uma flor. Na segunda, chamada *Agra-Puja*, são oferecidos o incenso, uma lamparina de fogo (tradicionalmente feita com algodão e ghee), arroz, frutas e doces. Enquanto oferece esses elementos, o adorador entoa mantras, que o auxiliam no processo de conectar-se internamente com o processo. A terceira fase, considerada a mais importante, chama-se *Bhava-Puja* (adoração interna), em que se manifesta o benefício total para o praticante.

As recomendações e prescrições para a prática do ritual giram ao redor de três temas: **purificação, não violência e auto-observação**. Assim, o praticante deve se purificar externamente por meio do banho e do uso de roupas limpas e internamente pela recitação de mantras. Os elementos utilizados na adoração não devem ser fruto da violência a outros seres, nesse sentido, restringe-se o uso da seda, assim como as flores usadas devem ter caído naturalmente e, durante toda a preparação e realização do ritual, o praticante tem de prestar atenção para não gerar violência a micro-organismos ou insetos, algo que envolve o uso do tradicional pano sobre a boca.

O *dravya-puja* é um dos dez rituais realizados no templo, os outros nove são, respectivamente, renúncia (*nissihi*), circumabulação (*pradakshina*), saudação (*pranam*), contemplação das vários estados de consciência do Tirthankara (*avasta-chintan*), concetração absoluta no ídolo (*dishatyag*), limpeza do chão ao sentar-se (*pramarjana*), apoio mental (*alambana*), posturas de meditação (*asanas*) e, finalmente, meditação (*pranidhana*) (Jaina Education Committee, 2015).

A renúncia, nesse caso, significa que o praticante se desapega de todas as preocupações e todos os deveres mundanos ao entrar no templo, focando sua concentração no avanço da consciência e na devoção aos Tirthankaras. A circumambulação é o ato de caminhar em círculos ao redor do ídolo, da esquerda para a direita, por três vezes. Considera-se que a circuambulação ajuda o praticante a se lembrar do fato de que existem três "remédios" para sobrepujar o apego e obter a liberação, que são as três joias: convicção correta, conhecimento correto e conduta correta. A saudação é o ato de prestar reverências ao Tirthankara, o que ocorre por meio da prostração do corpo diante da deidade e pelo entoar no principal mantra jainista, o Namo Jinanam. Por meio da contemplação do Tirthankara, deve-se meditar em suas qualidades espirituais de modo a obter inspiração e purificação, sendo que este seria o estágio inicial antes de obter a concentração total na deidade. Além dessas etapas, o praticante deve inspecionar cuidadosamente o chão antes de se sentar para contemplar ou meditar, evitando, assim, a morte de insetos e outros pequenos seres.

4.4 Festividades

As festividades religiosas jainistas têm grande importância tanto espiritual como social. Chamadas *parvas*, palavra que pode ser traduzida como "dia auspicioso", esses eventos são momentos em que os valores fundamentais da filosofia são reafirmados em relação tanto aos ascetas como aos leigos, fornecendo aos praticantes o sentimento de comunidade que se estabelece em torno dos ensinamentos dos Jinas.

Assim, além de reforçarem os princípios e as práticas jainistas, os festivais promovem o cultivo de laços entre praticantes de diversas localidades e produzem uma imagem externa para os não jainistas. O calendário jainista, assim como o de outras práticas espirituais de origem indiana, tem como referência os ciclos lunares, e não o ciclo solar, como no calendário ocidental.

Além de propósitos espirituais, como a remoção da reação cármica por meio de uma atividade piedosa, alguns dos festivais jainistas podem também envolver a obtenção de vantagens neste mundo, como prosperidade material e saúde corpórea (Balbir, 1984). As festividades são vistas como muito propícias a doações e caridades por parte dos chefes de família jainistas, as quais são legitimamente aceitas como meio particularmente eficaz de obter honra e reputação. Direcionar a própria riqueza material, como se em um ato de desapego dos frutos da ação, para ações como construção e manutenção dos templos, bem como para festividades em homenagens aos Jinas, é considerado uma forma de doação religiosa que produz mérito auspicioso. Dessa forma, obtém-se méritos que atenuam as reações cármicas acumuladas, aproximando, assim, o praticante da liberação (Jaina Education Committee, 2015).

As festividades apresentam também uma oportunidade para a realização de *vratas*, votos que envolvem algum tipo de austeridade ou inconveniência física aceita com o propósito de avanço espiritual. O principal voto assumido pelos jainistas em festividades espirituais é o jejum, cuja duração varia de acordo com a festividade e com o grupo que a está celebrando.

Os motivos para os festivais podem ser a comemoração de alguma data importante na vida de um Tirthanka (em geral, nascimento ou iluminação), celebração da iniciação espiritual na vida monástica ou, ainda, a instalação de uma deidade no templo. Os cinco momentos da vida de um Jina que são lembrados e celebrados são conhecidos como *Pancha-Kalyanak* (Os cinco eventos auspiciosos) e se referem aos eventos de concepção, nascimento, iniciação, onminisciência e liberação (Tukol, 1983).

Cada um dos setores do jainismo realiza festivais específicos, ligados às suas respectivas compreensões escriturais. No entanto, em algumas ocasiões esses grupos se reúnem para celebrar aqueles que se configuram como os maiores festivais no calendário espiritual. Nesta seção, apresentaremos os três festivais mais importantes: o Mahavira Jayanti, o Diwali e o Aksaya Trtiya.

O Mahavira Jayanti ocorre no 13º dia da metade crescente do mês de *Caitra*, que incide geralmente entre os meses de março e abril. Além de ser um festival celebrado pelos dois grupos jainistas, é também oficialmente reconhecido pelo governo indiano e a única festividade jainista a integrar, atualmente, o calendário nacional. Ele celebra o aparecimento do último dos 24 Tithankaras. São realizados *pujas* (cerimônias de adoração) especiais, com chuvas de flores, ouro, prata e distribuição de alimentos vegetarianos, por meio dos quais as comunidades dos praticantes promovem em seus templos demonstrações públicas de alegria e de devoção (Dundas, 2002).

Como vários festivais jainistas, o Mahavira Jayanti é, ao mesmo tempo, a rememoração e a atualização do significado espiritual de um evento ligado à vida de um Tirthankara. Assim, seja nos templos, seja em celebrações nos lares, as pessoas se reúnem para ouvir e lembrar dos passatempos, ou atividades trascendentais, manifestados por Mahavira. A celebração real pode diferir de lugar para lugar e de grupo para grupo, ainda que tenha alguns elementos definidores.

Além do nascimento propriamente dito, o Mahavira Jayantī também celebra a encarnação de Mahavira no ventre de sua mãe, Triśalā, e os sonhos auspiciosos que ela experimentou. Na festividade, os sonhos são representados, dependendo do grupo, em 14 ou 16 placas de prata ou douradas, penduradas em um cordão preso ao teto do templo local.

Para comemorar esse dia os jainistas também realizam uma cerimônia de *abhiseka* (banho ritual) no ídolo de Mahavira. Nessa cerimônia, um leigo jainista e sua esposa personificam o rei dos deuses, Indra, e sua esposa, Indrani. Eles geralmente ganham essa honra mediante a realização pública de leilões. Na cerimônia ritual, eles despejam água perfumada em uma pequena imagem Jina colocada em um pedestal, que representa o Monte Meru – ponto axial do universo na cosmologia jainista – e colocam um pouco de pasta de sândalo sobre ela. Então, são distribuídas grandes quantias de dinheiro como caridade e pela manutenção do templo. Outros membros da congregação participam alegremente, cantando hinos de louvor a Mahavira, jogando flores na imagem e acenando pequenas lamparinas na frente dela. Em alguns casos, imagens de Mahavira são levadas em procissão pelas ruas, cicunstância em que os devotos podem expressar publicamente sua devoção ao mestre por meio de cantos e flores (Balbir, 1984).

Alguns dos festivais celebrados pelos jainistas fazem parte do calendário de celebrações pan-indianas, que reúnem praticantes das mais diversas tradições religiosas, como os diversos ramos do hinduísmo, do budismo e do jainismo. A principal dessas celebrações talvez seja o *Diwali*, conhecido também como *festival das luzes*. Simbolicamente, esse evento celebra de forma alegre e ritualmente expressiva a vitória dos valores espirituais sobre a ignorância ilusória da matéria, o que é representado no oferecimento de pequenas lamparinas de algodão às deidades adoráveis. No jainismo, essas lâmpadas simbolizam o conhecimento correto que reside na natureza transcendental da alma.

Os seguindores dos Vedas celebram esse momento como a rememoração do retorno do Senhor Ramacandra (um dos avatares de Vishnu) de seu exílio. Para os jainistas, esse dia adquire um significado especial por ser o aniversário da liberação final de Mahavira, em 527 a.C.

O festival começa no último dia do mês de Ashwin, o final do ano no calendário indiano, e dura cinco dias. A celebração começa no início da manhã do dia anterior, ou seja, no penúltimo dia do mês, quando o Senhor Mahavira teria iniciado seu último sermão, o discurso final conhecido como *Uttarādhyayan*, o qual teria durado até a noite de Diwali. À meia-noite, segundo os Agamas, sua alma deixou seu corpo e alcançou a liberação – *moksha*. Dezoito reis do norte da Índia estavam presentes em sua audiência no momento de seu sermão final. Eles decidiram que a luz do conhecimento de seu mestre deveria ser mantida simbolicamente pela iluminação das lâmpadas, por isso esse dia é chamado *Deepāvali* ou *Diwali*, que significa "procissão de luzes".

Figura 4.5 – Devota oferecendo lamparinas

Os jainistas veem o oferecimento de lâmpadas a Mahavira de uma forma tanto externa como interna. Em seu aspecto esotérico, o conhecimento eterno manifesto por Mahavira seria a luz que livra o praticante da escuridão da ignorância. Assim como as lâmpadas externas carecem de uma tigela de barro, óleo e pavio de algodão para se manterem acesas, a luz interna do conhecimento necessita das três joias (*ratna-traya*) para se manter acesa, ou seja, convicção, conhecimento e condutas corretos. Tal como a lâmpada externa precisa de oxigênio para se manter acesa, a lâmpada interna do conhecimento encontra seu principal alimento no esforço próprio e na disciplina manifestados pelo praticante.

No dia do Diwali, os jainistas costumam recitar o mantra de reverência a Mahavira: "*Sri Mahavir Swami Sarvajnaya Namah*". Alguns praticantes também fazem um jejum de dois dias, para lembrar do jejum do mestre antes de obter o estado de total liberação.

O terceiro e último festival é o Aksaya Triya (Terceiro Imortal), que ocorre geralmente entre abril e maio. Ele ocorre essencialmente em comemoração à iniciação ascética do primeiro Tirthankara, Rsabah, e, particularmente, à dádiva que lhe foi ofertada, na forma de um caldo de cana, por Sreyamsa após o primeiro Tirthankara ter jejuado durante um ano. Esse ação representa o primeiro ato de doação religiosa para com um monje jainista nesta era. Assim, a palavra *imortal* no nome dessa celebração é uma referência ao mérito obtido por tal atitude. Dessa forma, esse evento representa um marco no sentido de relembrar a forma apropriada de dar e receber doações aos monges mendicantes.

Esse festival se caracteriza pela quebra cerimonial de um período de jejuns alternados realizados ao longo de um ano por alguns praticantes para relembrar as austeridades por que passou Rsabah.

No dia do festival, o jejum é ritual e simbolicamente quebrado em uma cerimônia pública em que leigos se reúnem no templo para oferecer alimentos aos ascetas. Além das práticas tradicionais de ouvir e recitar os ensinamentos do Tirthankara que está sendo celebrado, também é muito comum que alguns praticantes façam peregrinações a locais considerados sagrados por estarem ligados à vida de Rsabah, como o Monte Satrunjaya.

4.5 Aspectos da vida de Mahavira: o 24º Tirthankara

Tendo em vista o objetivo deste capítulo, que apresenta elementos das práticas rituais e da iconografia tal como se encontram no jainismo, este tópico pretende tratar do 24º Tirthankara, Mahavira. Esse mestre iluminado é o centro de algumas das principais atividades devocionais realizadas atualmente no jainismo, bem como um dos mais influentes pregadores de sua história. Sua influência e presença são tão significativas que os primeiros acadêmicos a estudarem o jainismo consideraram-no o seu fundador. Segundo dr. Bhagchandra Jain:

> Tirthankara Mahavira, o Nigantha Nataputta da literatura pali, foi um grande filósofo realista que, de fato, não inovou criando uma nova filosofia, mas advogou pelo antigo conhecimento seguido pelos seus predecessores com adições e interpretações sem se envolver em nenhum tipo de controvérsia. Ele atingiu a iluminação mediante seu próprio esforço constante e então mostrou o caminho para outros devido a sua abundante compaixão pelos seres em sofrimento. Sua vida é assim um apelo humano tanto individual como social. (Bhaskar, 1993, p. 45)

FIGURA 4.6 – Escultura de Mahavira

Apesar de algumas controvérsias a respeito do local e da data de seu nascimento, os jainólogos de forma geral concordam que Mahavira tenha sido um personagem histórico. Ele nasceu na província de Bihar por volta de 497 a.C. em uma família real da casta *kshatrya*, como filho do rei Sidharta e da rainha Trishala, e recebeu deles o nome de *Vardhamana*, palavra sânscrita que significa "próspero" (Dundas, 2002). Segundo Shah et al. (citado por Jaina Education Committee, 2015), os Tirthankaras de um modo geral aparecem em famílias reais, pois, na visão jainista, essa é uma condição propícia para chegar à compreensão de que as facilidades materiais não podem levar à verdadeira liberdade e felicidade.

Tal como acontece no advento de um Tirthankara, sua mãe teve os 14 sonhos com símbolos auspiciosos que indicavam a grandeza da alma que estava carregando no ventre. Segundo contam alguns registros da vida de Mahavira, ele era um bebê que se mexia muito pouco no ventre de sua mãe, o que a deixava muito aflita, com receio de que não estivesse vivo. Percebendo a afeição e a preocupação de sua mãe, ainda no ventre, Mahavira fez um voto de só renunciar completamente ao mundo material e tornar-se um asceta após seus pais terem abandonado o corpo. Devido a esse voto, levou uma vida palaciana até os 30 trinta anos de idade, período sobre o qual existem poucas informações. Após a morte de seus pais, Mahavira abandonou as facilidades da vida real e entregou-se completamente à sua busca pelo despertar espiritual.

FIGURA 4.7 – Escultura de Mahavira nas cavernas do estado de Maharashtra, na Índia

Após se tornar um asceta, ele praticou meditação e austeridades ao longo de 12,5 anos e até atingir o estado de omnisciência (*Kevala Jnana*). As grandes penitências e o severo ascetismo aos quais se submeteu nesse período lhe renderam o título de "Grande Herói" (Mahavira). Ao longo desses anos, praticou longos jejuns, dormia muito pouco, sofria com ataques de animais e insetos e com o desrespeito de alguns chefes de família. Todas essas circunstâncias foram parte de uma longa luta para se livrar das amarras do apego ao corpo e à mente e o ajudaram a obter o controle interno, ao se abster da produção de carma pela prática da não violência e assim chegar à liberdade espiritual.

Ao proferir seu primeiro sermão após atingir o estado de onisciência, converteu 11 brahmanas que, ao ouvirem suas palavras, tornaram-se praticantes do jainismo e assumiram a posição de *ganadharas*, os líderes da comunidade de praticantes que veio posteriormente a se formar (Mehta, 1993).

A partir de então Mahavira se dedicou à propagação do caminho jainista para liberação peregrinando e pregando por mais de 30 anos. Ao longo desse período, além de derrotar, por meio do debate racional, muitos oponentes, atraiu um grande número de seguidores: 14 mil *sadhus* (monges), 36 mil *sadhvis* (monjas), 159 mil *sravakas* (homens na vida familiar) e 318 mil *sravakis* (mulheres na vida familiar). Dessa forma, estabeleceu as bases, inclusive organizacionais, sobre as quais deveria se formar a comunidade jainista, legando regras de conduta tanto para ascetas como para leigos, de modo que pudessem conduzir suas existências rumo à liberação. Além disso, iniciou alguns reis na prática jainista, como Bimbisara de Magadha, Kunika de Anga e Chetaka de Videha.

Alguns estudiosos, como Flood (2015), consideram que o sucesso obtido pela pregação de Mahavira se deve, além dos motivos transcendentais expressos pela tradição dos Agamas, ao fato de que propagou suas ideias em um momento em que o sistema social védico centrado na ritualística dos *brahmanas* estava em crise. Entre algumas das principais dificuldades estava o caráter excludente que esse sistema social havia adquirido ao tornar o conhecimento espiritual acessível somente a alguns setores da sociedade. O surgimento de grandes cidades ao longo da planície do Ganges por volta do século V a.C. tornou esse ponto de aguda contradição ao colocar em xeque o estilo de vida marcadamente rural no qual floresceu a civilização ritualística védica. Segundo Gavin Flood (2015, p. 116):

O processo de urbanização foi responsável pela desarticulação do estilo de vida agrário tradicional e pela valorização do espírito empreendedor e das iniciativas da esfera comercial. Os valores constitutivos desta última assentam na prevalência do indivíduo sobre o grupo social. A mudança de foco de uma condição agrária para uma condição urbana favoreceu, assim, a consolidação de uma postura individualista em certos segmentos da sociedade.

A prédica de Mahavira, feita em língua popular *prakrti*, era endereçada a todos, sem distinção de castas (*varnas*), e estava centrada no esforço pessoal em busca da liberação por meio da prática de austeridade, e não nas revelações escriturais contidas nos Vedas, tal como na tradição brahmínica. Seu foco no ascetismo e na renúncia, tanto em suas pregações como em sua prática, encontrou um campo fértil de proliferação naquele contexto de profundas transformações que aconteciam no nível da estrutura social.

Com 72 anos de idade, Mahavira atingiu seu *nirvana* final, seu corpo foi cremado e suas cinzas lançadas na região do rio Ganges. Até hoje a vila de Pavapuri é um local sagrado de peregrinação para os jainistas.

O principal legado dos ensinamentos de Mahavira é a percepção segundo a qual o alma é a realidade transcendental para além do mundo físico e material. Segundo seus ensinamentos, tal como apontou Bhaskar (1993), não é possível realizar essa natureza intrínseca das entidades vivas a não ser pela convicção correta, pelo conhecimento correto e pela conduta correta, ensinamento, como já dito, que ficou conhecido como *ratna-traya* ("As três joias").

Por meio da observação correta desse ensinamento, é possível ser bem-sucedido no cumprimento dos votos que levam à liberação:

não violência, veracidade, castidade, honestidade e desapego. O cultivo adequado e estrito desses votos promove a purificação do carma acumulado por atividades passadas, bem como previne o praticante de realizar atos que promovam enredamento. De modo a tornar essa prática acessível a todas as pessoas, Mahavira deixou instruções sobre como cultivar o caminho da liberação tanto para aqueles que renunciaram ao mundo como para aqueles que se encontram na situação familiar de vida. Mesmo que o resultado final almejado seja obtenível somente por meio do ascetismo estrito, o praticante pode cultivar o avanço da consciência mesmo antes de renunciar completamente ao mundo.

> Por meio da observação correta desse ensinamento, é possível ser bem-sucedido no cumprimento dos votos que levam à liberação: não violência, veracidade, castidade, honestidade e desapego. O cultivo adequado e estrito desses votos promove a purificação do carma acumulado por atividades passadas, bem como previne o praticante de realizar atos que promovam enredamento.

4.6 Panteão de divindades

Ao finalizarmos a apresentação de alguns aspectos ritualísticos e devocionais, trazemos neste tópico uma reflexão acerca do lugar concedido à adoração de divindades na prática jainista. Como já colocado, os "fazedores de vau" (Tirthankaras) são o objeto central da devoção, no entanto, existem divindades que, tendo a potencialidade de atuar como intermediárias entre as entidades vivas condicionadas (*jivan badha*) e as eternamente liberadas (*jivan-mukta*), ocupam também um lugar importante nas práticas devocionais. Segundo Nalini Balbir (citado por Dundas, 2002, p. 135, tradução nossa):

O foco da adoração entre os jainistas é o 24 Jinas. Os crentes respeitam e adoram os Jinas, que são professores e fontes da doutrina. Os Jinas são seres totalmente liberados que escaparam do mundo dos renascimentos. Eles são almas perfeitas, que não podem, portanto, interagir de alguma forma com os seguidores da religião jainista. Como modelos ou ideais insuperáveis, eles estão além de todas as possíveis solicitações vindas de humanos. Eles são, portanto, totalmente diferentes dos deuses, aos quais os adoradores oram para obter vários benefícios.

Vimos no Capítulo 2 um pouco sobre a concepção cosmográfica segundo a qual os seres completamente aperfeiçoados habitam uma região transcendental (*Sidha-Sila*) que se encontra além dos três planos materiais: o plano inferior (infernal), o intermediário (terrestre) e o superior (celestial).

Na representação metafórica visual conhecida como "Homem Cósmico", essa morada dos Jinas, chamada *Sidha-Sila*, corresponde a uma marca em forma de lua crescente localizada no que seria o centro da testa de corpo universal. Sendo uma morada para além dos três mundos de existência, ela é inacessível para aqueles que estão influenciados pelo ciclo de nascimentos e mortes. Isso significa que não há contato possível entre um ser encarnado no plano intermediário e os Tirthankaras, a não ser por meio do intermédio das divindades que, entre outras bênçãos, podem conceder auxílio na purificação do carma.

Os três planos de existência do universo são povoados, tal como vistos pelos jainistas. Eles são habitados por diferentes categorias de seres. Constituem uma espécie de panteão cosmológico pelo qual os praticantes do jainismo se relacionam mediante a devoção, ligada a um interesse por bênçãos específicas que podem ser de natureza tanto espiritual como material.

Esse panteão de divindades é bem diversificado, sendo que os deuses e deusas podem estar ligados a diferentes papéis e estão geralmente associados a conceitos como conhecimento, prosperidade e assuntos mundanos ligados às diferentes etapas da vida, como nascimento, trabalho e riqueza material (Tukol, 1983).

Essas divindades adoráveis são divididas em diferentes categorias e subgrupos de acordo com suas qualidades específicas e com suas respectivas moradas cósmicas. Considera-se que o mundo inferior é habitado por *yaksas* e *yaksis*, *dik-palas* e *nava-grahas*; o mundo intermediário é habitado pelas *dik-kumaris*, *vidya-devis* e as *maha-devis*; e o mundo superior é habitado por deuses de maior importância, como os *indras* (entre os quais o mais importante é Sakra), e outras grandes entidades, como *Laksmi*, *Sarasvati* e *Ganesha*.

Os *yaksas* e *yaksis*, habitantes dos mundos inferiores, são divindades protetoras da mensagem dos Jinas, que ajudam e atuam em diferentes momentos da vida dos grandes mestres quando eles descem até a Terra. Assim, considera-se que eles podem atuar como intermediários entre os mestres e os devotos. Os *dik-palas* são os guardiões das direções, e nessa categoria se incluem muitos semideuses também adorados pelos hindus, como Agni, Vayur e Yama. Eles atuam como servos pessoais dos Jinas e realizam atividades ligadas à administração de diferentes aspectos e elementos do universo. Os *nava-grahas* são divindades regentes dos diferentes planetas, comuns também a outras religiões indianas. Nessa categoria estão deuses como Surya (Sol), Chandra (Lua) e Brhaspati (Júpiter).

No mundo intermediário, vivendo no Monte Vaithadya, encontramos uma categoria de deusas ligadas a poderes místicos que podem ser obtidos por meditação e austeridades, são as *vidya-devis*. Além delas, existem nesse plano as Deusas das Direções (*dik-kumaris*), que vivem no Monte Meru (ponto axial do universo) e têm como função auxiliar as mães dos Tirthankaras durante a gravidez, bem como no momento de dar à luz. Ainda no plano intermediário, temos as deusas que habitam os seis diferentes lagos presentes nas seis cadeias de montanhas em Jambudvipa. Conhecidas como *maha-devis* e influentes nas práticas tântricas do jainismo, elas representam as múltiplas qualidades femininas, como prosperidade (*sri*), recato (*hri*), paciência (*dhrti*), glória (*kirthi*) e inteligência (*budhi*).

No plano superior, encontramos uma categoria de deuses denominados *indras*, os quais são liderados por **Sakra**, uma deidade considerada importante por se envolver em cinco momentos cruciais da vida dos Jinas. Ele é geralmente representado com quatro braços, em um trono em forma de leão, com um raio (*vraja*) como arma e o elefante Airavata como montaria.

Sarasvati, outra habitante do mundo celestial, é a deusa da sabedoria, do conhecimento e da fala, popularmente honrada, desse modo, por escritores. Ela é celebrada em rituais Digambara e Svetambara que louvam o conhecimento, como o *Jnana-Pancami* e o *Sruta-Pancami*. Geralmente é representada portando um livro e um instrumento musical conhecido como *vina*, sentada sobre um flor de lótus.

FIGURA 4.8 – Sarasvati, Deusa da Sabedoria

Uma das deidades mais adoradas em todo o mundo hindu e também pelos jainistas é **Laksmi**, uma deusa habitante do plano celestial relacionada à prosperidade. Ela é adorada especialmente pelos não ascetas, que lhe prestam homenagens pedindo sucesso nos negócios. Um ritual de adoração especificamente direcionado a ela é realizado antes do Festival das Luzes e se chama *Dhana Terasa*.

FIGURA 4.9 – Sri Laksmi, Deusa da Fortuna

Outra das deidades pan-indianas que encontra lugar nas adorações jainistas é **Ganesha**, a forma divina metade humana e metade elefante, também tido como um habitante dos planos celestiais. Ele é considerado uma deidade ligada ao conhecimento e à ciência e tido como destruidor dos obstáculos materiais e também espirituais. Em geral, não é adorado específica e diretamente, mas está comumente presente em representações nos portais de entrada dos templos.

Vemos, assim, que na concepção jainista existem diversos tipos de seres que habitam o universo e interagem com os seres humanos.

Todas essas divindades não são consideradas fictícias, míticas ou alegóricas, mas possuem personalidades reais que são acessadas mediante práticas devocionais. O objetivo dessas interações, que geralmente ocorrem com a prática de *pujas*, meditações guiadas e canto de mantras, pode ser tanto bênçãos materiais específicas quanto riqueza, conhecimento e saúde, como a purificação do carma e o auxílio no avanço espiritual.

Apesar de serem objeto de adoração, essas divindades encontram-se em um nível diferente dos Jinas. Enquanto os Jinas são seres completamente aperfeiçoados e livres dos ciclos de nascimentos e mortes, as divindades ainda manifestam sentimentos de paixão e apego. Elas estão submetidas a corpos materiais que, apesar de, em alguns casos, viverem muito tempo e terem poderes místicos, ainda são temporários e sujeitos a algum grau de miséria. Ou seja, as divindades, apesar de poderosas, não são completamente perfeitas. No entanto, como ainda estão presentes nos três mundos do cosmo material, elas podem conceder bênçãos que auxiliam os praticantes jainistas no plano intermediário terrestre.

Outra característica importante da adoração a divindades é permitir que, apesar das diferentes conclusões soteriológicas, o jainismo dialogue com os múltiplos ramos do hinduísmo ao partilhar algumas de suas principais divindades.

SÍNTESE

Tendo como objetivo tratar de elementos da vivência devocional do jainismo, neste capítulo pudemos observar a importância dos textos sagrados, dos rituais devocionais e das festividades. Nesse sentido, observamos que ambos os grupos, apesar das diferenças em seus cânones escriturais, concordam que o conhecimento das escrituras que preservem o ensinamento dos Tirthankaras fundamenta o acesso ao saber acerca da natureza eterna do ser, bem como aos fundamentos metafísicos necessários à destruição do carma.

Assim, o saber escritural, visto como a transcrição da revelação obtida pelos grandes mestres no estágio de autorrealização, e a vida ascética, tida como a prática que permite o acesso a tal estado, são esferas que se alimentam entre si. Dessa maneira, o conhecimento acerca das escrituras não se revela nem é útil a pessoas que não estejam cultivando a prática do caminho da liberação. O conhecimento teórico por si só é visto como inútil, ao mesmo tempo que a prática das austeridades que levam à liberação são incompletas sem o conhecimento escritural (Dundas, 2002).

Outro aspecto fundamental para o avanço espiritual na vida jainista é o cultivo de um relacionamento com os Tirthankaras mediante a adoração ritual às deidades presentes em templos ou mesmo no lar dos praticantes. Considera-se que a prática constante de adoração ritual aos Tirthankaras confere purificação de reações acumuladas ao mesmo tempo em que situa o devoto, no momento da relação ritual, numa plataforma de ação acármica, ou seja, desprovida de qualquer reação – seja boa, seja ruim – nesse mundo material. Dessa forma, o ritual de adoração, quando devidamente realizado de acordo com as prescrições tradicionais, situa-se numa plataforma de ação transcendental. Assim, apesar das divergências filosóficas e práticas entre Digambaras e Svetambaras, e da existência de setores minoritários – dentro dos dois grupos – que rejeitem essa prática, a adoração aos ídolos que presentificam os *Jinas* pode ser considerada um ritual de extrema importância na vida espiritual jainista.

Outro momento importante no cultivo desse realacionamento entre os praticantes e os grandes mestres são festividades devocionais como a celebração do dia em que Mahavira teria obtido seu nirvana, a iluminação completa da alma. Os festivais religiosos jainistas têm grande importância tanto espiritual como social. Chamados de *parvas*, palavra que pode ser traduzida como "dia auspicioso", esses eventos são momentos em que os valores fundamentais dessa filosofia são reafirmados em ocasiões que colocam em relação tanto ascetas como leigos, fornecendo aos praticantes o sentimento de comunidade que se estabelece em torno dos ensinamentos dos Jinas. Assim, além de reforçarem os princípios e práticas jainistas, os festivais promovem o cultivo de laços entre praticantes de diversas localidades ao mesmo tempo que produzem uma imagem externa para os não jainistas.

Atividades de autoavaliação

1. Assinale V para verdadeiro ou F para falso nas assertivas a seguir.
    - [ ] Apesar das divergências, todos os jainistas concordam com a existência de 14 *Purvas*, termo sânscrito que pode ser traduzido como "textos ancestrais".
    - [ ] Devido à prática da não violência irrestrita para com todos os seres, setores do jainismo eram contrários à publicação de suas escrituras em papel.
    - [ ] Como é uma religião não teísta, a devoção tem um lugar secundário na vida espiritual jainista.
    - [ ] Alguns dos festivais celebrados pelos jainistas fazem parte do calendário de celebrações pan-indianas, que reúnem praticantes das mais diversas tradições religiosas, como os diversos ramos do hinduísmo, do budismo e do jainismo.
    - [ ] A prédica de Mahavira, feita em sânscrito, era endereçada a todos, sem distinção de castas (*varnas*), e centrava-se no esforço pessoal em busca da liberação por meio da prática de austeridade, em vez de nas revelações escriturais contidas nos Vedas, como na tradição brahmínica.
    - [ ] Divindades védicas como Sarasvati e Ganesha são adoradas no jainismo para obtenção tanto de favores materiais como de avanço espiritual.

Agora, marque a alternativa que apresenta a sequência correta:
A] V, F, F, V, V, V.
B] F, V, V, V, F, V.
C] V, V, F, F, V, V.
D] V, V, F, V, F, V.
E] F, V, F, V, F, V.

2. Assinale V para verdadeiro e F para falso nas assertivas a seguir.
   [ ] O saber escritural e a vida ascética são esferas opostas entre si.
   [ ] O conhecimento teórico por si é muito útil, ao mesmo tempo que a prática das austeridades que levam à liberação dispensa conhecimento escritural.
   [ ] Tem havido uma tendência geral ao longo da história do jainismo em considerar o estudo de escrituras por pessoas não qualificadas – sejam elas leigas, sejam ascéticas – como uma atividade injustificada e potencialmente perigosa.
   [ ] Apesar das divergências, todos os jainistas concordam com a existência de 14 *Purvas*, termo sânscrito que pode ser traduzido como "textos ancestrais". Esse conjunto de saberes memorizados em versos preservava os ensinamentos dos primeiros 23 Tirthankaras.
   [ ] O número de textos que compõem a literatura chamada *agâmica* – considerada o cânone Svetambara – variou ao longo do tempo, dependendo de cada grupo monástico. A partir de estudos e pesquisas realizados pelo erudito austríaco Johann Georg Buhler no século XIX, ocidentais vieram a definir os Agamas como sendo compostos de 45 textos, divididos em seis grupos.

Agora, marque a alternativa que apresenta a sequência correta:

A] V, V, F, F, F.
B] F, V, V, V, V.
C] F, F, V, V, V.
D] V, F, V, V, V.
E] V, F, V, F, V.

3. Assinale V para verdadeiro e F para falso nas assertivas a seguir.

[ ] Na festividade chamada *Sruta-pancami*, realizada pelo ramo Digambara, os livros sagrados são ritual e simbolicamente adorados, recebem guirlandas, fazem procissão ao som de mantras e recitações sob a reverberação de tambores em ritmos variados sendo, ao final, o centro de uma celebração comunitária.

[ ] Do ponto de vista Digambara, que leva o voto da não possessividade de forma muito estrita, monges não podem portar livros impressos.

[ ] Devido a sua natureza não teísta, a adoração ritualística tem um papel de menor importância no jainismo.

[ ] A relação ritual com a deidade adorada tem a purificação como condição de realização, ao mesmo tempo que almeja essa condição como um dos resultados dessa relação.

[ ] Os Tirthankaras são simultaneamente deuses e seres humanos que realizam a natureza divina da alma que habita em todos os seres vivos.

Agora, marque a alternativa que apresenta a sequência correta:

A] V, V, F, V, F.
B] F, V, F, V, F.
C] V, V, V, F, V.
D] V, V, V, F, V.
E] V, V, F, F, F.

4. Assinale V para verdadeiro e F para falso nas assertivas a seguir.

[ ] A adoração de imagens envolve algumas das preocupações centrais da religião jainista, fazendo parte integrante da disposição espiritual correta.

[ ] O ponto central da adoração é o estado de consciência do adorador, sua disposição espiritual.

[ ] Os praticantes da vida ascética devem observar muito cuidadosamente o processo de adoração ritual às deidades dos grandes mestres (Tirthankaras).

[ ] O calendário jainista, assim como o de outras práticas espirituais de origem indiana, tem como referência os ciclos solares, e não o ciclo lunar como no calendário ocidental.

[ ] Os jainistas veem o oferecimento de lâmpadas a Mahavira de uma forma tanto externa como interna. Em seu aspecto esotérico, o conhecimento eterno manifesto por Mahavira seria a luz que livra o praticante da escuridão da ignorância.

Agora, marque a alternativa que apresenta a sequência correta:

A] V, V, F, F, V.
B] F, V, F, V, V.
C] V, V, F, V, F.
D] V, V, V, F, V.
E] F, V, F, F, F.

5. Assinale V para verdadeiro e F para falso nas assertivas a seguir.

[ ] Tirthankara Mahavira, o Nigantha Nataputta da literatura pali, foi um grande filósofo realista que, de fato, não inovou criando um nova filosofia, mas advogou pelo antigo conhecimento seguido pelos seus predecessores com adições e interpretações, sem se envolver em nenhum tipo de controvérsia.

[ ] No sistema de adoração ritual jainista, não existem divindades ou semideuses. É somente no hinduísmo que existe referência a personalidades como Ganesha e Lakshmi.

[ ] Uma das deidades mais adoradas em todo o mundo hindu e também pelos jainistas é Laksmi, uma deusa habitante do plano celestial relacionada à prosperidade. Ela é adorada especialmente por ascetas, que lhe prestam homenagens pedindo sucesso nos negócios.

[ ] Na concepção jainista, existem diversos tipos diferentes de seres habitando o universo e interagindo com os seres humanos. Essas diferentes divindades não são consideradas fictícias, míticas ou alegóricas, mas personalidades reais que são acessadas mediante práticas devocionais.

[ ] Outra característica importante da adoração a divindades é que essa prática faz com que, apesar das diferentes conclusões soteriológicas, o jainismo dialogue com os múltiplos ramos do hinduísmo, ao partilhar com ele algumas de suas principais divindades.

Agora, marque a alternativa que apresenta a sequência correta:

A] F, F, F, V, V.
B] V, F, F, V, F.
C] V, V, F, V, V.
D] V, F, F, V, V.
E] F, V, F, V, V.

Atividades de aprendizagem

Questões para reflexão

1. Mediante o que foi estudado no capítulo, como você considera a relação entre devoção e iluminação?
2. É possível uma festa sagrada? Como ela seria em termos jainistas? Você já passou por alguma experiência similar? Discorra sobre o assunto em um texto de até duas páginas.

Atividade aplicada: prática

1. Visite um espaço onde ocorra adoração a "imagens", como igrejas católicas, templos *hare krishna* ou terreiros de umbanda. Descreva sua experiência e compare-a com a percepção jainista desse fenômeno, apontando semelhanças e diferenças.

5
FUNDAMENTOS FILOSÓFICOS JAINISTAS

Como toda tradição espiritual de origem indiana, o jainismo está fundamentado em percepções filosóficas específicas em torno da natureza da realidade. Buscando aprofundar alguns dos pontos abordados no primeiro capítulo, iremos agora analisar mais a fundo os elementos centrais que conferem fundamento, justificativa e propósito ao pensamento e práticas jainistas.

5.1 Verdades fundamentais

Neste quinto capítulo, o foco principal de nossa exposição são os elementos filosóficos fundamentais que subjazem a doutrina jainista. Este tópico trata acerca das verdades ou realidades que são apresentadas no *Tattvartha Sutra*, referidas por meio do termo sânscrito *Tattva*. Esses princípios constituem aquilo que é definido como **conhecimento correto** (*samyag-jnana*), sem o qual não seria possível obter avanço na jornada rumo à liberação.

Segundo a perspectiva jainista, esses princípios são o fundamento da existência e representam a realidade última e absoluta. Cada um dos *tattvas*, ou verdades, possui uma existência independente, mas, ao mesmo tempo, fazem parte de um todo relacional constituído pelos diferentes tipos de verdades ligados entre si.

Esse conceito de *tattva* está presente não somente no jainismo, mas também no hinduísmo e no budismo, e está ligado às correntes filosóficas que buscam enumerar os princípios essenciais que subjazem a existência. No Samkhya, um dos seis pontos de vista (*darshanas*) ortodoxos do hinduísmo, são enumerados 24 elementos, enquanto na filosofia shivaísta são elencados 36. De modo geral, eles se referem a partes do corpo e da natureza, como os cinco elementos, os sentidos, o ego e a inteligência. Variando entre conclusões monistas e dualistas, nas quais a Suprema Divindade é por vezes compreendida como impessoal (como no Advaita Vedanta) e por vezes como pessoal (como no Vaishnava Vedanta), as correntes ortodoxas do hinduísmo geralmente incluem Deus (Brahman ou Isvara) como o mais puro dos princípios fundamentais (*sudha sattva*), perspectiva que, como já vimos, está ausente no jainismo.

O modelo jainista de enumeração dos princípios da realidade é totalmente diferente, pois advoga os *tattvas* como substâncias ou entidades reais sem nenhuma espécie de criação transcendente. Assim, são vistos não como construtos mentais e noções metafísicas, mas como aspectos reais da existência que constituem um todo eterno, não criado e dinâmico. Eles são responsáveis pelos diversos estados ou condições pelos quais as almas individuais existem, mas são em número relativamente pequeno se comparados às tradições hinduístas e budistas. Os Svetambara reconhecem nove desses princípios, enquanto os Digambara apenas sete.

Os sete princípios reconhecidos por ambos os grupos são: a alma individual (*jiva*), a matéria inanimada (*ajiva*), o influxo do carma (*asrva*), o enredamento da alma (*bandha*), a obstrução do carma (*samvara*), a purificação (*nirjara*) e a liberação (*moksa*). A essa lista os Svetambara incluem mais dois: o mérito derivado da ação piedosa (*punya*) e a miséria derivada da ação pecaminosa (*papa*) (Mehta, 1993).

As **duas primeiras verdades** representam os estados fundamentais da existência; as intermediárias versam sobre as condições que emergem devido à influência do **carma** sobre as almas até que possam atingir o estágio final, que é a liberação, situação na qual a entidade pode enfim experimentar liberdade, omnisciência e bem-aventurança ilimitados. A possibilidade de desfrutar de tais estados deve-se ao fato de que a alma (*jiva*), em seu estado puro, já os possui em sua própria natureza eterna. Assim, uma alma purificada, consciente da sua condição espiritual diferente da matéria, é simultaneamente uma alma liberada. Ou seja, na perspectiva jainista, é a purificação que conduz à liberação.

Quando contaminada pelo enredamento do carma, em vez de suas características intrínsecas, a alma manifesta conhecimento, visão e poder limitados, devido à necessidade de um corpo material que a condiciona em um perene transmigrar no ciclo de nascimentos e mortes.

Tudo que não é a alma (*jiva*) e existe no universo (*lokakasha*) é definido como substância não viva (*ajiva*). Essas substâncias são divididas em cinco categorias: matéria, espaço, tempo, meio de movimento e meio de estabilidade. Dessas categorias, apenas a matéria é possuidora de corpo, cor e sentido, e o carma é compreendido como uma das características constituintes da matéria, definido como matéria cármica (*karma pudgala*). Apesar de serem materiais, essas pequenas partículas de matéria sutil não são perceptíveis aos cinco sentidos convencionais. Considera-se que o universo inteiro esteja repleto de tal matéria cármica, que vai contaminando a entidade viva ao longo das atividades que realiza no plano material de existência, algo que a impede de perceber sua verdadeira natureza. Nesse sentido, o carma, visto como matéria sutil impregnada na consciência e na alma, é entendido como o motivo pelo qual a entidade viva, mesmo sendo transcendental, tem de

> Uma alma purificada, consciente da sua condição espiritual diferente da matéria, é simultaneamente uma alma liberada. Ou seja, na perspectiva jainista, é a purificação que conduz à liberação.

vivenciar as dualidades na forma de dor e prazer, nascimento e morte.

A causa que gera o influxo das reações cármicas tanto positivas como negativas é a **terceira verdade** (*tattva*), é compreendida como a atração da alma pelos objetos dos sentidos (*arsva*). Esse estágio de apego e inconsciência é visto como o fruto das seguintes situações: ignorância, falta de autocontrole, paixões – como ira, luxúria e ganância – e ainda atividades realizadas pela mente, corpo e fala.

Devido a essas circunstâncias, a alma age de modo a se contaminar com a matéria cármica sutil, fazendo com fique atada à entidade viva ao mesmo tempo que a condiciona a vivenciar as dualidades materiais. Esse cativeiro é produzido pelo carma e entendido como a quarta das verdades fundamentais. É devido a esse contínuo processo de produção de reação cármica que a *jiva* fica atada ao ciclo de nascimentos e mortes. As formas de matéria cármica sutil existentes no universo variam em tipo, duração, intensidade e quantidade. Assim, essa diversidade é a própria fonte das diferentes formas de prazer e sofrimento que a alma vivência em seu estado condicionado.

De forma geral, existem dois tipos de carma: o influxo cármico virtuoso e o pecaminoso. Enquanto o primeiro é entendido como um tipo de ação meritória que traz como consequência sensações de prazer, o segundo é visto como ações pecaminosas que trazem como consequência o sofrimento. As ações meritórias (*punya*) são aquelas como caridade, meditação e austeridade; as pecaminosas (*papa*) são aquelas realizadas em busca do prazer egoísta devido ao apego excessivo às paixões (Tukol, 1983).

O praticante do jainismo iluminado pelo conhecimento correto deseja se livrar tanto das reações meritórias quanto das pecaminosas, tendo em vista o fato de que ambas produzem enredamento e aprisionamento no ciclo de nascimentos e mortes. Nesse sentido, o praticante deve cultivar a **quarta verdade** (*samvara*), que se refere ao ato de parar e reverter o influxo do carma. Considera-se que isso pode ser realizado pela prática constante da convicção correta, do cumprimento de votos e pelo cultivo da autoconsciência nos atos, pensamentos e palavras. A busca por parar o influxo do enredamento cármico é o fundamento de todo o modo de vida jainista, tanto para leigos quanto para monges, tendo em vista que somente dessa forma é possível avançar ao longo dos estágios de purificação da alma rumo à liberação. Os cuidados, as restrições e os votos realizados pelos praticantes são fundamentados nessa percepção de que existe um caminho viável pelo qual se pode se ver livre e purificado da influência do carma.

> Existem dois tipos de carma: o influxo cármico virtuoso e o pecaminoso. Enquanto o primeiro é entendido como um tipo de ação meritória que traz como consequência sensações de prazer, o segundo é visto como ações pecaminosas que trazem como consequência o sofrimento.

Visando tal objetivo, existem dez virtudes religiosas (*Yati Dharma*) que são cultivadas pelos jainistas: perdão, humildade, perseverança, contentamento, veracidade, autocontrole, austeridade, renúncia, desapego e celibato. Para que seja possível alcançar essas qualidades, são recomendados 12 tipos de reflexões (*anupreksa*) sobre os seguintes temas: impermanência do mundo; ausência de abrigo; transitoriedade das relações; solidão da alma, separação; impureza do corpo; influxo do carma; possibilidade de estancar esse fluxo; eliminação do carma; transitoriedade do ciclo cósmico; consequências da ausência da fé, conhecimento e ação corretas; e consequências da ausência de mestre, das escrituras e da religião.

O objetivo de todas as práticas e meditações é chegar ao estágio de extinção do carma (*nirjara*), que é a sexta verdade essencial. Existem 12 formas convencionais de extinguir um carma antes de ele apresentar sua reação de enredamento, as quais são categorizadas em dois grupos: as práticas externas e as práticas internas.

As práticas externas de extinção do carma, segundo Shah et al. (citado por Jaina Education Committee, 2015), são: fazer jejum esporádico; reduzir a quantidade de alimento ingerido; limitar a variedade de posses materiais; restringir o consumo de mel, álcool, derivados do leite e de doces; submeter-se a viajar a pé; e retirar-se em local solitário levando a mente e os sentidos para contemplação interna.

As práticas internas recomendadas para promover a extinção do carma são: arrependimento por ter quebrado algum voto; comportamento apropriado perante mestres e anciões; serviço desinteressado aos necessitados; estudar e ouvir as escrituras autorizadas; meditação; e, finalmente, a austeridade interna final por meio da qual as atividades do corpo, da fala e da mente se voltam para o ser interior, o corpo é fixo (sem movimento), o discurso é fixado por meio do silêncio e a mente é fixada por meio da meditação sublime. Considera-se que, pela prática desse tipo de *nirjara*, é possível destruir todos os carmas.

Finalmente chegamos à **última das verdades** essenciais que é compreendida como **moksa**, definida como o estágio de liberação decorrente da exaustão e da eliminação de todos os carmas. Nessa condição, a *jiva* manifesta seus atributos originais de conhecimento, poder, visão e prazer perfeitos. Assim, a alma torna-se apta a residir no topo da manifestação cósmica, para além dos três planos da existência material nos quais transmigram as almas influenciadas pela carma e atadas ao ciclo de nascimentos e mortes. Considera-se que, após obter esse estado, a alma não volte a se contaminar e deixa de estar condicionada ao *samsara*. Sendo a cessação da existência material, a liberação é também chamada pelos jainistas de *nirvana*, termo que pode ser traduzido como "não (*nir*) existência (*vana*)".

Por meio dessa breve exposição, percebemos que as verdades fundamentais da realidade tal como compreendidas pelos jainistas funcionam em um todo relacional e integrado, que descreve as diferentes condições pelas quais a entidade viva pode passar. Por meio dessas percepções, os jainistas fundamentam não somente suas convicções, mas, principalmente, suas práticas em busca da completa libertação espiritual.

Os *tattvas* definem aquilo que existe, as condições nas quais o existente pode existir e os caminhos que fazem com que a alma possa vivenciar, sejam o enredamento e a escravidão materiais, seja a libertação espiritual completa. Interessante notar que, segundo esses princípios, a vida espiritual se configura como um esforço para aflorar a consciência acerca daquilo que a entidade viva é por natureza e se manifesta na medida em que seja capaz de se purificar da substância cármica acumulada pela prática de meditações, penitências e austeridades.

5.2 Filosofia ou teologia?

Neste tópico temos o intuito de apresentar a seguinte reflexão: O jainismo seria uma espécie de filosofia ou uma forma de teologia? De maneira geral, a filosofia é vista como a busca racional em torno da verdade última acerca da realidade, enquanto a teologia seria um tipo de reflexão sobre a existência que teria como fundamento a fé em determinado corpo de crenças de matriz religiosa, ou seja, sem possibilidade de serem científica ou racionalmente comprovadas.

Essa perspectiva dual sobre tais esforços de conhecimento tem como fundamento o estabelecimento de oposições entre razão e fé, verdade e mito, ciência e religião, de forma que, tal como pretendemos aqui afirmar, pode gerar distorções interpretativas quando aplicada em contextos nos quais essas oposições binárias são menos determinantes e, em alguns casos, inexistentes.

O intuito da reflexão aqui é evidenciar uma das características fundamentais da maior parte das escolas de pensamento místico orientais, ou seja, a inseparabilidade desses múltiplos aspectos.

Nesse sentido, buscamos afirmar a validade filosófica dos postulados jainistas – como exploração racional da verdade –, bem como a forma característica pela qual se apresentam, em certa medida, inseparáveis das percepções míticas e místicas acerca da realidade.

Nesse processo, as conclusões filosóficas da razão alimentam os postulados metafísicos do mito em um ciclo de retroalimentação mútua que adquire seu sentido máximo por meio da disciplina espiritual. Essa experiência permite ao praticante perceber a realidade tal como vivenciada pelos grandes mestres, de modo a auferir a própria realidade transcendental da alma, o que é decorrente da purificação cármica propiciada pelas disciplinas, práticas e pelos votos do buscador.

Consequentemente, significa afirmar a validade não somente das construções racionais de explicação da realidade providas pelos textos jainistas, mas também das visões cosmológica e cosmográfica que subjazem esses postulados. Olhar desse modo para cosmovisões diversas daquela que providenciam nossa matriz convencional de realidade tem como consequência a possibilidade de desafiar o discurso de realidade postulado pela ciência materialista, o qual, por sua vez, é o fundamento disso que convencionalmente se chama *modernidade*.

Como ponto de partida de nossa reflexão, é necessário fazer a seguinte afirmação: a categorização segundo a qual filosofia e teologia seriam âmbitos completamente distintos do pensamento tem origem e aplicabilidade completamente ocidentais.

Para o antropólogo Talal Asad (2010), termos como *religião* e *crença* não teriam significado a não ser dentro das estratégias discursivas ocidentais e cristãs que os legitimam. Dessa forma, esses conceitos não teriam utilidade trans-histórica na comparação entre culturas diversas.

Para ele, a história da "religião" e da "crença" é necessariamente um estudo arqueológico das mudanças nas configurações de seus conteúdos significativos em modos de discurso situados historicamente. Em outras palavras, Asad foca na diferença implícita nos esforços antropológicos de tradução cultural e questiona os termos em que o "outro" é autorizado. Subentende-se também nessa afirmação a ideia de que podemos encontrar a religião sempre já entrelaçada a outros discursos, através dos quais outras forças e correntes de poder/conhecimento fluem. (Yarrow, 2015, p. 15)

Isso significa afirmar que, procurar fora das religiões de matriz cristã por uma filosofia livre de influências religiosas e políticas, depurada de toda espécie de fé, crença ou relações de poder, seria algo infrutífero. Os discursos da razão e da fé estão, nas mais diversas culturas, sempre entrelaçados entre si, bem como a outros discursos. Isso torna necessário – caso desejemos deles nos aproximar de forma a compreender a validade de seus pressupostos com base no modo pelo qual eles próprios os sustentam – desconstruir as pressuposições estanques e limitadoras que subdividem a realidade em esferas separadas. Para essa compreensão desnaturalizante, é necessária uma visão não essencializada de tais conceitos, como filosofia e teologia, vendo-os como portadores de significados adquiridos social e historicamente.

Segundo Vladimir Oliveira (2014), o processo de separação, no pensamento ocidental, entre filosofia e mito teve origem na Grécia Antiga e foi um processo longo que se consolidou plenamente por meio da formação do pensamento moderno. Na percepção de Jaeger (2001), seria difícil afirmar o momento exato em que se deu a separação entre mito e razão no pensamento ocidental, no entanto, ele também diz que foi por um desenvolvimento histórico particular da filosofia grega que a racionalização progressiva tomou primazia no polo reflexivo em torno das concepções sagradas.

Para esse pensador, esse processo histórico conduziu a sociedade grega à condição de não ser mais uma sociedade do "mito vivo", pelo fato de terem esvaziado os mitos dos valores religiosos e metafísicos que lhes eram inerentes, algo que ocorreu principalmente com as críticas a Homero e a Hesíodo feitas por Xenófanes (565 a.C.-470 a.C.) (Barros, 2008, p. 28; Eliade, 1972, p. 6). Dando continuidade à gênese desse tipo de postura na filosofia grega, Oliveira (2014, p. 30-31) afirma:

> Em Demócrito (520-440 a.C.) o mito é alvo de críticas contundentes através de uma racionalidade de base materialista. Para este pensador tanto os deuses quanto a mitologia tiveram sua gênese na fantasia popular. Deuses até existiriam, mas seriam formados da mesma matéria do que os homens e, portanto, estavam sujeitos ao perecimento e a [sic] morte. Estas teses foram radicalizadas por Epicuro (341-270 a.C.). Sua reflexão apontava em direção à liberdade humana face ao temor dos deuses. Estes estariam distantes e desinteressados dos homens. Tudo e todos seriam compostos de matéria: os deuses, os homens e a alma. Se tudo estava subjugado à morte, por que então temer os deuses.

Nesse sentido, é possível afirmar que, ao consolidar a separação entre mito e razão, colocados assim em campos opostos, a modernidade, enquanto herdeira desse processo, conduziu o homem a uma situação ambígua: de fragmentação (pela perda do sentido de totalidade) e pela unidimensionalidade (decorrente de sua visão tecnicista do mundo) (Oliveira, 2014). Dessa maneira a modernidade, ao dar continuidade na oposição entre mito e razão oriunda da filosofia grega, consolidou o desencantamento do mundo ocidental por meio da crescente racionalização (Weber, 2011, p. 51).

Foi Hegel, filósofo alemão herdeiro de tal dicotomia, que postulou que somente seria possível categorizar como filosofia as elucubrações ou buscas racionais sobre a verdade que tivessem uma matriz grega. Para ele, as culturas que não realizaram a separação entre mito e razão, como as de matriz indiana, não seriam capazes de ascender ao puro pensamento abstrato que categorizaria a filosofia. Segundo Oliveira (2014), todas as suas análises, porém, estavam marcadas por uma fascinação exagerada da Grécia, bem como por uma visão genérica e reducionista das tradições de pensamento abstrato indianas. Ao postular sua concepção de filosofia, "Hegel, não teria tido acesso às Upanisads mais antigas, não investigou o Jainismo, nem Budismo e muito menos as filosofias materialistas como os Carvakas" (Oliveira, 2014, p. 88). Essas tradições poderiam ter fornecido à sua análise uma visão mais completa dos esforços racionais realizados por pensadores e místicos no intuito de compreender a formação e a natureza da realidade.

De fato, tal como demonstra Dasgupta (1922), o conceito de filosofia, assim como o de teologia, em sentido estrito, não aparece na tradição mística indiana. O que havia era um conjunto de: *anvisiki* (investigação), *tantra* (sistema), *mata* (opinião), *vada* (doutrina), *siddhanta* (opinião, termo em sânscrito para designar a reflexão metafísica orientada para a interpretação exegética dos textos sagrados estabelecida) e, por fim, o termo *darshana* (oriundo da raiz *drs*, que significa "ver", "visão" ou "percepção".

Tradicionalmente, *darshana* é traduzido como ponto de vista, tese, doutrina ou teoria filosófica específica, ou, ainda, pode-se referir a um conjunto de teorias ou sistemas de várias doutrinas e filosofias (Dasgupta, 1922). O sistema filosófico indiano, muito mais do que conduzir o leitor a uma interpretação dogmática de suas teorias, buscava convidá-los a um exercício de reflexão em toda a sua extensão. Devido a tal condição, Oliveira (2014) afirmou que "tanto Aristóteles quanto Patanjali caminhavam na mesma direção ao buscarem, sob o ponto de vista do método de investigação da verdade, a essência da alma a partir da nossa condição humana" (Oliveira, 2014, p. 89). No entanto, ao contrário do pensamento ocidental, filosofia e religião eram consideradas irmãs gêmeas na tradição hindu, na qual se inclui o jainismo, pois eram tidas como partes inerentes de um mesmo processo.

Ao longo de 4 mil anos, os pensadores da Antiga Índia desenvolveram amplamente o poder especulativo assentado em diferentes sistemas filosóficos. Na Antiga Índia viveram filósofos cujas opiniões eram desenvolvidas sobre temas que conduziam a posições materialistas ou idealistas, monistas ou dualistas, teístas ou ateísticas.

Desse modo, tendo em vista o que foi apresentado, é possível afirmar que o jainismo como corpo de pensamento místico e metafísico é tanto uma filosofia quanto uma teologia. Sendo ainda mais radical na conclusão, seria ainda possível considerar que esses conceitos não seriam úteis para se referir à construção do pensamento jainista, para o qual fé, razão e prática são três pilares de um mesmo processo, capaz de levar a alma até a autorrealização. Essa perspectiva fica clara pelo conceito da "joia tríplice" (*ratna-traya*), segundo o qual é por meio da fé correta, do conhecimento correto e da conduta correta que se pode progredir através dos diferentes estágios de elevação da consciência. Devido a isso, categorizar o sistema de pensamento não fundamentado na separação empobrecedora entre razão e mito, seja como filosofia, seja como teologia, é insuficiente.

5.3 *Anekantavada*: o princípio da relatividade jainista

Em um pequeno vilarejo havia seis amigos cegos. Eram curiosos e buscadores. Certo dia, um grupo mambembe passou por aquele local. Entre as muitas excentricidades apresentadas, a que mais comoveu o povo foi o elefante, que os seis amigos também foram conhecer.

Cada um se aproximou de uma parte para tatear a novidade. Perante o espanto da experiência, eles comunicavam sua conclusão uns aos outros:

— Este tal de elefante parece um pilar com rugas! — dizia um que tocava a perna do animal.

— Não, ele é uma bandeira com pelos — dizia o que lhe tateava as orelhas.

— Para mim, parece uma caverna viva — disse um terceiro que se encontrava tateando a barriga do elefante.

— Vocês estão enganados, ele é como um cachimbo duplo e grande — dizia um outro tocando-lhe a tromba.

E assim cada um expressava uma parte daquele todo imenso, formando uma polifonia de múltiplas afirmações, todas verdadeiras e ao mesmo tempo relativas. Eram verdadeiras pela perspectiva daquele que havia experimentado a realidade daquela afirmação, e relativas porque, sendo complexo e imenso, o real não pode ser abarcado somente por meio de uma perspectiva.

Este tópico busca apresentar aquele que se constituiu como um dos fundamentos da filosofia jainista, conhecido como *anekantavada*, ou "doutrina do não absoluto", termo que também pode ser traduzido como princípio da "não existência de um único caminho". De um modo geral, esse princípio afirma simultaneamente a multiplicidade e a relatividade das visões e expressões da realidade.

A verdade é considerada como possuidora de muitas facetas, sendo que diferentes afirmações sobre uma circunstância podem simultaneamente ser verdadeiras e diferentes, sem que isso represente uma contradição; sem que a validade de uma necessariamente descarte a validade de outra.

De acordo com a filosofia jainista, as coisas podem ser analisadas por meio de muitos pontos de vista. A alma (*jiva*), por exemplo, é simultaneamente eterna e passa por mudanças. Se analisada do ponto de vista de sua essência, ou substância (*dravya*), ela é eterna, mas, se olhada do ponto de vista modal (*paryaya*), ou empírico, ela está sempre se transformando.

De acordo com o princípio do "não absoluto", diferentes afirmativas enfatizam características simultaneamente presentes em dada substância. A verdade tem muitas formas de ser apreendida, compreendida e manifestada. Em um universo considerado como sempre em movimento, existem infinitos pontos de vista sobre uma situação, uma coisa ou uma relação. Todos são dependentes de circunstâncias relativas e também transitórias, como tempo, lugar e circunstância.

Segundo a cosmologia jainista, a realidade é constituída por inumeráveis substâncias materiais e espirituais, cada uma delas constitui-se um *locus* de inumeráveis qualidades suscetíveis a um número infinito de modificações. Dessa maneira a epistemologia jainista apresenta duas perspectivas filosóficas a partir das quais o intelecto pode tecer considerações acerca do real: *Niscaya* e *Vyavaha*. A primeira lida com a natureza essencial e imutável das coisas e a segunda leva em conta a utilidade e as condições assumidas pelos diferentes modos que as substâncias podem apresentar (Mehta, 1993).

Segundo Tukol (1983), a frase "Isso é um jarro de barro" é uma exemplo de uma consideração *Niscaya*, ou seja, que toma como ponto principal a essência constituinte do objeto em questão, enquanto a frase "Isso é um jarro de manteiga" é uma sentença de um ponto de vista *vyavaha*, ou seja, que considera a funcionalidade prática e momentânea do jarro, e não sua essência. Com base nesse exemplo, vemos como duas afirmações diversas podem ser simultaneamente verídicas. Dessa maneira, segundo o princípio de *anekantavada*, uma análise mental e física do universo revela sua característica inerentemente pluralista e múltipla. Simultaneamente, isso significa afirmar que, no estado de consciência convencional limitado pelos sentidos e pela mente racional, é impossível abarcar o todo de tal complexidade.

> Assim, fica claro que nosso universo é complexo e abarca infinitas realidades. Ter uma visão simultânea da totalidade do infinito ad infinitum, com todas as suas características subjetivas e objetivas, com todos seus aspectos confrontados em opostos dialéticos como "Eu" e "não Eu", um e muitos, similar e diverso, eterno e efêmero, determinado e indeterminado, causa e efeito, bem e mal, belo e feio, é altamente impossível para o intelecto. A visão fornecida pelo intelecto nunca é total, mas sempre parcial. É meramente uma visão relativa – relativa a crenças, prejulgamentos, humores e propósitos do observador. (Tukol, 1983, p. 305, tradução nossa)

Considera-se que somente no estágio de omnisciência (*Kevala Jnana*) seria possível ver a realidade em seu aspecto fundamental. Nessa premissa, reside a relatividade intrínseca do pluralismo sustentado por esse princípio. Ao mesmo tempo em que ele apresenta uma base relativista e múltipla para compreensão das diferentes expressões da verdade, sustenta a autoridade da revelação e do conhecimento perfeitos manifestados pelos Tirthankaras. Como uma cobra que morde o próprio rabo, a própria pluralidade de visões sustentada por esse princípio é relativa, fazendo com que não seja contraditório afirmar que os Tirthankaras transmitem uma verdade absoluta perante a relatividade característica da realidade universal. Falando do estágio liberado fundamentado na onisciência, eles são capazes de ir além da relatividade, algo inalcançável para as almas não purificadas e, por isso, inconscientes de sua natureza intrínseca de pleno conhecimento.

De acordo com Mohan Mehta (1993), o termo *anekanta* indica a natureza ontológica da realidade, de acordo com a qual todo objeto possui infinitos aspectos, sendo que, quando falamos acerca de um deles, nós o fazemos a partir de um ponto de vista particular, segundo o qual uma coisa é entendida de uma forma e não de outra. Isso faz com que a teoria da relatividade das proposições seja também uma teoria da relatividade dos julgamentos, pois um julgamento ou uma conclusão (no plano material) é sempre um ponto de vista formado com base em uma das muitas características possíveis de uma substância. Nesse sentido, segundo o princípio de *anekantavada*, toda assertiva de verdade é tida como parcial e relativamente verdadeira. Elas fazem parte de um mundo de múltiplas possíveis conclusões capazes de serem produzidas pelas infinitas características apresentadas pelas substâncias.

De acordo com a filosofia jainista, cada aspecto de um dado objeto ou substância pode ser considerado por sete perspectivas diversas[1]. Cada uma delas é verdadeira, mas a verdade completa sobre determinado aspecto é resultado da combinação das sete perspectivas. Essas sete declarações de julgamento são consideradas uma característica única e peculiar da dialética jainista, uma consequência do princípio do "não absoluto".

5.4 Aspectos da lógica jainista

Neste tópico, vamos abordar as maneiras por meio das quais, segundo os textos jainistas, é possível obter um conhecimento válido acerca da realidade. Em diversos sistemas de pensamento indianos, como jainismo, hinduísmo e budismo, a questão do conhecimento é fundamental, tendo em vista que, apesar de suas particularidades, todas essas tradições consideram a ignorância (*avidya*) como um obstáculo para obtenção do objetivo final, a liberação, chamada de *moksha* ou *nirvana*. Dessa maneira, uma

---

[1] Tese positiva (existência), antítese negativa (não existência), agregado positivo-negativo (existência e não existência agregadas sucessivamente), síntese (existência e não existência agregados simultaneamente), tese e síntese, antítese e síntese, agregado e síntese (Mehta, 1993).

reflexão acerca do como é possível obter um conhecimento válido sobre a realidade é essencial para o processo de avanço espiritual.

Segundo Mehta (1993), o jainismo tem uma posição singular ao afirmar o conhecimento como constituinte da alma, sua própria essência, e não somente como um meio para sua realização. Para corroborar sua afirmação, ele apresenta as palavras do poeta e místico Kundakunda: "do ponto de vista empírico existe diferença entre a alma e o conhecimento, mas do ponto de vista transcendental é suficiente afirmar que a alma é o conhecedor" (Kundakunda, citado por Mehta, 1993, p. 125, tradução nossa).

Subjacente a essa analogia, encontra-se o seguinte pressuposto: as qualidades ou características sem forma só podem caracterizar substâncias igualmente sem forma. Se o conhecimento não é palpável, seu fundamento não pode ser o corpo material concreto, mas sim a alma, substância essencialmente diversa da matéria. Essa conclusão está fundamentada em um tipo de cosmologia dualista, na qual a alma (*jiva*) e a matéria (*ajiva*) são categorizadas como substâncias essencialmente diferentes e irredutíveis entre si.

> Segundo Mehta (1993), o jainismo tem uma posição singular ao afirmar o conhecimento como constituinte da alma, sua própria essência, e não somente como um meio para sua realização.

Assim, percebemos que o significado atribuído ao conhecimento se reflete na atenção que os filósofos jainistas conferem à epistemologia e à lógica. Em seu significado comum, derivada da palavra grega *logos*, *lógica* refere-se à parte do conhecimento filosófico que trata das formas e dos métodos de pensamento (dedução, indução, hipótese, inferência etc.) e das operações intelectuais por meio das quais seria possível determinar aquilo que é verdadeiro.

No entanto, devemos considerar que existe uma especificidade da lógica tal como entendida e praticada de modo geral na Índia. Apesar da existência de escolas de pensamento divergentes em torno do tema, Marie-Helene Gorisse (Clerbout; Gorisse; Rahman, 2010) afirma que aquilo que geralmente é chamado de *lógica indiana* é principalmente o estudo da inferência[2], bem como a forma pela qual uma inferência pode ser provada em um debate no qual constam diferentes tipos de argumentos oponentes entre si. Para essa filósofa, isso significa afirmar que a lógica indiana está diretamente interessada no assunto do conhecimento, ao mesmo tempo que confere importância à dimensão interativa do processo de aquisição do conhecimento. Essa característica seria então aquela que permitiria conferir uma particularidade à reflexão praticada pelas escolas de pensamento indianas em torno da lógica, tendo em vista que, até recentemente, a lógica teria sido concebida no Ocidente como a ciência das relações puras entre as proposições, ou seja, sem qualquer consideração psicológica de um sujeito conhecedor. Teria sido somente nos últimos tempos que novas concepções como a Lógica Epistêmica Dinâmica e a Lógica Dialógica passaram a prestar atenção na dimensão interativa da prova (Clerbout; Gorisse; Rahman, 2010). Portanto, somente no quadro dessas concepções recentes é que seria possível encontrar tentativas contemporâneas para responder aos tipos de perguntas que os filósofos indianos tentavam, já há centenas de anos, responder em suas elucubrações sobre a lógica.

Devido a essa forma característica de abordar a lógica no contexto do pensamento filosófico indiano, segundo V. K. Bharadwaja (1978), falar de lógica no jainismo significa abordar simultaneamente três aspectos. O primeiro seria uma reflexão acerca

---

2 Operação intelectual por meio da qual se afirma a verdade de uma proposição em decorrência da sua ligação com outras já reconhecidas como verdadeiras. Por exemplo, "Aqui não existe um ipê-roxo, porque aqui não se encontra nenhuma árvore". Ou seja, por saber simultaneamente o que é um ipê-roxo, que ele é um tipo de árvore e que no local onde me encontro não existem árvores, posso com certeza afirmar que no local em questão não existe nenhum ipê-roxo.

de conceitos como *jnana*, *pramana*, *vyapti* e *tarka* e dos métodos por meio do quais é possível obter conhecimento no sentido de desenvolver crenças sobre o mundo dos fatos, dos valores e do mundo metafísico. O segundo seria considerar, em uma tradição de pensamento, os métodos e critérios pelos quais seria possível resolver e evitar desentendimentos acerca de questões religiosas ou metafísicas em torno do conhecimento transmitido pelas escrituras. Finalmente, o terceiro aspecto refere-se às estratégias racionais e argumentativas recomendadas para lidar com oponentes e críticos com o objetivo explícito de evitar conflito, sendo capaz de olhar para essas críticas de modo que elas possam ser harmonizadas ao serem consideradas diferentes reações filosóficas para uma mesma situação, que, sendo inerentemente diversa, comportaria diferentes pontos de vista.

Segundo a perspectiva jainista, a realidade é múltipla e plurifacetada (*anekantavada*). Dessa forma, quando uma pessoa toma por absoluto o relativo e extrai conclusões a partir disso, ela produz aquilo que é chamado pelos jainistas de *nayabhasa*, ou comentário parcial fundamentado em instâncias relativas. Esse tipo de pensamento é considerado insuficiente, pois, nessa perspectiva, constrói-se uma totalidade hipotética com base somente em um dos muitos possíveis aspectos de uma situação. Esse é um artifício geralmente usado pelos debatedores jainistas como forma de contra-argumentar com outras filosofias, tentando evidenciar os aspectos incompletos delas.

Na principal escritura jainista, *Tattvartha Sutra*, o filósofo Umasvati distingue entre dois tipos de conhecimento: o conhecimento parcial, obtido através de um ponto de vista particular (*naya*) e o conhecimento válido, ou compreensivo (*pramana*). Este último é classificado em cinco tipos de conhecimento: sensorial, escritural, clarividência, telepatia e omnisciência. Desses cinco, os dois primeiros são considerados indiretos (fruto de um processo de inferência) enquanto os outros três são tidos como conhecimentos derivados da experiência direta.

Segundo Shah et al. (citado por Jaina Education Committee, 2015), essa classificação coloca o jainismo em uma situação ímpar com relação às outras escolas de pensamento indianos pelo fato de categorizar o conhecimento obtido pelos sentidos como de natureza indireta. Ele é visto como indireto, pois, para os jainistas, o conhecimento empírico, ao tomar por base partes relativas de um real imensamente múltiplo, é somente uma forma de se referir à verdade sem vivenciá-la por meio de sua totalidade ou completude.

> Segundo a perspectiva jainista, a realidade é múltipla e plurifacetada (*anekantavada*). Dessa forma, quando uma pessoa toma por absoluto o relativo e extrai conclusões a partir disso, ela produz aquilo que é chamado pelos jainistas de *nayabhasa*, ou comentário parcial fundamentado em instâncias relativas.

Os tipos de *pramanas*, definidos como indiretos, são aqueles obtidos através dos cinco sentidos e da mente, enquanto os meios de conhecimento direto da realidade são aqueles que não dependem desses elementos e seriam resultado de uma expansão da capacidade cognitiva rumo à autorrealização. Isso se deve ao pressuposto de que ser capaz de obter conhecimento sem depender de meios externos, como a mente e os sentidos, significa manifestar a purificação da consciência, que, ao se reconhecer como alma para além da matéria, passa a manifestar o conhecimento completo que lhe é inerente. Ou seja, direto é o conhecimento que se manifesta pela purificação que permite revelação da natureza intrínseca da alma, e não aquele apreendido pelos cinco sentidos funcionais e pela mente condicionada.

Esse conhecimento transcendental, que independe da mente e dos sentidos, é classificado em duas categorias: parcial e completo. Na primeira, encontram-se a clarividência e a telepatia. A clarividência, de acordo com a filosofia jainista, refere-se ao conhecimento de coisas que estão além do alcance dos sentidos, por meio do qual a alma pode obter conhecimento de uma substância portadora de forma, mas que existe a uma grande distância temporal ou espacial do sujeito conhecedor. A telepatia, por sua vez, é a capacidade de compreender o pensamento de outros sem que eles o expressem por meio de palavras (Mehta, 1993).

O meio de conhecimento direto e completo ocorre somente no estágio de omnisciência (*Kevala Jnana*), também chamado de "conhecimento da percepção perfeita". Esse tipo de experiência se torna possível somente após a destruição de todos os carmas (impurezas) que obstruem a manifestação da condição de conhecimento perfeito sempre presente na alma. Tendo atingido esse estado, a alma torna-se conhecedora de todas as substâncias do universo, bem como de todos os seus modos e modulações possíveis no passado, presente e futuro. Acerca desse estágio da consciência, Radhakrishnan (citado por Jaina Education Committee, 2015, p. 45, tradução nossa) afirma: "a omnisciência é não limitada por espaço, tempo ou objeto. Para consciência perfeita, toda a realidade é óbvia. Este conhecimento, que é independente dos sentidos e que pode ser apenas vivenciado e não descrito, é possível apenas para as almas purificadas livres de enredamentos".

Tal como demonstra Mohan Mehta, os pensadores jainistas argumentam que a prova da omnisciência é decorrente da prova da necessidade de uma consumação final para o desenvolvimento progressivo da cognição.

> Assim como o calor é sujeito a diversos graus de intensidade e consequentemente chega ao seu nível mais elevado, assim também a cognição – que está sujeita a um desenvolvimento progressivo, devido aos vários graus de destruição dos véus que

a obscurecem – alcança o seu grau mais elevado, ou seja, a omnisciência, quando os obstáculos do carma são completamente eliminados. (Mehta, 1993, p. 124, tradução nossa)

Tendo em vista o lugar central que o estado de omnisciência adquire na filosofia e na prática jainistas, como consumação final de toda possibilidade de apreensão e conhecimento da verdade, fica mais fácil compreender o lugar central da inferência dentro da reflexão dos filósofos jainistas sobre a lógica.

Uma vez que esse estágio mais avançado não é apreensível nem expressável por meio dos sentidos e da mente, somente é possível fazer inferências a ele por meio daquilo que podemos acessar no estágio não purificado da consciência.

Para refutar a visão empirista, segundo a qual o conhecimento válido é obtido somente mediante os sentidos materiais, filósofos jainistas ainda argumentam que existem meios de conhecimento válidos além da percepção, e isso seria provado pela determinação da validade e da invalidade do conhecimento, pelo conhecimento dos pensamentos de outras pessoas e pela sua negação. A devida percepção da distinção entre cognições válidas e inválidas do pensamento de uma outra pessoa e a negação que transcende a intuição sensorial não são possíveis sem o auxílio de outros meios de conhecimento válido como a inferência.

Tal como pudemos aqui acompanhar, a temática da lógica jainista é muito ampla e complexa. Neste tópico, nosso objetivo foi somente trazer a reflexão acerca de alguns pontos básicos e essenciais que a constituem, de modo que seja possível ter uma dimensão do lugar de importância que esse tipo de reflexão tem para a filosofia e a prática jainistas de uma forma geral.

5.5 O princípio do animado (*jiva*) e do inanimado (*ajiva*)

Devido à centralidade que a filosofia jainista confere à definição de *alma* e *matéria* como substâncias incontornavelmente distintas, este tópico pretende aprofundar alguns aspectos centrais em torno da definição apresentada para essas substâncias. Apesar de *jiva* e *ajiva* serem apenas duas das seis substâncias fundamentais (*dravya*) que compõem o universo, elas são as principais no sentido de que sua compreensão determina aquilo que os jainistas consideram avanço espiritual.

De acordo com a perspectiva jainista, a característica distintiva da alma é a consciência (*cetana*), definida como percepção da própria existência somada à capacidade de expressar pensamento e sentimentos. Desse modo, ela não pode ser objeto de percepção direta, tendo em vista que é a própria consciência conhecedora. Na perspectiva jainista, a alma é entendida como aquilo que confere vida ao corpo material inerte.

Todos os seres vivos, mesmo micro-organismos, insetos e plantas, são considerados como dotados de uma alma. Ela é definida como invisível e sem forma, inacessível a qualquer um dos sentidos materiais. Apesar disso, sua realidade transcendental pode ser experienciada mediante o avanço espiritual que ocorre por meio da purificação das reações das atividades materiais realizadas pela entidade viva. Como já vimos, esse processo ocorre mediante a prática de meditação, austeridades e penitências.

Em sua forma pura e livre de contaminação, as almas apresentam suas qualidades inerentes: percepção, conhecimento, felicidade e energia infinitas. Em seu estado natural, a alma manifesta-se como um oceano de inteligência e bem-aventurança ilimitadas. Dessa maneira, conectada às suas carcaterísticas intrínsecas, a alma é totalmente livre de paixões e sentimentos como raiva, ganância, ira, loucura, luxúria ou tristeza. Esse estado perfeito da consciência se manifesta somente através do desapego completo com relação ao plano de existência material. Sendo capaz de agir e, dessa forma, sendo responsável por suas ações, as almas podem ainda se condicionar à existência mundana, contaminando-se com as características duais da existência material, como alegria e tristeza, amor e ódio, vida e morte.

Uma metáfora usada pelos sábios para exemplificar essa situação é que a alma, em sua forma original, seria pura como uma gota de chuva ao cair do céu. Chegando ao solo, essa gota límpida e cristalina mistura-se à terra e torna-se lama. Devido a essa processo, a entidade viva, ou, seguindo a analogia, a gota de chuva, passa a se identificar com as carcaterísticas terrenas adquiridas, esquecendo-se de sua natureza cristalina. Graças a essa confusão gerada pela identificação com a matéria, a alma, então, apesar de permanecer eternamente repleta de boas qualidades, tem de experienciar as misérias inerentes à condição material.

Assim, em seu estado impuro e contamindo pela reação de suas atividades, as quais impregnam-se em seu corpo etéreo como partículas sutis, a alma manifesta conhecimento, percepção, alegria e energia limitados, condicionados a circunstâncias mundanas. Devido a esse processo, a alma fica aprisionada ao ciclo de nascimentos e mortes, sem manifestar a consciência perfeita na qual se realiza enquanto alma transcendetal. A alma necessita, assim, de um corpo e segue em uma jornada eterna, transmigrando de um corpo a outro ao longo do *samsara* até que seja capaz de compreender sua verdadeira natureza e se livrar do sofrimento inerente ao condicionamento.

De acordo com os textos jainistas, as almas podem ser classificadas em duas categorias, as almas liberadas (*Sidha Jiva*) e as almas condicionasdas (*Samsari Jiva*). A principal diferença entre elas é que as almas liberadas não mais precisam, devido ao avanço de consciência obtido, transmigrar ao longo do ciclo de nascimentos e mortes. Elas são consideradas sem forma e residem eternamente em uma região cósmica conhecida como *Sidha Sila* (Morada dos Liberados), que se encontra além dos três planos ou dimensões de existência material. Na perspectiva jainista, existe um número infinito dessas almas liberadas, as quais, apesar de não possuírem um corpo, permanecem portadoras de uma individualidade, sendo, no plano transcendetal, iguais em *status*, qualidades e natureza (Tukol, 1983).

As almas condicionadas vivem em estados alternados de prazer e sofrimento devido ao condicionamento propiciado pelo afluxo do carma. Todas elas são tidas como capazes de obterem a liberação. No plano material essas entidades vivas são categorizadas em dois grandes grupos: as entidade vidas móveis e as imóveis. Essa diferenciação é realizada de acordo com o número de sentidos que essas entidades vivas, ao estarem condicionadas a corpos específicos, possuem. Os seres imóveis são aqueles que manifestam apenas um dos cinco sentidos possíveis: o tato. Além dos vegetais, considera-se que elementos como água, ar e fogo também sejam seres vivos dotados de apenas um sentido (*ekendriya*).

Na prática e filosofia jainistas, a importância desse tipo de distinção se dá pelo fato de que uma violência com relação a uma entidade viva é considerada de maior intensidade, e por isso passível de maior reação cármica, quando realizada para com uma entidade viva dotada de mais de um sentido. Outro fator que determina o grau de reação cármica decorrente de uma ação é a intencionalidade.

Assim, por meio da disciplina e de hábitos regulados, os jainistas se esforçam ao máximo para reduzirem todo tipo de violência possível de ser evitada. Isso significa que arrancar um pé de alface também é considerado uma forma de violência. No entanto, como o corpo vegetal do alface manifesta somente um sentido e, por conta disso, vivencia o sofrimento em menor grau, essa violência é tida como de menor dano do que aquela realizada contra um animal dotado de mais sentidos. Devido a isso, essa ação gera um tipo de reação menor em termos de enredamento.

É como decorrência dessa percepção que o jainismo recomenda a prática do vegetarianismo, ao mesmo tempo que considera os vegetais como seres vivos dotados de uma alma potencialmente igual à dos seres humanos.

Os diferentes tipos de seres vivos existentes na condição terrena são todos categorizados de acordo com a quantidade de sentidos que seus corpos em específico lhes permitem manifestar. Assim, existem desde seres com dois sentidos, como vermes, conchas e micróbios, até seres de cinco sentidos, como humanos, animais, seres celestiais e seres que habitam os planos infernais. Cabe pensar que a forma de vida humana é considerada a única na qual a alma pode obter a perfeição completa e livrar-se em definitivo do enredamento material por meio da prática espiritual. Assim, estar encarnada em um corpo humano é uma grande dádiva para a alma, que obtém, desse modo, uma potencialidade de escapar do cativeiro mediante o cultivo do caminho correto para liberação.

Os elementos constituintes do universo que não são dotados de consciência são definidos como *ajiva*. Como demonstrado no Capítulo 1, existem cinco dessas substâncias, sendo que a matéria (*pudgala*) é apenas uma delas.

Como já mencionado, a diferença principal com relação à entidade vida é que a matéria não possui alma e, consequentemente, consciência. Segundo Shah et al. (citado por Jaina Education Committee, 2015), o termo *pud* significa "combinar" e *gal* se refere a "dissociar". Dessa maneira, a matéria é entendida como aquilo que passa por modificações sucessivas mediante combinações e dissociações. Ela é inerentemente transitória.

A matéria é vista pelos jainistas como a única das substâncias existentes no universo que possui um corpo físico constituído de massa e volume. De acordo essa cosmologia, a menor das partículas materiais é chamada de *paramanu*, ou átomo. Ela ocupa somente uma unidade de espaço, a qual é chamada de *pradesha*. Por meio de agregados dessas partículas diminutas, formam-se as diferentes formas materiais visíveis que podemos experienciar através dos cinco sentidos e também outras, de caráter sutil, que não são verificáveis pelos nossos sentidos comuns, como as partículas cármicas.

5.6 Aspectos da fisiologia sutil no jainismo

Tal como já deve ter ficado claro até aqui, a purificação do carma é um dos pontos centrais do jainismo como filosofia e prática. Já mencionamos também que ele é considerado um tipo de partícula material sutil que se liga à alma por meio das ações, gerando, assim, o enredamento ao plano material, caracterizado pela transmigração ao longo do ciclo de nascimentos e mortes. Tal como afirma Hemachandra, poeta e filósofo jainista: "A emancipação resulta da redução do karma, e isso se obtém pela concentração do si-mesmo (*atma-dhyana*)" (Feuerstein, 1998, p. 123).

Essa circunstância pode levar àqueles de olhar mais inquisitivo a perguntar como o carma, sendo partícula material, se liga à alma? Seria através do corpo físico? Onde ele se armazena, já que é entendido como substância material?

Para que possamos nos aproximar da compreensão dessas minúcias acerca do processo de enredamento pelo qual passa a entidade viva, precisamos entender mais sobre a concepção jainista de *corpo*. Ao contrário do que imaginam aqueles totalmente submersos na cosmologia moderna ocidental, o corpo pode ser concebido e considerado por meio de diversas categorias e compreensões distintas.

Ao tratarmos esse assunto, podemos aplicar o princípio do *anekantavada*, segundo o qual a realidade é múltipla, podendo ser apreendida por diversos aspectos reais e diferentes, mas simultaneamente verdadeiros. Isso faz com que a definição biomédica do corpo, que o reduz a uma das possíveis formas de visão acerca da matéria, seja considerada uma das possíveis visões acerca do tema, mas não a única, nem a mais completa.

De acordo com a perspectiva jainista, a anatomia do corpo deve ser considerada tanto do ponto de vista empírico – ou seja, aquele que pode ser auferido pelos cinco sentidos – quanto do ponto de vista sutil, mas que, ainda assim, é material. Dessa maneira, os pensadores jainistas, em diálogo com outras tradições do pensamento metafísico hindu, consideram que a alma espiritual é coberta por cinco tipos diferentes de corpo.

Segundo Bandari Mandak Mal (2011), todos esses cinco tipos de corpos são considerados materiais (*pudgalik*), o que implica serem constituídos por pequenas partículas (*paramanus*) sempre em movimento de associação e dissociação. No entanto, cada um dos cinco tipos de corpos contém uma quantidade maior de substância material com relação ao tipo anterior, dando a ele funções e características específicas.

Invertendo aquilo que o senso comum imaginaria a princípio, os pensadores jainistas consideram que, quanto menor a quantidade de substância a constituir determinada coisa, mais grosseira será aquela matéria, ocupando assim uma quantidade maior de espaço. Inversamente, quanto mais substância material (*pudgals*) constituindo determinado corpo, mais sutil e refinado ele será, o que faz com que ele ocupe uma quantidade menor de espaço.

Dos cinco tipos de corpos, três são aqueles possuídos pelas entidades vivas comuns no plano terreno. Os outros dois tipos são obtidos por entidades vivas que habitam outros planos de existência do cosmos, como os habitantes dos planos celestiais e infernais, bem como por seres humanos espiritualmente avançados que os obtiveram pela prática de meditações e austeridades. Vamos agora apresentar primeiramente os três tipos de corpos comumente possuídos por almas que habitam o plano terreno e, na sequência, os tipos de corpos especiais mencionados anteriormente.

Os seres mundanos possuem três corpos: o material (*audarik- -sharira*), o cármico (*karman-sharira*) e aquele que poderia ser traduzido como corpo ígneo (*tejas-sharira*). É por meio desses três tipos de corpos que a existência no plano mundano se faz possível para a alma. Essa associação da alma com o carma, e consequentemente com o plano de existência material, é tida como sem começo (*anadi*), apesar de se considerar que ela pode chegar a um fim por meio da liberação.

O primeiro tipo é considerado o **corpo físico** verificável por meio dos cinco sentidos, sendo os outros definidos como tendo uma natureza sutil, assim como a fisiologia energética que os conecta entre si. Ele é grosseiro e sólido e pode ser quebrado ou queimado; esse tipo é aquele sobre o qual se debruça a ciência biomédica ocidental. De acordo com Mal (2011), entre todos os cinco tipos de corpos, esse primeiro é aquele com o menor número de partículas constituintes, consequentemente, é o que ocupa mais espaço.

O **corpo cármico**, primeiro aspecto do corpo sutil, é receptáculo das partículas de matéria cármica[3] que se acumulam por sobre a entidade viva por meio de ações, as quais têm como raiz as paixões

---

3   Segundo Shah et al. (citado por Jaina Education Committee, 2015) o carma é uma das categorias da matéria. As partículas de carma são muito finas e não são perceptíveis aos sentidos. O universo inteiro está cheio de matéria cármica. Desde a eternidade, a matéria cármica cobre a alma de todo ser vivo. É a matéria cármica que impede a alma de realizar sua verdadeira natureza. É devido ao carma que se sente prazer e dor, que se reencarna em diferentes formas de vida, adquire-se certo tipo de corpo físico e, também, que se dá a duração da vida.

que influenciam a consciência. Esse é o tipo de corpo mais fino e que ocupa menos espaço. Devido a isso, pode transpassar todos os impedimentos do universo, sendo um companheiro constante do ser mundano. Ele é invisível e responsável por carregar as reações cármicas de uma vida à outra, determinando assim o tipo de corpo e a condição de existência que uma alma em específico obterá após o término da existência de um corpo material que anteriormente habitava.

De acordo com Mal (2011), esse tipo de corpo é a causa raiz da existência mundana em todas as suas formas e aspectos, incluindo os outros tipos de corpos. Esse corpo cármico se encontra em constante renovação, em um contínuo processo de produção e reprodução. Enquanto a velha matéria cármica acumulada é despejada, depois de dar seus resultados na forma de dor e prazer, novas se acumulam devido ao fluxo ininterrupto da ação, estancável somente por meio da liberação. Considera-se que, no estado de *moksha*, todas as reações cármicas tenham sido extintas, fazendo com que a entidade viva não seja forçada a obter um novo corpo material para sofrer ou desfrutar de suas atividades passadas.

O terceiro tipo de corpo possuído pelas entidades vivas condicionadas no plano terreno é o **corpo ígneo**, o qual, junto com o corpo cármico, constitui o corpo sutil. Esses dois tipos de corpos estão sempre em relação um com o outro e atados à alma espiritual até o momento da liberação. Ele tem duas funções importantes: gerenciar energeticamente os sistemas do corpo e providenciar suporte e controle a esse mesmo corpo físico. Essas funções são realizadas através da energia universal (*prana*) que se insere nos corpos físicos mediante o processo da respiração. É devido a esse fato que a interrupção do afluxo respiratório faz definhar os níveis energéticos do corpo físico, levando-o à morte.

A energia do *prana* opera no corpo, segundo Shah et al. (citado por Jaina Education Committee, 2015), como um sistema aberto, que não se limita aos sistemas físicos, mentais ou emocionais do corpo. Enquanto respiramos, o *prana* é, segundo a fisiologia sutil jainista, atraído para o nariz e é distribuído no corpo por canais invisíveis chamados *nadis*. Esses canais conectam os sete chacras (centros de consciência) principais uns aos outros, bem como a 72 mil outros *nadis*.

Os 72 mil *nadis* são divididos em dois tipos de canais: os canais invisíveis, que são a mente do canal, e os canais visíveis, que incluem nervos, músculos, artérias, veias, sistema cardiovascular, sistema linfático e os meridianos da acupuntura no corpo. Os sete principais chacras residem e trabalham no sistema cérebro-espinhal, dentro da coluna vertebral, e estão conectados ao sistema principal de *nadi* (*Shushumna*) – essa é a forma pela qual esse corpo ígneo controla o corpo físico inteiro. Cada *chacra* (roda ou centro energético) estaria então associado a diferentes estados de consciência, tanto física quanto emocional, por serem responsáveis por energizar e controlar regiões distintas do corpo ígneo, bem como do corpo físico.

Como comentado no início deste tópico, existem ainda dois outros tipos de corpos, geralmente possuídos por entidades vivas em condições materiais que não aquelas do plano de existência intermediário ou terreno.

O primeiro tipo é chamado de **corpo de transformação** (*Vaikriya Sharira*). Ele é invisível aos olhos humanos e é o veículo natural dos seres de outras dimensões do cosmos material. Pode ser obtido por entidades vivas que habitam os planos celestiais ou infernais. Esses seres, por meio desse tipo de corpo, podem transformar suas respectivas formas de acordo com sua vontade. Considera-se que tais corpos podem viajar de forma ilimitada em um dos planos possíveis de existência do universo. Esse corpo transformacional pode ainda, segundo os jainistas, ser obtido por seres humanos por meio de meditações, purificações e penitências. Georg Feuerstein

(1998) afirma que pode ser devido aos seus corpos transformacionais que os Tirthankaras eram tidos como seres de tamanho imenso, tal como vimos no Capítulo 2.

O segundo desses corpos materiais especiais é o **corpo de translocação**. Aquele que o obtém tem a capacidade de criá-lo como algo destacado do corpo físico para viajar por regiões diferentes dos cosmos. Segundo Mal (2011), ele surge da cabeça de seu criador e é reabsorvido pelo corpo físico depois de cumprir suas obrigações.

Como se considera que esses dois tipos especiais de corpos não podem ser adquiridos simultaneamente pela entidade viva, quatro é o número máximo de corpos possuído por uma alma condicionada. Apesar de obterem um tipo de corpo base mais refinado, os seres celestiais e infernais são também condicionados ao carma, razão por que, possuem também o corpo cármico e o corpo ígneo, os quais se configuram como substrato último do enredamento da alma.

SÍNTESE

O cerne deste capítulo foi aprofundar os aspectos centrais da filosofia jainista. Nesse sentido, vimos que o modelo jainista de enumeração dos princípios da realidade advoga a existência de *tattvas*, ou princípios, como substâncias ou entidades reais sem nenhuma espécie de criação transcendente. Assim, eles são vistos não como construtos mentais e noções metafísicas, mas com aspectos reais da existência que constituem um todo eterno, não criado e dinâmico. Eles são responsáveis pelos diversos estados ou condições por meio dos quais as almas individuais existem, sendo em número relativamente pequeno se comparado às tradições hinduístas e budistas.

Os Svetambara reconhecem nove desses princípios, enquanto os Digambara apenas sete. Os sete princípios reconhecidos por ambos os grupos são: a alma individual (*jiva*), a matéria inanimada (*ajiva*), o influxo do carma (*asrva*), o enredamento da alma (*bandha*), a obstrução do carma (*samvara*), a purificação (*nirjara*) e a liberação (*moksa*). Nessa lista, os Svetambara incluem mais dois: o mérito derivado da ação piedosa (*punya*) e a miséria derivada da ação pecaminosa (*papa*) (Mehta, 1993).

Tendo em vista o que foi apresentado no capítulo, é possível afirmar que o jainismo, enquanto corpo de pensamento místico e metafísico, é tanto uma filosofia quanto uma teologia. Para ser ainda mais radical na conclusão, é possível considerar que esses conceitos não seriam úteis para se referir à construção do pensamento jainista, para o qual fé, razão e prática são três pilares de um mesmo processo, capaz de levar a alma até a autorrealização.

Essa perspectiva fica clara pelo conceito da "joia tríplice" (*ratna traya*), segundo a qual é por meio da fé correta, do conhecimento correto e da conduta correta que se pode progredir através dos diferentes estágios de elevação da consciência. Devido a isso, categorizar o sistema de pensamento não fundamentado na separação empobrecedora entre razão e mito, seja como filosofia, seja como teologia, seria algo insuficiente.

Tratamos ainda de um dos fundamentos da filosofia jainista, conhecido como *anekantavada*, ou "doutrina do não absoluto", termo que também pode ser traduzido como princípio da "não existência de um único caminho". De acordo com o princípio do "não absoluto", diferentes afirmativas enfatizam características simultaneamente presentes em dada substância. A verdade tem muitas formas de ser apreendida, compreendida e manifestada. Em um universo considerado sempre em movimento, existem infinitos pontos de vista sobre uma situação, uma coisa ou uma relação, todos dependentes de circunstâncias relativas e também transitórias, como tempo, lugar e circunstância.

Atividades de autoavaliação

1. Assinale com V para verdadeiro ou F para falso nas assertivas a seguir.

   [ ] A causa que gera o influxo das reações cármicas tanto positivas quanto negativas é a terceira verdade (*tattva*), que é compreendida como a atração da alma pelos objetos dos sentidos (*arsva*).

   [ ] Segundo o filósofo alemão Hegel, as tradições espirituais indianas podem ser consideradas uma filosofia.

   [ ] O termo *anekanta* indica a natureza ontológica da realidade, de acordo com a qual todo objeto possui infinitos aspectos, sendo que, quando falamos acerca de um deles, o fazemos com base em um ponto de vista particular, segundo o qual uma coisa é entendida de uma forma e não de outra.

   [ ] A inferência é um procedimento lógico proficuamente criticado pelos filósofos jainistas.

   [ ] Apesar de *jiva* e *ajiva* serem apenas duas das seis substâncias que compõem o universo, elas são as principais no sentido de que sua compreensão determina o que os jainistas consideram avanço espiritual.

   [ ] Em diálogo com outras tradições do pensamento metafísico hindu, os pensadores jainistas consideram que a alma espiritual é coberta por cinco tipos diferentes de corpo.

   Agora, marque a alternativa que apresenta a sequência correta:

   A] V, F, V, F, V, V.
   B] V, F, V, F, V, F.
   C] V, F, V, V, V, V.
   D] V, V, F, F, V, V.
   E] V, V, V, F, V, F.

2. Assinale V para verdadeiro e F para falso nas assertivas a seguir.
   [ ] O modelo jainista de enumeração dos princípios da realidade é totalmente diferente porque advoga os *tattvas* como substâncias ou entidades reais sem nenhuma espécie de criação transcendente. Assim, são vistos não como construtos mentais e noções metafísicas, mas como aspectos reais da existência que constituem um todo eterno, não criado e dinâmico
   [ ] Os sete princípios reconhecidos por ambos os grupo jaisnistas são: a alma individual (*jiva*), a matéria inanimada (*ajiva*), o influxo do carma (*asrva*), controlador supremo (Isvara), a obstrução do carma (*samvara*), a purificação (*nirjara*) e a liberação (*moksa*).
   [ ] Tudo que não é a alma (*jiva*) e existe no universo (*lokakasha*) é definido como substância não viva (*ajiva*).
   [ ] O carma, visto como matéria sutil impregnada na consciência e na alma, é tido como o motivo pelo qual a entidade viva, mesmo sendo transcendental, tem de vivenciar as dualidades na forma de dor e prazer, nascimento e morte.
   [ ] As dez virtudes religiosas (*Yati Dharma*) que são cultivadas pelos jainistas são: perdão, humildade, perseverança, contentamento, veracidade, autocontrole, austeridade, renúncia, desapego e celibato.

   Agora, marque a alternativa que apresenta a sequência correta:
   A] F, F, V, V, V.
   B] F, V, V, V, V.
   C] V, V, V, V, F.
   D] V, F, V, V, V.
   E] F, F, F, V, V.

3. Assinale V para verdadeiro e F para falso nas assertivas a seguir.
   [ ] O objetivo de todas as práticas e meditações é chegar ao estágio de extinção do conceito ilusório do eu, sendo esta a sexta verdade essencial.
   [ ] As práticas externas de extinção do carma, segundo Shah et al (citado por Jaina Education Committee, 2015), são: fazer jejum esporádico, reduzir a quantidade de alimento ingerida, limitar a variedade de posses materiais, restringir o consumo de mel, álcool, derivados do leite e doces, submeter-se a viajar a pé e retirar-se em local solitário, levando a mente e os sentidos para contemplação interna.
   [ ] Os *tattvas* definem aquilo que existe, as condições nas quais o existente pode existir e os caminhos que fazem com que a alma possa vivenciar o enredamento e a escravidão materiais, assim como a libertação espiritual completa.
   [ ] A categorização segundo a qual filosofia e teologia seriam âmbitos completamente distintos do pensamento é de origem e aplicabilidade orientais.
   [ ] O processo de separação entre filosofia e mito no pensamento ocidental teve origem na Índia Antiga e foi um processo longo que se consolidou plenamente por meio da formação do pensamento moderno.

   Agora, marque a alternativa que apresenta a sequência correta:
   A] V, V, F, F, V.
   B] V, F, V, V, V.
   C] F, F, V, F, F.
   D] F, V, V, F, F.
   E] F, V, F, V, F.

4. Assinale V para verdadeiro e F para falso nas assertivas a seguir.
   [ ] O conceito de filosofia, assim como o de teologia, em sentido estrito não aparece na tradição mística indiana. O que havia era um conjunto de: *anvisiki* (investigação), *tantra* (sistema), *mata* (opinião), *vada* (doutrina), *siddhanta* (termo em sânscrito para designar a reflexão metafísica orientada para a interpretação exegética dos textos sagrados) e, por fim, o termo *darshana*, oriundo da raiz *drs*, que significa "ver", "visão" ou "percepção".
   [ ] Ao contrário do pensamento ocidental, a filosofia e a religião eram consideradas irmãs gêmeas na tradição hindu, na qual se inclui o jainismo, pois eram tidas como partes inerentes de um mesmo processo.
   [ ] De acordo com o princípio do não absoluto, diferentes afirmativas enfatizam características simultaneamente presentes em dada substância.
   [ ] Considera-se que somente no estágio de clarividência (*Kevala Jnana*) seria possível ver a realidade em seu aspecto fundamental.
   [ ] O termo *anekanta* indica a natureza ontológica da realidade, de acordo com a qual todo objeto possui infinitos aspectos, sendo que, quando falamos acerca de um deles, nós o fazemos a partir de um ponto de vista particular, segundo o qual uma coisa é entendida de uma forma e não de outra.

   Agora, marque a alternativa que apresenta a sequência correta:
   A] F, V, V, F, V.
   B] V, V, V, F, V.
   C] F, V, F, V, V.
   D] V, V, V, F, V.
   E] F, V, F, V, F.

5. Assinale V para verdadeiro e F para falso nas assertivas a seguir.

[ ] Segundo Kundakunda, poeta místico jainista, "do ponto de vista empírico existe diferença entre a alma e o conhecimento, mas do ponto de vista transcendental é suficiente afirmar que a alma é o conhecedor" (Mehta, 1993, p. 125).

[ ] Aquilo que geralmente é chamado de *lógica indiana* é principalmente o estudo da inferência, bem como a forma pela qual uma inferência pode ser provada em um debate no qual constam diferentes tipos de argumentos oponentes entre si.

[ ] A telepatia é considerada impossível na perspectiva jainista.

[ ] A lógica jainista se fundamenta em bases empiristas, sendo a sobrenatureza vista como uma derivação cognitiva da percepção do eu enquanto tal.

[ ] De acordo com a perspectiva jainista, a característica distintiva da alma é a consciência (*cetana*), definida como percepção da própria existência somada à capacidade de expressar pensamento e sentimentos.

Agora, marque a alternativa que apresenta a sequência correta:

A) V, F, F, F, F.
B) F, V, F, F, V.
C) V, V, F, F, V.
D) V, F, V, F, V.
E) F, V, V, F, F.

Atividades de aprendizagem

Questões para reflexão

1. Qual a importância da ética na vida espiritual jainista?
2. Como praticar a não violência nos tempos contemporâneos?

Atividade aplicada: prática
1. Escolha uma situação: pode ser uma vivência pessoal, uma notícia de jornal ou, ainda, uma obra literária. Depois, produza uma reflexão sobre o princípio do *anekantavada* (não absoluto).

IOGAS, MANTRA E MEDITAÇÃO NO JAINISMO

Como é uma tradição milenar e autóctone do subcontinente indiano, o jainismo partilha de uma série de elementos disso que poderia ser tratado como uma cultura pan-indiana. Além de inserir em sua cosmologia divindades presentes em outras tradições, práticas como a ioga, a meditação e o canto de mantras são realizadas e compreendidas pelo jainismo com base em suas lentes particulares e em relação aos seus pressupostos fundamentais. Neste capítulo, abordaremos como essas práticas aparecem e são tratadas na conjuntura da filosofia e da prática do jainismo.

6.1 *Pancanamaskara mantra* e a purificação pela palavra

O propósito deste último capítulo é refletir acerca de pontos transversais entre o jainismo e algumas práticas tradicionalmente ligadas ao hinduísmo, como ioga, mantras e meditação. Ao traçar esses paralelos, queremos apresentar as especificidades do jainismo com essas práticas e mostrar o modo como elas dialogam com seus pressupostos cosmológicos e filosóficos.

Neste primeiro tópico, traremos considerações sobre como o canto de mantras é realizado na disciplina espiritual (*sadhana*) jainista. De acordo com Paul Dundas (2002, p. 81, tradução nossa):

Os jainistas compartilham com todas as outras religiões indianas a crença na eficácia de mantras, assegurando que certas sílabas, palavras ou frases são carregadas de poder e auspiciosidade e podem, se manipuladas de maneira apropriada e em contexto adequado, trazer um resultado positivo para a pessoa que as enuncia vocal ou mentalmente.

A palavra *mantra* é derivada do sânscrito e pode ser traduzida, segundo Feuerstein (1998), como "aquilo que liberta (*trai*) a mente (*manas*)". Assim, nas diversas tradições espirituais em que são usados, os mantras são ferramentas espirituais que visam fixar e estabilizar a consciência por meio de vibrações sonoras. Em alguns casos, seu uso pode estar também ligado a práticas de cura e de devoção. Assim como a maior parte das práticas jainistas, o canto de mantras tem como meta, além da concentração e pacificação da mente, a purificação do carma mediante o cultivo de uma relação devocional com os *Tirthankaras* e com os ascetas preceptores do caminho espiritual.

FIGURA 6.1 – Cerimonia de *Mahamastakabhisheka*, em fevereiro de 2018, em Shravanabelagola, na Índia

O principal mantra jainista, aceito tanto por Digambaras quanto por Svetambaras, é o *Pancanamaskara* ("As cinco homenagens"). Além de integrar a prática diária, esse mantra é recitado em todos os rituais e cerimônias religiosas, sendo, por isso, ensinado às crianças e entoado tanto por ascetas como por leigos. Na disciplina espiritual diária, ele é repetido de forma meditativa ao longo de 48 minutos. A prática desse tipo de meditação deve ocorrer antes do nascer do sol, momento que é considerado por diversas tradições espirituais como o mais auspicioso (*mangal*) e benéfico para as atividades espirituais.

> Nas diversas tradições espirituais em que são usados, os mantras são ferramentas espirituais que visam fixar e estabilizar a consciência por meio de vibrações sonoras. Em alguns casos, seu uso pode estar também ligado a práticas de cura e de devoção.

Considera-se que o mantra das cinco homenagens não tem autoria e que ele existe desde a vinda do primeiro Tirthankara. Segundo Tukol (1983), ele tem um significado específico e se constitui de cinco frases no idioma *prakrti* direcionadas às cinco figuras ascéticas centrais para o jainismo chamadas *paramesthins*, ou "aqueles que estão situados no estágio mais elevado", finalizando com uma explicação de sua potência:

> Namo Arihantanam
> Namo Siddhanam
> Namo Ayariyanam
> Namo Uvajjhayanam
> Namo Loe Savva Sahunam
> Eso Panca Namokkaro Savva Pavappanasano
> Mamgalanam ca Savvesim Padhamam Havai Mangalam

Esse mantra pode ser traduzido da seguinte maneira:

> "Reverências aos oniscientes (*arahat*).
> Reverências aos libertados (*siddha*).
> Reverências aos professores (*āyariya*).
> Reverências aos preceptores (*uvajjhāya*).
> Reverências a todos os monges (*sādhus*) do mundo.
> Estas são as Cinco Homenagens que destroem todo o mal.
> É a primeira declaração auspiciosa de todas as declarações auspiciosas."

Tal como apontado por Dundas (2002), escritores jainistas contemporâneos descrevem as Cinco Homenagens como a essência da doutrina, contendo em si a potência de todos os outros mantras. Devido a isso, esse mantra é também conhecido como o *mahamantra* (grande mantra) dos jainistas. Sua recitação pode tanto conferir sucesso mundano como contribuir para a eliminação das partículas cármicas. Por meio de seu efeito positivo sobre a mente, ele teria ainda a capacidade de destruir o orgulho e o egoísmo, podendo, assim, ser considerado uma forma de austeridade.

Dessa forma, alguns dos aspectos do canto de mantras, tal como realizado pelos jainistas, podem ser mais profundamente analisados se essa prática for compreendida como uma forma de prece, tal como essa categoria foi apresentada pelo antropólogo francês Marcel Mauss (citado por Haibara; Oliveira, 2015), para quem a prece, num ensaio de 1909,

> é considerada um fenômeno religioso, ou mesmo o fragmento de uma religião, sendo esta definida como um sistema de crenças e práticas coletivas dirigidas a seres sagrados reconhecidos pela tradição. Portanto, ao considerar a prece como narrativa religiosa, produto do esforço acumulado dos homens e gerações, o autor afirma que ela é antes de tudo um fenômeno social, pois mesmo

quando o crente seleciona a seu modo os termos da oração, naquilo que diz ou pensa, nada mais faz do que recorrer a frases consagradas pela tradição [tal como acontece na pronúncia do Pancanamaskara]. A prece é social não só devido ao conteúdo, mas também à forma, uma vez que ela não existe fora do ritual.

Nesse sentido, o autor argumenta que não é na prece individual que está o princípio da oração coletiva; ao contrário, é no caráter coletivo que se encontra o princípio da oração individual.

Assim, para compreendermos a ação individual empreendida no momento em que se faz uma prece, é necessário analisá-la sob a luz da conjuntura mais ampla que lhe confere significado.

Com base nessa interpretação do significado social da prece, podemos nos aproximar da compreensão segundo a qual o *pancanasmakara* contém a essência do *dharma* jainista. Ao entoá-lo, o praticante reafirma ritualmente por meio das palavras os valores principais dessa filosofia transcendental. Esses valores são todos encarnados e vivenciados pelos seres que se encontram situados no estágio mais elevado da consciência.

Dessa maneira, o mantra é uma palavra imbuída de eficácia, pois presentifica a ação dos grandes mestres, sendo que sua prática manifesta o cultivo de um tipo de relação entre aquele que entoa e os seres completamente aperfeiçoados. Assim, mediante uma prática individual do canto de mantras, o significado coletivo dos mitos jainistas em torno de seus preceptores é reavivado. Segundo Haibara e Oliveira (2015):

> Ao conceber a palavra como ato que produz efeito, e que visa uma determinada finalidade, o ensaio de Mauss é precursor ao trazer ideia de que o ritual pode ser pensado a partir da linguagem, considerada como portadora de eficácia. A prece associa assim ação e pensamento, uma vez que participa ao mesmo tempo da natureza do rito e da natureza da crença: rito, pois é ato realizado

tendo em vista coisas sagradas; crença, na medida em que toda oração exprime um mínimo de ideias e sentimentos religiosos. Por meio da prece o autor observa, então, a relação entre rito e mito, afirmando que o rito contém crenças específicas que o orientam e que lhe conferem legitimidade, enquanto que o mito somente adquire sentido na prática através dos rituais.

Para finalizar este tópico, é necessário afirmar que este não é o único mantra entoado pelos jainistas. Outros, como o *Omkara*, são também pronunciados e utilizados como técnicas de concentração meditativa. No entanto, o *Pancanamaskara*, que concentra a essência dos ensinamentos jainistas, é o que melhor nos permite observar o modo específico como o canto de mantras é articulado nessa tradição. Ele sintetiza a busca pela liberação do cativeiro, configurado pelo ciclo de nascimentos e mortes, e sua prática aproxima aquele que o entoa dos grandes mestres, propiciando a purificação do carma acumulado – essas partículas, como já vimos, se constituem causa principal do enredamento.

6.2 Ioga e jainismo

Apesar de diversas opiniões epistemológicas, podemos considerar a ciência um esforço de conhecimento realizado mediante um tipo de método racional. A aplicação desse método, que é um procedimento replicável por outros, permitiria a comprovação de que determinada conclusão é um aspecto do real, e não uma visão parcial imaginada por uma pessoa em específico. A racionalidade de um método baseia-se no tipo de lógica que o fundamenta. Como vimos no capítulo anterior, a lógica subjacente à filosofia jainista procura comprovar a validade da inferência enquanto procedimento, no sentido de que seria possível falar sobre o que não se vê (a alma) a partir de elementos por nós conhecidos (concebíveis por meio dos sentidos e da mente).

Nesse sentido, o objetivo deste tópico é analisar alguns aspectos da ioga como método científico de autorrealização, tal como ela aparece no jainismo, com o propósito específico de pensar a relação dela com algumas das ideias apresentadas por Patanjali em seu *Yoga Sutra*.

Um aspecto central das ciências de autoconhecimento de matriz indiana, incluindo o jainismo, é o fato de o experimento por meio do qual se comprova a validade de postulados metafísicos ser realizado no próprio buscador. Enquanto o cientista ocidental exterioriza e, ao mesmo tempo, despessoaliza o objeto de seu experimento, a experiência mística tem o próprio praticante como *locus* de acontecimento – o que tem como meta a vivência e a percepção do princípio espiritual que confere vida a toda manifestação cósmica.

Assim, a experiência não se faz com um outro exteriorizado, mas só é considerada possível de ser bem-sucedida quando realizada em si mesmo – quando, por meio da prática adequada do método, se atinge o estado de consciência no qual é possível perceber a verdade dentro e, ao mesmo tempo, fora de si.

Da mesma forma que outras tradições de matriz indiana, o jainismo tem na ioga um desses métodos pelo qual busca a experiência da realidade mediante a prática de determinadas técnicas corporais e regulações éticas do comportamento. Segundo Fernando Liguori (2009, p. 5):

> Embora o Yoga seja anterior a qualquer sistema filosófico, ele sobreviveu a todos os cultos e sub-cultos originados da Índia e países próximos. Muitos cultos, seitas e religiões utilizaram sua filosofia especulativa para sistematizá-lo, bem como se valeram do Yoga como fundamento prático para suas especulações. Dentre as tradições que se valeram do Yoga nós podemos destacar o Tantra, os Nathas Siddhas, o Vedánta, o Sámkhya, o Jainismo,

o Budismo e etc. Assim, não é possível determinar, de forma alguma, se uma ou outra tradição detém os verdadeiros princípios do Yoga. Embora a estrutura do Yoga esteja intimamente ligada ao Vedánta ou ao Tantra como hoje conhecemos, consideramos a Tradição do Yoga em si inerente a qualquer sistema, portanto aplicável a qualquer um. [...] O Yoga é o aspecto prático subjacente de todas as tradições espirituais que nasceram no seio da Índia, uma vez que conduz ao reforço da sensibilização e a realização das convicções pessoais.

Segundo o que foi colocado, a ioga é um conjunto de técnicas que visa a experiência das verdades subjacentes de determinada tradição filosófica de matriz indiana. Ou seja, não tem uma filosofia ou cosmovisão única, mas é uma estrutura metodológica prática que pode ser aplicada em contextos metafísicos diversos.

A palavra *ioga* é proveniente da raiz sânscrita *yuj*, que tem como significados possíveis "unir", "concentrar", "ligar" e "conectar" (Feuerstein, 1998). De modo genérico, pode ser compreendida como práticas e atividades disciplinadas por meio das quais a alma individual sintoniza-se ou religa-se com o divino. Cada uma das muitas tradições espirituais que floresceram na Índia tem ideias diversas acerca do que seja a natureza da alma, do divino, bem como da relação entre eles. No entanto, isso não as impede de utilizarem a ioga como maneira de propor aos seus praticantes técnicas corporais de vivência mística daquilo que cada uma delas define acerca do divino.

É essa natureza pragmática da ioga enquanto método e ciência de autorrealização que torna possível seu uso por monistas (como os seguidores de Shankara), dualistas teístas (como a escola Samkhya), dualistas não teístas (como o jainismo) e até mesmo por niilistas (como algumas correntes do budismo). Assim, os processos e métodos pelos quais o praticante pode estabilizar as ondas mentais, concentrando a mente por meio da meditação e regulando a vida através de princípios éticos, são amplamente difundidos tanto entre as escolas filosóficas ortodoxas (seguidoras dos Vedas) quanto pelas heterodoxas (como o budismo e o jainismo). Apesar de sua origem milenar e difícil de ser traçada, estudiosos da ioga concordam em situar Patanjali como um de seus principais sistematizadores (Feuerstein, 1998). Em seu famoso *Yoga Sutra* ele sintetizou e organizou princípios gerais dessa prática. Edwin Bryant (2011, p. 156, tradução nossa) afirma que, para Patanjali,

> o Yoga consiste essencialmente de práticas meditativas que culminam na obtenção de um estado de consciência livre de todos os modos de pensamento ativo ou discursivo e de alcançar um estado em que a consciência não tem conhecimento de qualquer objeto externo a si mesmo e só é consciente de sua própria natureza, como consciência não misturada com qualquer outro objeto.

Apesar de o jainismo divergir de escolas filósoficas (*darshanas*) que apresentam uma versão teísta de realidade espiritual – como o Samkhya e o Vedanta –, sua metafísica dualista, na qual a alma e a matéria são substâncias essencialmente distintas, é terreno propício para aplicação dos métodos ióguicos.

No caso do jainismo, segundo Williams (1998), a ioga enquanto sistema de técnicas é referida pela expressão *Caritra*, que significa "conduta". Como a realização completa da não violência pode ser considerada ponto axial da prática jainista, a absorção que essa tradição espiritual realizou do sistema ióguico enfatiza o caráter moral e ético imbutido nessa prática. Além disso, a raiz das atividades se encontra na mente, na fala e no corpo. A prática do controle dessas funções por meio de *pranayamas* (exercícios respiratorios), *dhyana* (meditação) e *pratyahara* (introspecção) é essencial não somente para purificação, mas também para entrada em um estágio de consciência no qual seja possível estar livre do carma – condição na qual se manifesta a natureza espiritual transcendental aos enredamentos materiais, como a transmigração constante no ciclo de nascimentos e mortes.

A relação entre Patanjali e a compreensão da ioga no jainismo se expressa ao vermos que as cinco prescrições da condutta por ele apresentadas (*yamas*) são os mesmos pontos que constituem os cinco votos centrais (*vratas*) do jainismo: não violência (*ahimsa*), veracidade (*satya*), não roubar (*asteya*), castidade (*brahmacarya*) e desapego (*aparigraha*). Esses refreamentos pretendem purificar o praticante, aniquilando a subjetividade advinda do egocentrismo, e prepará-lo para os estágios seguintes que se desenrolam, na perspectiva jainista, de acordo com o que foi definido como *gunasthana*, ou os 14 estágios da consciência até a liberação. Por meio do cultivo desses votos, é possível ainda desempenhar o controle dos impulsos naturais, que se manifestam pelos cinco órgãos de ação (*karmendriyas*): braços, pernas, boca, órgãos sexuais e excretores.

Dessa maneira, segundo Williams (1998), é possível encontrar muitas referências nos Agamas jainistas acerca de procedimentos como abstenções éticas e condutas apropriadas (*yamas e nyamas*), bem como a recomendação de estudos, austeridades e meditação. Nesse sentido, o termo *ioga*, quando usado nessas escrituras jainistas agâmicas, refere-se à concentração da mente por diversos meios.

Devido à obra literária e filosófica de Haribhadra, a ioga adquiriu um estatuto diferenciado e mais amplo no jainismo, sendo alocada como uma prática pela qual se pode progredir nos 14 estágios da consciência, que são similares aos estágios de *samadhi* descritos por Patanjali. Dialogando com diversas tradições da ioga comparadas e abordadas em suas reflexões, esse filósofo jainista a compreendia como todo tipo de atividade religiosa que levasse à emancipação do cativeiro material. Apesar de usar diferentes terminologias, esse pensador via as tradições da ioga como apresentações de um mesmo caminho de emancipação e autorrealização. Para Haribhabra, a alma teria uma capacidade inerente de emancipação. No entanto, esse potencial permaneceria inativo devido às influências das reações das atividades realizadas pela entidade viva. Por meio da prática da ioga, seguindo essa perspectiva, seria possível obter a purificação necessária para despertar o interesse pela autorrealização.

6.3 Meditação e liberação

Tal como em outras tradições espirituais de matriz indiana, a meditação é considerada nas escrituras jainistas uma arma para o controle da mente e das paixões. Ela é um estágio preliminar à perfeição suprema e é categorizada como a principal das 12 penitências a serem realizadas antes de obter o nirvana. Considera-se que essas austeridades e penitências físicas manifestam todo seu potencial purificador somente quando realizadas concomitantemente à prática da meditação, definida como um meio de aniquilar carmas e limpar a mente de impressões do passado.

No entanto, segundo Shah et al. (citado por Jaina Education Committee, 2015), o verdadeiro estado meditativo pode ser alcançado somente após os 12 tipos de purificação – como jejum, regulação da dieta e comprometimento com os votos regulativos – e também após o devido preparo corporal por meio da prática disciplinada de *asanas*. Essas circunstâncias capacitam o praticante a ficar longos períodos de tempo na prática meditativa, situação em que é possível controlar os sentidos e as paixões de modo a realizar a verdadeira natureza do eu.

Dessa forma, segundo Tukol (1983), a consumação da meditação é a renúncia e o completo desapego. Para se atingir o estado meditativo perfeito (*sukla dhyana*) se requer, então, uma grande purificação e o desapego dos elementos externos, o que faz com que, a partir desse estágio, o praticante obtenha conhecimento absoluto, perfeição absoluta e experimente a felicidade absoluta, tornando-se, assim, um conhecedor e vidente da verdade. Na visão jainista, tal estado de consciência no qual se realiza a natureza da alma é obtenível somente após o praticante ter percorrido os 14 estágios do desenvolvimento espiritual.

Tal como apontado por Dundas (2002), ao contrário do budismo theravada, o jainismo não desenvolveu inicialmente uma cultura de fato voltada para a meditação contemplativa, tendo em vista que os escritos jainistas mais antigos estavam mais preocupados com o cessação das atividades físicas e mentais do que com sua transformação. Dessa maneira, até o período medieval a meditação era vista como uma prática complementar das austeridades e devoção aos Tirthankaras. A partir do período medieval, teria ocorrido, segundo Dundas (2002), um interesse por parte dos pensadores jainistas, tal como Haribhadra e outros, no intuito de sistematizar as técnicas contemplativas que até então se encontravam dispersas em escrituras mais antigas. A partir de então a meditação (*dhyana*) assumiu um lugar central na prática da espiritualidade jainista, junto com o cultivo das "três joias".

Vemos que, para compreender devidamente o lugar da meditação no jainismo, é necessário concebê-la como algo múltiplo, tendo uma funcionalidade específica de acordo com o nível do praticante. Nesse sentido, é possível afirmar que não existe somente uma meditação no jainismo, mas várias. Todas as diferentes formas por meio das quais essa prática se manifesta podem ser categorizadas como métodos de purificação e concentração da consciência rumo à obtenção da liberação. No entanto, tal como colocado anteriormente, as meditações somente não podem ser consideradas como um método isolado, mas como uma parte integrante de uma disciplina espiritual que inclui elementos igualmente importantes como austeridades, penitência e votos regulativos do comportamento. Essa afirmação se faz necessária, pois, devido à ampla divulgação de técnicas meditativas que se deu no Ocidente a partir dos anos 1960, é muito comum que tais técnicas sejam descoladas de suas tradições originárias como se pudessem fornecer sua eficácia de forma independente com relação ao todo filosófico no qual se originou.

Tendo em vista essa multiplicidade de formas por meio das quais a meditação se manifesta no jainismo, neste tópico apresentaremos três dos tipos mais importantes de meditação segundo essa tradição, *samayika*, as 12 reflexões e *dhyana* (concentração da cognição).

A palavra mais comumente usada no jainismo para se referir à meditação é *samayika*, termo que pode ser traduzido como "estar presente no momento de tempo real e contínuo". Esse ato de estar consciente da contínua renovação do universo em geral e do próprio ser vivo em relação a ele é visto como o primeiro passo fundamental na jornada rumo à identificação com a verdadeira natureza da pessoa. Por meio desse esforço de consciência constante, torna-se possível o cultivo prático da não violência com relação a outros seres vivos, evitando assim a proliferação do carma. Assim, o propósito desse estágio de meditação é transcender as experiência diárias cotidianas, marcadas pela impermanência, fazendo com que seja possível para o praticante se identificar com a realidade eterna e sempre presente da alma. Essa identificação com o verdadeiro ser se torna possível pelo cultivo da equanimidade e da vigilância espiritual constante, elementos que se configuram como parte da prática meditativa que, nesse estágio, se apresenta como um forma cuidadosa de auto-observação da consciência e de vigilância dos próprios atos.

No caso dos *sravakas* (praticantes inseridos na vida familiar), a prática de *samayika* deve ser realizada três vezes ao dia. Ao sentar-se para meditar, o praticante se compromete a abster-se da realização do cinco tipos de pecados (injúria, falsidade, roubo, falta de castidade e apego material) em seus atos, palavras e pensamentos. Nesse estado, ele se senta e, após recitar o Pancanamaskara Mantra, realiza efetivamente a meditação que consiste em: rememorar os erros cometidos e se arrepender de tê-los realizado, afirmar-se como disposto a não cometer erros (pecados) novamente, cultivar internamente uma renúncia aos apegos pessoais, orar internamente para os Tirthankaras e retirar sua atenção do corpo físico, absorvendo-se na contemplação do eu espiritual (Jain, 1917). Essa prática pode ser realizada em qualquer lugar onde seja possível obter tranquilidade o suficiente de modo que ela possa ser executada sem distúrbios.

No caso dos ascetas, tal como colocou Champat Rai Jain (1917), espera-se que sua vida seja o fluxo constante e contínuo de samayika, ou seja, de atenção consciente no presente e conectada à visão correta segundo a qual o verdadeiro eu é a alma espiritual eterna. Além disso, recomenda-se que os ascetas pratiquem as 12 reflexões, com o intuito de parar o influxo de carmas que prologam o enredamento. As 12 reflexões são: 1. *anitya bhavana* – a transitoriedade do mundo; 2. *asarana bhavana* – o desamparo da alma[1]; 3. *samsara* – a dor e o sofrimento implicados pela transmigração da alma no ciclo de nascimentos e mortes; 4. *aikatva*

---

[1] "Não há escapatória para o jovem de um cervo atacado por um tigre faminto que gosta da carne de animais. Da mesma forma, não há como escapar ao eu que se encontra nas malhas de nascimento, velhice, morte, doença e tristeza. Até mesmo o corpo robusto é útil na presença de comida, mas não na presença de aflição. E a riqueza adquirida pelo grande esforço não acompanha o eu até o próximo nascimento. Os amigos que compartilharam as alegrias e tristezas de um indivíduo não podem salvá-lo em sua morte. Suas relações todas unidas não podem dar-lhe alívio quando ele é afligido por doença. Mas se ele acumular mérito ou virtude, isso o ajudará a atravessar o oceano da miséria. Mesmo o senhor dos devas não pode ajudar ninguém na hora da morte. Portanto, a virtude é o único meio de socorro a alguém no meio da miséria. Amigos, riqueza etc. também são transitórios. E assim não há nada além da virtude que ofereça socorro ao ego. Contemplar assim é a reflexão sobre o desamparo. Aquele que está aflito com o pensamento de que está totalmente desamparado, não se identifica com pensamentos de existência mundana. E se esforça para marchar no caminho indicado pelo Senhor Onisciente S.A." (Jain, 1917, p. 245-246, tradução nossa).

bhavana – a incapacidade do outro para compartilhar o sofrimento e a tristeza; 5. *anyatva bhāvanā* – a distintividade entre corpo e alma; 6. *aśuci bhāvanā* – a impureza do corpo; 7. *āsrava bhāvanā* – o influxo da matéria cármica; 8. *saṃvara bhāvanā* – a paralisação do influxo do carma; 9. *nirjarā bhāvanā* – derramamento gradual do carma; 10. *loka bhāvanā* – a forma e as divisões do universo e a natureza das condições que prevalecem nos diferentes estágios; 11. *bodhidurlabha bhāvanā* – a extrema dificuldade de obter um nascimento humano e subsequentemente obter a fé verdadeira; 12. *dharma bhāvanā* – a verdade promulgada pelos Tirthankaras.

Essas 12 contemplações são consideradas uma importante ferramenta de meditação para os ascetas, pois considera-se que a reflexão constante sobre esses temas tem como resultado o desapego de questões mundanas e a possibilidade do desevolvimento de um visão equânime acerca da realidade. Segundo Jain (1917), é somente por meio da equanimidade que as paixões podem ser eliminadas e, dessa forma, se obter a pureza mental, o que redunda em autoconhecimento. Além disso, as 12 contemplações permitem a paralização do influxo dos carmas tendo em vista que permitem a regulação de pensamentos, palavras e ações em função da consciência adquirida mediante tal prática.

Finalmente, temos a prática de focar a cognição em um objeto específico (*dhyana*). De acordo com essa perspectiva, sempre que focamos nossa atenção em algo, seja esse objeto da atenção algo virtuoso ou não, estamos realizando meditação. Dessa forma, essa prática de meditação é classificada em quatro tipos: passional, triste, correta e espiritual. Os dois primeiros tipos são categorizados como *não virtuosos*, tendo em vista o fato de produzirem enredamento cármico, enquanto os dois últimos são virtuosos, pois impedem o influxo de partículas cármicas, bem como promovem a aniquilação do carma existente.

Essa meditação virtuosa (*dharma dhyana*) é considerada a raiz da meditação espiritual perfeita (*sukla dhyana*) e do estado de omnisciência, os quais se configuram como a meta última desse tipo de prática. Nela o praticante se esforça para manter sua cognição fixa na forma pura da alma, buscando minimizar variações e escolhas mentais, bem como o surgimento de desejos, os quais conduzem a consciência para objetos de concentração mundana produtora de reações cármicas. Essa meditação se expressa como um cultivo constante de vigilância e autoconsciência.

Considera-se que o início da prática da meditação virtuosa ocorra quando o buscador renuncia o mundo e que, somente após atravessar 12 estágios espirituais, quando a alma destrói todo o carma ilusório, torna-se possível atingir o estado de meditação perfeita (*sukla dhyana*). Ao chegar a esse nível, os textos jainistas afirmam que em apenas 48 minutos todo tipo de carma é destruído, levando o praticante ao estado de nirvana, o qual é definido como o conhecimento e a intuição completos, sem nenhum obstáculo em que se vivencia a natureza sublime da alma.

6.4 *Gunasthanas*: a escada da evolução espiritual

De acordo com a filosofia mística jainista, existe um caminho prescrito que a alma percorre, saindo do estágio condicionado até a liberação final. Essa jornada ocorre ao longo de **14 estágios** denominados "níveis de virtude" (*gunasthana*), apresentados textualmente pela primeira vez em uma escritura chamada *Gommatasara*, composta pelo Acharya Neminchandra no século X. Essa escritura é considerada uma enciclopédia do pensamento filosófico jainista, fruto de um esforço de sistematização daquilo que havia sido previamente apresentado por outros mestres.

A categorização desses diferentes estágios pode ser compreendida como parte do esforço racional realizado no sentido de ensinar o caminho rumo ao aperfeiçoamento absoluto da consciência. Segundo Jaini (1998), os *gunasthanas* denotam puramente um exercício espiritual que não pode ser medido ou observado no mundo físico. Eles se referem a estágios de consciência. A evolução da alma não é necessariamente progressiva, e pode ser constituída de idas e vindas, ascensões e quedas determinadas pelo carma (reações de ações acumuladas). Essa variação da consciência entre diferentes etapas é considerada como passível de ocorrer dentro de um mesmo dia.

As partículas cármicas derivadas das ações realizadas em ignorância – ou seja, sem a percepção de que se é uma alma eterna e não um corpo – contaminam a alma, situando-a nos estágios inferiores da evolução da consciência. Na medida em que a entidade viva se purifica das reações cármicas – mediante o cultivo da joia tríplice –, ela se qualifica para a obtenção de estágios de consciência mais avançados.

Tendo em vista que a alma é categorizada como constituída de conhecimento perfeito, o avanço espiritual não é a obtenção de um saber exterior ao indivíduo, mas um processo de purificação que permite o florescimento de uma condição que está dada na natureza transcendental do espírito.

Assim, é a própria entidade viva que determina seu progresso ou sua queda no caminho da evolução. Suas escolhas podem levar a uma maior contaminação com as reações derivadas de atividades materiais ou ainda propiciar purificação e avanço com relação à realização do estado puro da alma e, consequentemente, da consciência.

Na análise realizada por Georg Feuerstein (1998), o modelo apresentado pelos 14 níveis de virtude descreve o decurso do amadurecimento espiritual da pessoa, da vida mundana até a liberação. No **estágio inicial**, a alma encontra-se regida pela visão falsa (*mythia-drsti*) segundo a qual ela se identifica com o corpo e a mente materiais. Progressivamente surge um gosto pela visão correta, segunda a qual a alma transcendental é o verdadeiro eu. Submetendo-se à prática disciplinada, esse conhecimento se manifesta de modo cada vez mais constante, propiciando o avanço espiritual tangível.

No **segundo estágio** surge o gosto pela visão correta (*sasvadana-samyag-drishti*), no qual se manifesta uma compreensão nebulosa do que é verdadeiro e do que é falso. Encontram-se nesse estágio aquelas almas que alcançaram um estágio mais elevado, mas, devido à remanifestação do carma ilusório, acabaram caindo novamente para o primeiro estágio. Aqui o indivíduo é "reabilitado" após uma queda de um estágio superior. O praticante tem apenas o "gosto" da "crença correta" – *samyag-darsana* –, mas sua fé precisa ser reafirmada.

O **terceiro estágio** (*misra*), segundo Mehta (1993), é marcado pela indiferença em relação à crença verdadeira, estando a alma em um estado misto de crença e não crença nas doutrinas verdadeiras. A permanência nesse terceiro estágio também é de duração muito curta e transitória: ou a alma regride até o primeiro estágio da completa incredulidade ou se recupera ascendendo até os estágios mais elevados com visão correta.

No **quarto estágio**, definido como de convicção correta sem autocontrole (*avyata-samyag-drsti*), o praticante adquire – sem mais possibilidade de perder – a crença ou a convicção adequadas, no entanto, encontra-se incapaz de prosseguir no caminho da conduta, na medida em que ainda não consegue adotar os votos por falta de vontade, poder e energia (Feuerstein, 1998). Considera-se que, devido à ação do carma, o ser pode ter fé e conhecimento corretos e até mesmo saber e aceitar o caminho ou os votos de conduta correta, no entanto, devido à fraqueza, não é capaz de praticar adequadamente os votos. Assim, a partir desse estágio, o caminho está aberto para a alma subir ou descer. No caso de ascensão, pode prosseguir para estágios mais elevados suprimindo o carma ou aniquilando-o. Em caso de queda, vai para o estágio (ii) e daí para o estágio (i); ou a etapa (iii) e, mais adiante, como afirmado anteriormente.

No **quinto estágio** (*desa-virata*) se encontram aqueles que desenvolveram autocontrole parcial. De modo prático, é aqui que se situam os leigos que assumem e cumprem os *anu-vratas* (votos menores), evitando assim parcialmente os pecados, assegurando o autocontrole parcial. Esse é o estágio mais alto possível para um leigo, doravante todos os estágios superiores requerem adoção de santidade ou ascetismo e renúncia ao mundo para alcançar o autocontrole completo. Esse estágio é importante porque é ponto de partida para o ser adotar a conduta correta e começar a descartar o modo indisciplinado de vida, embora apenas parcialmente.

O **sexto estágio** (*sarva-virata*), denominado "completo autocontrole com descuidos", marca a passagem da vida secular para a vida ascética. Aqui o praticante tem autocontrole e, embora ainda demonstre alguns equívocos, encontra-se pronto para se comprometer com os cinco grandes votos (*mahā-vratas*), visando à pureza completa da conduta. No entanto, ocasionalmente, tende ainda a cometer algumas negligências, consideradas manifestações derivadas da ainda presente bagagem cármica. As características salientes desse estágio são a vida completamente disciplinada pela adoção de todos os cinco Votos Principais (*vrata*) e a completa dedicação à prática das "três joias".

O **sétimo estágio** (*apramata-virata*) é obtido pelo asceta que desenvolve autocontrole completo sem descuido e, assim, pode observar todos os votos sem falhas. Nesse nível estão os santos que não apenas adotaram todos os votos e o autocontrole, mas que também venceram completamente a negligência. A partir desse estágio de desenvolvimento espiritual, a alma pode ainda descer ao estágio (vi) da negligência, ou, caso seja constante na prática, pode progredir aos níveis mais elevados.

Tornando-se perito no cultivo da conduta adequada, o praticante ascende ao **oitavo estágio**, no qual passa a lutar para sobrepujar paixões e emoções sutis que ainda se encontram na consciência. Essa batalha ocorre mediante a prática da meditação. A partir dessa etapa, a alma se purifica, reduzindo progressivamente as paixões, tornando-se, portanto, o começo dos quatro estágios de pureza progressiva que preparam a alma para os estágios superiores xi, xii e xiii. Ao mesmo tempo, como essa fase está na fronteira, ela é cheia de chances de queda da alma para níveis mais baixos devido à manifestação do carma por meio de possíveis negligências.

No **oitavo estágio** (*apurva-karana*), o praticante passa a desfrutar de realizações sem precedentes que indicam para ele o caminho da libertação. Por meio dos processos de purificação, a alma se prepara para ascender a uma das duas *srenis*, ou seja, a *Upshama sreni* (Escada de Subsidência) ou *Kshapak sreni* (Escada de Aniquilação). Alguns dos outros processos pelos quais a alma se submete para ascender nas fortalezas (o que realmente começa no nono *Gunasthan*) são chamados *Gunasreni*, ou seja, a redução na duração do carma e do *Gunsankraman*, ou seja, a conversão de carma severo em áreas moderadas. Todos esses eventos importantes na evolução da alma são incomuns e sem precedentes, portanto, o nome desse estágio é *Apurva* ou *Gunastha*, sem precedentes. Para que não seja ignorado, reitera-se o fato de que todos esses eventos na esfera de atividades da alma são devidos ao carma – o antigo e o novo, bem como de sua manifestação, supressão ou aniquilação (Tukol, 1983).

O **nono estágio** (*anivrti-karana*) é definido, segundo Feuerstein (1998), como estágio sem retorno. Nele o mendicante atinge o ponto em que ele ou ela não pode retornar a um estágio inferior e tenta destruir as paixões secundárias por meio da meditação. Nesse nível, "os impulsos sexuais são completamente controlados e as forças emocionais são igualmente subjugadas" (Feuerstein, 1998, p. 195). A característica marcante dessa fase é o alto grau de supressão ou destruição do carma com a resultante pureza da alma em progredir para o próximo estágio.

No **10º estágio** (*suksma-samparaya*) ocorre a luta sutil através da qual são erradicados os últimos resquícios de interesse pelo mundo. A partir do **11º estágio** (*upasanta-moha*), considera-se que o praticante se torna um asceta perfeito, mas que ainda não alcançou o estágio de omnisciência. As etapas 9 a 11 fazem uma escala separada chamada "escada da pacificação" – *upaśama-śreṇi* –, da qual ainda é possível uma queda. Segundo Feuerstein (1998), no 11º nível, a noção errônea de que a pessoa é uma entidade física isolada é complementarmente dominada, dando lugar à intuição da consciência universal.

No **12º estágio** (*ksina-moha*) o asceta atinge a gnose plena, destruindo as ilusões do ego e desvinculando-se dos efeitos do carma. O asceta livre de anexos agora destruiu a ilusão. Ele ou ela não alcançou a onisciência, mas as paixões são completamente eliminadas. A partir daqui, não há retorno possível para um nível mais baixo de espiritualidade.

O **13º estágio** (*sayoga-kevalin*) é aquele no qual o praticante se torna um ser onisciente que ainda manifesta atividades. Ou seja, apesar de ainda corporificados, os seres nesse estágio já são totalmente liberados. É nesse nível que a pessoa desfruta a perfeição completa da alma por meio do indescritível estágio de omnisciência, mediante o qual toda verdade absoluta se manifesta em uma experiência direta. Segundo Feuerstein (1998, p. 196), "é o estágio no qual o ser se separa, no interior, de toda multiplicidade. Sendo este o nível no qual se encontravam os Tirthankaras quando propagaram o caminho jainista. O asceta que chegou a esta sublime condição é chamado de 'transcendente' (*kevalin*), vitorioso (*jina*) e digno (*arhat*)".

O **14º e último estágio** é o de transcendência inativa (*ayoga kevalin*). Esse é o instante antes da morte, quando todas as categorias de carma são destruídas, incluindo aquelas que determinam a duração da vida, postulam as características individuais, determinam o ambiente social e estão relacionadas a sensações. Este é o último e momentâneo estágio. Ele tem duração igual ao tempo gasto em proferir cinco pequenas vogais. Durante esse período, todos os restantes são esgotados pela alma. Ela então deixa o corpo e alcança a liberação ou nirvana – fica livre de novos nascimentos e mortes no mundo. Isso é conseguido pela alma engajada no mais alto tipo de meditação conhecida como *Shukla Dhyan*, que interrompe todos os tipos de atividades físicas, mentais, físicas ou mentais sutis. O resultado é um estado de completa ausência de movimento, interno e externo, conhecido como *Saileshikarna*, pela curta duração igual ao tempo gasto na emissão de cinco vogais. Esse momento é seguido pela total libertação ou salvação denominada *mukti*, *moksha* ou *nirvana*.

Essa breve descrição de Gunasthana pode ser fechada com algumas observações adicionais para esclarecer suas características salientes do ponto de vista do desenvolvimento espiritual. Segundo Mal (2011), os três primeiros estágios são marcados pela atividade externa da alma, quando ela está envolvida com outras coisas além de si mesma, e a alma é *Bahiratma* ou "extrovertida". Do estágio 4 ao estágio 12, torna-se "introvertida" ou *Antratma* – preocupada com o próprio bem-estar. Nos dois últimos estágios, a alma atinge a divindade e pode ser chamada de *Paramatma* – a "alma perfeita". O que determina o estágio em que se encontra uma alma é o carma, quanto mais se purifica mediante o cultivo das três joias, a realização da conduta ética por meio da a consecução dos votos e pela prática da meditação, mais se avança na escada da autorrealização, que culmina, por sua vez, na obtenção da liberação final.

6.5 Ética soteriológica jainista

Como é uma religião ortoprática, ou seja, que considera os esforços pessoais do praticante como o caminho por excelência da autorrealização, a dimensão ética tem um lugar fundamental no jainismo. No que se refere à possibilidade de autorrealização, mais importante do que a origem social ou o nascimento de uma pessoa é o seu comportamento, caráter e esforço pessoal. Tal como se expressa no conceito da joia tríplice, a fé e o conhecimento devem levar a um tipo adequado de conduta, mediante a qual seja possível evitar o enredamento e promover a liberação.

Assim, para os jainistas, o conhecimento que não se expressa por meio de uma conduta correta e coerente é uma mera futilidade, enquanto a conduta não fundamentada no conhecimento correto é considerada uma atitude cega e desapropriada. De acordo com o conceito das três joias, tanto o conhecimento quanto a conduta têm como fundamento a fé racionalmente fundamentada na visão de mundo jainista tal como apresentada pelos Tirthankaras. Essa convicção ou fé deve ser livre de noções falsas acerca de Deus, das escrituras e dos preceptores do conhecimento – desse modo ela funciona como uma inspiração para aquisição do conhecimento, o qual, por sua vez, se reflete na conduta correta praticada na vida diária.

Nesse sentido, é possível afirmar que a ética assume uma função metafísica e soteriológica na prática jainista. O estilo de vida de uma pessoa, em que se expressam condutas fundamentadas em valores, é o campo no qual se deve colocar em prática a visão de mundo promulgada pelos Jinas. Devido a essa perspectiva, a emancipação é vista como fruto da regulação moral e da disciplina espiritual, e não da realização de rituais. Desse modo, o comportamento e os hábitos são tidos como os termômetros por meio dos quais é possível dimensionar o nível de consciência espiritual de uma pessoa.

Para Mehta (1993), a ética é considerada a parte mais gloriosa do jainismo, sendo caracterizada por sua simplicidade. Isso fez com que alguns autores descrevessem essa religião como um realismo ético, ou como a religião da conduta correta. Isso se deve ao fato de que, na perspectiva jainista, não existe conflito entre os deveres do indivíduo para consigo mesmo e aqueles que ele tem para com a sociedade. A meta do caminho jainista é facilitar a evolução da alma até a sua capacidade mais elevada. O meio para alcançar esse objetivo se dá através de uma conduta ética para todos os outros seres.

Nesse sentido, valores mundanos (ligados à conduta correta na dimensão material) são meios de realização de valores espirituais. As atividades do dia a dia devem ser guiadas para a realização desses valores espirituais (*dharma*). Segundo Natubah Shah (1998), isso significa que, na perspectiva jainista, a liberação é obtenível mediante um processo gradual de aquisição de uma excelência moral, sendo a conduta correta um elemento muito importante no tríplice caminho de purificação. A ética é então entendida pelos jainistas como a própria tecelagem da retidão no tecido da vida de alguém.

De acordo com os ensinamentos de Mahavira, a conduta correta pode ser cultivada em diferentes níveis de intensidade, podendo ser completa ou parcial. Aqueles que se comprometem de forma completa devem renunciar ao mundo levando uma estrita vida ascética. No entanto, a maior parte das pessoas cultiva uma vida familiar e social, o que, da perspectiva jainista, não impede a busca pela verdade e o cultivo do caminho de retidão.

Nesse tipo de circunstância, o comprometimento com a conduta correta ocorre em grau de intensidade menor. Segundo Shah (1998), os dois níveis de comprometimento são uma característica específica da estrutura social jainista. Enquanto, para o homem leigo, cuidar apropriadamente de sua família é um dever e uma obrigação moral, o asceta deve romper com tais tipos de laços.

De modo prático, o código ético jainista se expressa por meio dos cinco votos principais (não violência, não mentir, castidade, desapego e não roubar), os quais devem ser seguidos tanto por leigos quanto por ascetas. No caso destes últimos, os votos são seguidos de forma absoluta e irrestrita, enquanto para os primeiros são feitas algumas concessões, de modo que eles possam ser praticados ao mesmo tempo que a pessoa cumpre seu dever moral relacionado ao sustento da família e ao inevitável comprometimento social associado a essa ação. Dessa forma, apesar de não serem aplicados de modo tão estrito como o são pelos ascetas, os votos oferecem um horizonte ético e moral a partir do qual a pessoa que ainda está ligada a relacionamentos mundanos possa orientar sua conduta, purificar-se e prevenir-se simultaneamente da produção de enredamento cármico.

FIGURA 6.2 – Mahavira em meditação, deidade no templo do Monte Satrunjaya, na Índia

Todas essas regras de conduta são direcionadas para o objetivo principal de alcançar a salvação. É por isso que compreendemos a dimensão soteriológica da ética jainista, que tem como sua própria finalidade a obtenção desse estágio. Para a realização de tal objetivo, as regras de conduta devem ser observadas de tal forma que, ao adquirir as virtudes correspondentes, a pessoa possa progredir ao longo dos 14 estágios da consciência, como apresentado no tópico anterior.

6.6 Diferentes visões sobre a liberação

A liberação do ciclo de nascimentos e mortes é certamente o tema transversal por excelência da filosofia indiana. As mais diversas tradições espirituais, no entanto, apresentam formas diferentes de compreender a natureza do ser, do enredamento e, consequentemente, dos meios que levam à liberação. Além disso, devido aos pressupostos particulares, o que acontece com os seres que atingem esse estágio supremo de liberdade também varia. Assim, cada tradição apresenta pedagogias específicas para aqueles que desejam se libertar da dualidade característica da condição material.

FIGURA 6.3 – Kumbha Mela, o maior festival transcendental da humanidade

Nesse sentido, este tópico pretende apresentar um breve comparativo acerca da visão sobre a liberação (*moksha*), tal como ela se apresenta em três diferentes tradições soteriológicas indianas: o jainismo, o budismo e o hinduísmo. Cabe considerar que essas matrizes religiosas não são unívocas, contendo em si vozes diversas que apresentam por sua vez mais variações em torno da questão. Dessa maneira, a apresentação que aqui realizamos é fundamentada somente em uma visão genérica e não específica de cada uma delas.

Para iniciarmos nossa reflexão, é importante considerar que foi a partir de um período histórico específico que o conceito de *moksha* (liberação) e seus correlatos necessários, *samsara* (aquilo no que o ser fica aprisionado) e *karma* (aquilo que aprisiona o ser ao cativeiro), adquiriram uma centralidade incontornável no debate filosófico e soteriológico indiano.

Esse desenvolvimento conceitual teria ocorrido entre os séculos IX e VI a.C., devido ao surgimento de grandes conglomerados urbanos e das novas questões existenciais a eles associados. Tal como coloca Gavin Flood (2015, p. 15):

> O ritualismo védico desenvolveu-se no seio de uma sociedade agrária. Os arianos organizaram-se, fundamentalmente, em comunidades rurais, inicialmente de caráter pastoril e, posteriormente, de caráter agrícola. O século V a.C. marca o surgimento de uma cultura urbana que se desenvolve ao longo da planície do Ganges. É o período de florescimento de reinos importantes que se consolidam em meio ao crescimento de centros urbanos. [...] O surgimento desses reinos permitiu a consolidação de rotas comerciais e a construção de estradas. O desenvolvimento dos meios de comunicação permitiu a disseminação de novas ideias, em especial veiculadas pelos ascetas errantes. É precisamente neste contexto que floresceram as tradições de renúncia [...]. O processo de urbanização foi responsável pela desarticulação do estilo de vida agrário tradicional e pela valorização do espírito empreendedor e das iniciativas na esfera comercial. Os valores constitutivos desta última assentam na prevalência do indivíduo sobre grupo social. A mudança de foco de uma condição agrária para uma condição urbana favoreceu, assim, a consolidação de uma postura individualista em certos segmentos da comunidade.

Isso favoreceu o surgimento de uma forma de pensamento e postura que singularizavam o eu individual, em oposição à valorização da pessoa em função de sua relação com o coletivo. Apesar de ser um tipo diferente do individualismo que veio a emergir na Europa centenas de anos depois com os protestantes, a conjuntura em questão impulsionou no norte da Índia o interesse em práticas espirituais focadas no indivíduo, que tivessem como foco o esforço pessoal, e não a inserção ritualística em um todo social considerado divino.

A partir disso, as tradições de renúncia, como o jainismo e o budismo, ganharam força e representatividade popular, de modo que a própria tradição ariana – fundamentada nos Vedas – teve de se transformar (ao longo de um extenso processo histórico), a fim de que os aspectos centrais dessas heresias fossem absorvidos e acomodados em sua perspectiva própria, como ficou registrado nas Upanisads.

As características comuns a essas ideologias da renúncia, como afirma Flood (2015), seriam: a percepção segundo a qual a ação conduz ao renascimento e, portanto, ao sofrimento; o desapego da ação, ou até mesmo a inação, conduz à emancipação espiritual; o desapego absoluto e, portanto, a liberação podem ser alcançados por meio do ascetismo e de métodos que mantêm a consciência focada e concentrada. Nesse contexto, a existência é vista como marcada pelo sofrimento (*dukha*) e os ensinamentos que promovem a liberação (*moksa* ou *nirvana*) dessa condição de miséria constituem uma forma de conhecimento espiritual introspectivo (*jnana* ou *vidya*).

Assim, a salvação absoluta é vista como algo que não pode ser alcançado mediante um nascimento em castas superiores ou planetas celestiais, mas somente por meio de uma espécie de *insight* libertador oriundo do esforço pessoal, ou seja, pela compreensão direta da natureza da existência. Essa postura uniu algumas dessas tradições fundamentadas na renúncia, como o budismo e o jainismo, em torno de uma postura crítica com relação à revelação apresentada pelos Vedas e pelo ensinamento bramânico ortodoxo (Dundas, 2002).

Como comentado no início, para além das semelhanças, existem divergências entre essas tradições. Apesar de negar a existência de um deus ou consciência suprema responsáveis pela criação do universo, como presente nos Vedas, o jainismo postula, como vimos no capítulo anterior, a existência da alma (*jiva*) como uma substância transcendental e completamente diferente da matéria. Sendo a contaminação derivada do carma, um tipo de matéria sutil que se ata à alma devido às ações, prendendo-a ao ciclo do *samsara*, o meio por excelência para liberação é a purificação dessa contaminação sutil por meio de austeridades e penitências. Sem elas, a meditação, na perspectiva jainista, não é eficaz. Isso faz do caminho para liberação, na visão jainista, uma grande reflexão ética, em que a busca pela não produção de reação por meio do cultivo da não violência se apresenta como um horizonte fundamental.

Tal como afirma Umasvami, "A fé correta, o conhecimento correto e a conduta correta constituem o caminho para liberação" (Tattavartha-Sutra 1-1; Tukol, 1983, p. 125, tradução nossa). Como já colocamos em outras sessões deste livro, os jainistas consideram que o cultivo concomitante dessas três joias (*ratna-traya*) constituem o próprio combustível do avanço espiritual, sendo elas que fornecem a purificação necessária para que o praticante manifeste força, determinação e conhecimento necessários para comprometer sua vida com a consecução dos cinco grandes votos (não violência, não roubar, veracidade, celibato e desapego). Ao adquirir maestria no cumprimento sem falha desses votos, levando uma vida completamente ética e não violenta (em acordo com os princípios jainistas), a alma avança no processo de purificação ascendendo ao longo da escada dos 14 níveis de consciência até o estágio em que começa a manifestar suas perfeições.

Quando, mediante o esforço intenso, a alma se livra dos carmas destrutivos, os jainistas consideram que ela atinge o estado de onisciência (*Kevala Jnana*), no qual a natureza incognoscível da realidade e da alma se revela. Ao atingir esse estágio, a alma torna-se apta ao *nirvana*, que seria o momento em que ela parte do corpo no qual se encontra para nunca mais retornar ao ciclo de nascimentos e mortes. Finalmente, após essas duas etapas prévias, a alma adentra a morada eterna liberada, obtendo, assim, a libertação final (*moksa*). O primeiro estágio transcendental descrito ocorre quando todos os carmas destrutivos (que obscurecem a natureza verdadeira da alma) são eliminados. O nirvana é obtivo mediante a extinção dos carmas não destrutivos (aqueles ligados à existência da alma em um corpo), enquanto *moksa* é entendida como a entrada de uma alma autorrealizada, livre de todos os tipos de carmas, na eterna morada cósmica dos seres perfeitos.

Vemos então que, na concepção jainista, a alma continua existindo após a liberação. Na morada eterna (*Sidha Sila*), as almas são totalmente perfeitas, plenas de conhecimento, eternidade e bem-aventurança. Considera-se que elas sejam ainda livres de movimentos, de gênero e de sentimentos mundanos, sendo iguais entre si em sua manifestação plena de todas as perfeições. Esse estágio livre e completamente perfeito é considerado o estado natural da alma, que, no plano material, não se manifesta em função da influência obscurecente do carma.

Para o budismo, em contraposição a essa visão, a liberação (*moksha*) do ciclo de nascimentos e mortes ocorre quando o praticante atinge o estágio de não existência (*nirvana*). Esse estágio de compreensão da natureza última é comparado a uma vela que se apaga e se extingue, repousando no vazio. Para além da não existência existe, na perspectiva budista, somente a vacuidade sobre a qual tudo repousaria.

Não postulando a existência de uma alma transcendental à matéria, o budismo, em uma posição diversa tanto do jainismo como do hinduísmo, considera a liberação a realização da própria não existência (*anatma*), fundamentada no princípio da vacuidade (*sunyata*). O método para obter tal estado de ausência de sofrimento é a meditação contemplativa e o cultivo do caminho da equanimidade, capazes de situar a consciência para além da impermanência característica do mundo de ilusão e sofrimento materiais.

Nesse sentido, é possível afirmar que, ao contrário do jainismo com seu postulado acerca da alma, o budismo afirma uma não existência após a liberação. Libertar-se dos condicionamentos ilusórios é, nessa perspectiva, livrar-se da própria existência. Não havendo uma alma diferente da matéria, aquele que atinge o nirvana simplesmente deixa de transmigrar no ciclo de nascimentos e mortes, pois realizou o vazio no qual se fundamenta esse processo, alimentado pelo apego e pelo desejo ilusórios. A liberação seria, então, uma espécie de consciência interrompida (apagada), mas ao mesmo tempo existente e desprovida de qualquer objeto:

> O Buda explica que a libertação vem do desapego de todo anseio e apego, que se dá pela simples percepção de que as coisas são um não ser [anatma]. Isso é tudo que existe para isso. Alguém corta a força que leva ao renascimento e ao sofrimento. Não há necessidade de postular um Ser além de tudo isso. De fato, qualquer Eu postulado levaria ao apego, pois parece que, para o Buda, um Ser que se encaixasse na descrição poderia legitimamente estar sujeito ao apego. Não há absolutamente nenhuma sugestão de que o Buda tenha pensado que há algum fator adicional chamado de Ser ou Alma (ou com qualquer outro nome, mais adequado à Auto descrição) além dos cinco agregados. (Williams; Tribe, 2000, p. 61, tradução nossa)

No caso das práticas espirituais fundamentadas nos Vedas, as questões colocadas pelas tradições de renúncia promoveram, ao serem por elas absorvidas, uma internalização pessoal do ritual brahmínico, processo que se expressou de forma mais enfática no conjunto de escrituras conhecidas como *Upanisads*. No contexto desse grupo de textos considerados a conclusão dos Vedas, por configurarem tanto a última parte (capítulo) de cada um dos quatro Vedas principais (*Rg, Sama, Yajur* e *Atharva*) como por serem sua parte mais esotérica, a ênfase numa *performance* externa deu lugar à ênfase numa meditação interna (Flood, 2015).

Esse corpo escritural tornou-se o fundamento de uma das seis escolas do pensamento védico ortodoxo, denominada *Vedanta*. Nessa tradição comentatorial que se desenvolveu a partir dos sutras das Upanisads, manifestaram-se desde posturas monistas acerca da liberação, como aquela defendida por Shankaracarya, como outras que enfatizavam a natureza relacional do divino mediante o cultivo da devoção, como aquelas de Ramanuja, Madhava e Caitanya.

Ao contrário do budismo e similarmente ao jainismo, as tradições fundamentadas nos Vedas afirmam a existência de uma alma transcendental à matéria. No entanto, em oposição a essas tradições ascéticas, aceita-se a revelação védica que postula a existência de uma fonte divina para a criação. O que diferencia internamente essas tradições e a visão acerca de *moksa* apresentada por elas é o fato de que, mesmo tomando as escrituras védicas como princípio fundamental, algumas postulam que o Absoluto (*Brahman*) teria uma natureza impessoal, enquanto outras sustentam que esse aspecto onipenetrante e onisciente do divino teria como fonte de emanação uma Pessoa Transcendental (*Purusottama*), conhecida por termos como *Isvara* (controlador supremo), *Krishna* (o todo atrativo), *Narayana* (fonte da humanidade) e *Vishnu* (o mantenedor). De acordo com a perspectiva teísta e personalista dos seguidores dos Vedas, essa Pessoa Divina, apesar de ser um, não teria apenas um nome, tendo em vista que seria conhecido e nomeado pelas suas inumeráveis qualidades tais como mencionadas.

Na visão impersonalista não dual (*advaita*) propugnada por Shankara por volta do século IX, a liberação do ciclo de nascimentos e mortes seria fruto da remoção da ignorância que impede a alma (*atman*) de realizar sua verdadeira natureza enquanto una com o próprio absoluto (*Brahman*). O que propiciaria a liberação seria a realização prática que permitiria ao buscador a experiência de sua identidade absoluta com relação ao divino, definido como impessoal, sem forma, uno e sem atributos. Esse processo de união transcendente com o divino seria a fonte da maior bem-aventurança, tendo em vista que seria a própria percepção de que tudo sempre foi, é e será real e tão somente o *Brahman* (Absoluto). Assim, numa visão similar à dos budistas, a pluralidade de almas e o próprio universo seriam apenas fruto da ilusão derivada da ignorância que impediria a manifestação da percepção verdadeira, segundo a qual somos todos somente um.

Já a leitura devocional dualista oferecida pelo Vedanta Vaishnava de Madhvacarya apresenta uma percepção segundo a qual a liberação seria a retomada de um tipo de relacionamento amoroso eterno que a entidade viva (*jiva*) teria em estado latente com a Pessoa Suprema (*Purusottama*). Nessa perspectiva, o método para a saída do cativeiro material, bem como a manifestação da natureza transcendental e perfeita da alma, seria o cultivo de um relacionamento de amor devocional (*bhakti yoga*) para o com o Supremo. A existência de uma diferença fundamental entre as almas e o Ser Supremo (Vishnu ou Krishna) possibilita, assim, a manifestação de um relacionamento amoroso e pessoal entre essas entidades, definidas como, em última análise, individualidades eternas e transcendentes. Esse relacionamento seria o substrato da própria existência, bem como da liberação, em uma perspectiva segundo a qual o divino é visto como uma pessoa, transcendental à matéria e repleto de atributos excelsos e indescritíveis.

No mundo material toda entidade viva é falível, mas no mundo divino toda entidade vivente é infalível. Mas ao lado delas duas, há o maior dos viventes, o próprio Senhor Supremo que penetrou nos três mundos e é o seu mantenedor. Por que sou transcendental ao infalível e ao falível e por Eu ser o melhor, sou celebrado igualmente nos Vedas e neste mundo, como a Suprema Pessoa. Qualquer um que me conheça, como o Supremo Senhor, sem duvidar um instante, deve ser considerado o conhecedor de tudo, e por isso ele se ocupa em Meu serviço amoroso, ó descendente de Bharata. Essa é a parte mais secreta das escrituras sagradas que Eu estou revelando, ó guerreiro imaculado. Qualquer um que entenda isso se transformará num sábio, e a razão de sua vida se cumprirá plenamente. (Duarte, 1998, p. 177, tradução do Bhagavad-Gita, cap. 15, estrofes 16-20)

Após a liberação do cativeiro do ciclo de nascimentos e mortes, segundo essa perspectiva, a pessoa autorrealizada em sua natureza espiritual iria, então, em vez de obter um novo corpo material, receber um corpo espiritual – uma forma bem-aventurada de conhecimento e eternidade (*sac-cit-ananda-vigraha*) –, com o qual poderia viver no céu espiritual para além dos planos celestiais, terrenos e infernais e assim cultivar um relacionamento devocional amoroso diretamente com a Pessoa Divina em um dos seus diferentes tipos de humores e formas. Essa postura particular diverge com a natureza do estado liberado tal como postulado por jainistas, budistas e monistas seguidores de Shankara, pois, para estes, não haveria variedade nem diversidade após a obtenção dessa condição, algo que impossibilitaria a existência de uma relação amorosa pessoal entre as almas e o Supremo.

FIGURA 6.4 – Antigas deidades jainistas escavadas em Gopachal Parvat, na Índia

Vimos, então, ao longo deste tópico final, lampejos acerca das diferentes compreensões possíveis sobre a natureza do conceito de liberação. Espero que, por meio desta breve exposição, tenhamos compreendido que, apesar de ser uma temática comum e transversal, os diferentes pressupostos metafísicos, teológicos e cosmológicos (para não dizer *cosmográficos*) conferem à liberação significados tão diferentes, que são, por vezes, até mesmo mutuamente excludentes, apesar de estarem dialogando com heranças filosóficas comuns.

Síntese

Neste capítulo, tivemos a intenção de traçar comparações entre elementos comuns do jainismo e de outras vertentes de matriz indiana, como ioga, mantras e meditação. Por meio de uma abordagem comparativa, buscamos traçar tanto as aproximações quanto as especificidades da maneira jainista de tratar tais práticas.

Como coloca Dundas (2002), os jainistas compartilham com outras religiões indianas a crença na eficácia de mantras, partindo do princípio de que certas sílabas, palavras ou frases são carregadas de poder e auspiciosidade. Dessa forma, elas podem – se manipuladas de maneira apropriada e em contexto adequado – trazer um resultado positivo para a pessoa que as enuncia vocal ou mentalmente.

Com relação à ioga, pudemos notar que, tal como aponta Williams (2008), esse conjunto de técnicas é referido no jainismo por meio da expressão *Caritra*, que significa "conduta". Devido ao fato de a realização completa da não violência poder ser considerada ponto axial da prática jainista, a absorção que essa tradição espiritual realizou do sistema ióguico enfatiza o caráter moral e ético imbutido nessa prática.

No que tange à meditação, vimos que, para compreender devidamente o lugar da meditação no jainismo, é necessário concebê-la como algo múltiplo, tendo uma funcionalidade específica de acordo com o nível do praticante. Nesse sentido, é possível afirmar que não existe somente uma meditação no jainismo, mas várias.

Todas as diferentes formas pelas quais essa prática se manifesta podem ser categorizadas como métodos de purificação e concentração da consciência rumo à liberação. No entanto, como colocado, as meditações não podem ser consideradas um método isolado, mas uma parte integrante de uma disciplina espiritual que inclui elementos igualmente importantes, como austeridades, penitência e votos regulativos do comportamento.

Como uma religião ortoprática, ou seja, que considera os esforços pessoais do praticante como o caminho por excelência da autorrealização, a dimensão ética tem um lugar fundamental no jainismo. No que se refere à autorrealização, mais importante do que a origem social ou o nascimento de uma pessoa são seu comportamento, caráter e esforço pessoal.

Vimos ainda que, na concepção jainista (ao contrário do budismo), a alma continua existindo após a liberação. Na morada eterna (*Sidha Sila*), as almas são totalmente perfeitas, plenas de conhecimento, eternidade e bem-aventurança. Considera-se que elas sejam ainda livres de movimentos, de gênero e de sentimentos mundanos, sendo iguais entre si em sua manifestação plena de todas as perfeições. Esse estágio livre e completamente perfeito é considerado o estado natural da alma, que, no plano material, não se manifesta em função da influência obscurecente do carma.

Atividades de autoavaliação

1. Assinale V para verdadeiro e F para falso nas assertivas a seguir.

    [ ] O *Pancanamaskara*, que é aquele que concentra a essência dos ensinamentos jainistas, permite-nos observar melhor o modo específico como o canto de mantras é articulado nessa tradição. Ele sintetiza a busca pela liberação do cativeiro configurado pelo ciclo de nascimentos e mortes. Sua prática aproxima aquele que o entoa dos grandes mestres, propiciando a purificação do carma acumulado – o que, como já vimos, se constitui na causa principal do enredamento.

    [ ] Um aspecto central das ciências de autoconhecimento de matriz indiana, incluindo o jainismo, é o fato de o experimento pelo qual se comprova a validade de postulados metafísicos ser realizado no próprio buscador.

[ ] Assim como o Budismo Theravada, o jainismo não desenvolveu inicialmente uma cultura verdadeiramente voltada para a meditação contemplativa, tendo em vista que os escritos jainistas mais antigos estavam mais preocupados com a cessação das atividades físicas e mentais do que com sua transformação.

[ ] Os *gunasthanas*, escada dos 14 níveis de virtude, denotam puramente um exercício espiritual que não pode ser medido ou observado no mundo físico. Eles se referem a estágios de consciência.

[ ] Como uma religião ortoprática, ou seja, que considera os esforços pessoais do praticante como o caminho por excelência da autorrealização, a dimensão ética não tem um lugar fundamental no jainismo.

[ ] Apesar de diferentes métodos aplicados em busca da liberação (*moksa*), bem como formas diversas de conceber sua natureza, tanto o hinduísmo quanto o budismo e o jainismo a compreendem como um estágio no qual a alma se desvencilha do ciclo de nascimentos e mortes.

Agora, marque a alternativa que apresenta a sequência correta:

A) V, V, F, V, F, F.
B) F, V, F, V, F, V.
C) V, V, F, V, V, F.
D) F, F, F, V, F, V.
E) V, V, F, V, F, V.

2. Assinale V para verdadeiro e F para falso nas assertivas a seguir.

[ ] Todos os seres vivos, mesmo micro-organismos, insetos e plantas, são considerados dotados de uma alma.

[ ] As almas condicionadas, na perspectiva jainista, vivem em estados alternados de prazer e sofrimento devido ao condicionamento propiciado pelo afluxo do tempo cósmico.

[ ] Como afirma Hemachandra, poeta e filósofo jainista: "A emancipação resulta da redução do carma, e isso se obtém pela concentração do si-mesmo (*atma-dhyana*)" (Feuerstein, 1998, p. 123).

[ ] O principal mantra jainista, aceito tanto por Digambaras quanto por Svetambaras, é o *Pancanamaskara* (As Cinco Homenagens). Além de integrar a prática diária, esse mantra é recitado em todos os rituais e cerimônias religiosas, e por isso ensinado às crianças e entoado por ascetas e leigos.

[ ] No caso do jainismo, segundo Williams (1998), a ioga enquanto sistema de técnicas é referida pela expressão *dhyana*, que significa "meditação".

Agora, marque a alternativa que apresenta a sequência correta:

A] V, F, F, F, V.
B] V, F, F, V, F.
C] V, V, V, V, F.
D] F, F, V, V, F.
E] V, F, V, V, F.

3. Assinale V para verdadeiro e F para falso nas assertivas a seguir.

[ ] O verdadeiro estado meditativo pode ser alcançado somente após os 12 tipos de purificação – como jejum, regulação da dieta e comprometimento com os votos regulativos – e após o devido preparo corporal por meio da prática disciplinada de *asanas*.

[ ] O jainismo desenvolveu inicialmente uma cultura verdadeiramente voltada para a meditação contemplativa.

[ ] A identificação com o verdadeiro ser se torna possível pelo cultivo da equanimidade e da vigilância espiritual constante.

[ ] Ao atingir o estado de meditação perfeita (*sukla dhyana*), considera-se que em 48 minutos todo tipo de carma é destruído, levando o praticante ao estado de nirvana, o qual é definido como o conhecimento e a intuição completos sem obstáculo, no qual se vivencia a natureza sublime da alma.

[ ] A categorização dos diferentes estágios do *gunasthana* pode ser compreendida como parte do esforço racional realizado no sentido de ensinar o caminho rumo ao aperfeiçoamento absoluto da consciência.

Agora, marque a alternativa que apresenta a sequência correta:

A] F, F, F, F, V.
B] V, F, V, V, V.
C] F, F, V, V, V.
D] V, F, V, F, V.
E] V, F, F, F, V.

4. Assinale V para verdadeiro e F para falso nas assertivas a seguir.

[ ] Como uma religião ortoprática, ou seja, que considera os esforços pessoais do praticante como o caminho por excelência da autorrealização, a dimensão ética tem um lugar fundamental no jainismo.

[ ] A ética é considerada a parte mais gloriosa do jainismo, sendo caracterizada por sua simplicidade. Isso fez com que alguns autores descrevessem essa religião como um realismo ético ou como a religião da conduta correta.

[ ] Quanto maior o avanço na escada da evolução da consciência, menor é a necessidade de assiduidade na prática, tendo em vista que o estágio obtido não pode ser perdido.

[ ] De modo prático, o código ético jainista se expressa por meio dos cinco votos principais (não violência, não mentir, castidade, desapego e não roubar), os quais devem ser seguidos somente por ascetas.

[ ] As características comuns a essas ideologias da renúncia, como afirma Flood (2015), seriam: a percepção segundo a qual a ação conduz ao renascimento e, portanto, ao sofrimento; o desapego da ação, ou até mesmo a inação, conduz à emancipação espiritual; o desapego absoluto e, portanto, a liberação podem ser alcançados através do ascetismo e de métodos que mantêm a consciência focada e concentrada.

Agora, marque a alternativa que apresenta a sequência correta:

A] V, F, F, F, V.
B] F, V, F, F, V.
C] F, F, V, V, F.
D] V, V, F, F, V.
E] V, V, F, F, F.

5. Assinale V para verdadeiro e F para falso nas assertivas a seguir.

[ ] Vemos então que, na concepção jainista (ao contrário do budismo), a alma não continua existindo após a liberação. Na morada eterna (*Sidha Sila*), as almas são totalmente perfeitas, plenas de conhecimento, eternidade e bem-aventurança.

[ ] O budismo, em uma posição diversa tanto do jainismo como do hinduísmo, considera a liberação a realização da própria não existência (*anatma*), fundamentada no princípio da vacuidade (*sunyata*).

[ ] Ao contrário do jainismo e similarmente ao budismo, as tradições fundamentadas nos Vedas afirmam a existência de uma alma transcendental à matéria.

[ ] Já a leitura devocional dualista oferecida pelo Vedanta Vaishnava de Madhvacarya apresenta uma percepção segundo a qual a liberação seria a retomada de um tipo de relacionamento amoroso eterno que a entidade viva (*jiva*) teria em estado latente com a Pessoa Suprema (*Purusottama*).

[ ] Os jainistas consideram que o cultivo concomitante dessas três joias (*ratna traya*) constitui o próprio combustível do avanço espiritual. São elas que fornecem a purificação necessária para que o praticante manifeste a força, a determinação e o conhecimento necessários para comprometer sua vida com a consecução dos cinco grandes votos (não violência, não roubar, veracidade, celibato e desapego).

Agora, marque a alternativa que apresenta a sequência correta:

A] F, V, F, V, V.
B] F, V, V, V, V.
C] V, V, F, V, V.
D] V, V, F, V, F.
E] F, V, F, V, F.

Atividades de aprendizagem

Questões para reflexão

1. Considerando a leitura do capítulo, o que você acha da afirmação "todos os caminhos levam para o mesmo lugar"?
2. Qual a relação entre meditação e conduta na visão jainista?

Atividade aplicada: prática

1. Visite algum espaço que promova atividades com mantras. Entreviste alguns participantes sobre como eles se sentem quando cantam e qual sua relação com os mantras. Produza um texto comparando a visão das pessoas sobre os mantras com aquela apresentada pelo jainismo.

CONSIDERAÇÕES FINAIS

O jainismo, apesar de suas raízes milenares, ainda é uma prática espiritual pouco conhecida. Atualmente, existem em torno de 6 milhões de jainistas ao redor do mundo. A maior parte deles reside na Índia e corresponde a cerca de 2% da população. Os estados indianos de maior presença jainista são o Rajastão e o Gujarat, nos quais há diversos templos e locais para peregrinação. A maior comunidade jainista fora da Índia se encontra na Inglaterra, onde residem cerca de 30 mil seguidores de Mahavira (Melton; Baumann, 2010).

Apesar de sua expressão numérica minoritária, o jainismo, tal como vimos ao longo deste livro, fundamenta-se em ideias que adquirem cada vez mais relevância na conjuntura contemporânea. Afinal, existe uma necessária e urgente reflexão acerca da cosmopolítica, uma forma de conceituar a ação e o convívio comum no planeta que não tenha como seu centro os seres humanos. Autores como Isabele Stengers (2004) nos mostram que a conjuntura ecológica a qual todos estamos submetidos atualmente torna necessário alargar nosso círculo político, no intuito de melhor acomodar os agentes outros-que-humanos que as catástrofes ambientais em escala global colocam em evidência.

Os ensinamentos jainistas, fundamentados na busca pela não violência e propondo o cuidado para com todas as formas de vida como um princípio ético indispensável na busca pela liberação, trazem contribuições valiosas no sentido de percebermos a interconectividade de todas as formas de vida. Dessa forma, por meio de sua sofisticada teoria do carma, podemos perceber que o processo de estancar o fluxo do sofrimento, tanto individual quando coletivo, só é possível mediante uma transformação da consciência que leve a uma adequação na conduta diária. A alma ou *jiva*, fonte última e transcendental da existência, não é um privilégio humano e está distribuída nas mais diferentes formas de vida (inclusive como micro-organismos nos elementos terra, água, ar e fogo), devendo assim ser respeitada e cuidada, caso desejemos sair do ciclo de sofrimento e nos purificar rumo ao avanço espiritual definitivo.

O aforismo do *Tattvartha Sutra* que se encontra na base do atual símbolo do jainismo, como colocado no Capítulo 5, representa de forma direta essa percepção sobre a interconectividade da vida: *Parasparopagraho Jivanam*. Ele pode ser traduzido como "as almas rendem serviço umas às outras" (Tatia, 1994) ou, ainda, como "Toda vida está interligada pelo apoio mútuo e interdependência" (Sangave, 2001). Esse conceito, junto com o príncipio ético e filosófico do "não absoluto", pode ser útil para nos inspirarmos em busca de um convivío mais plural, democrático e pacífico para toda a humanidade.

Para finalizar, devemos colocar que um estudo acerca do jainismo, como aqui realizado, contribuiu para nos aproximarmos um pouco da multifacetada e antiga tradição espiritual originária da Índia. Pudemos acompanhar o modo como conceitos comuns são reinterpretados em função de práticas e conclusões metafísicas próprias, presentes em escolas de pensamento diversificadas entre si. Assim, quanto mais conhecemos, mais podemos desenvolver nossa humildade, ao vermos o quanto ainda somos ignorantes a respeito dos conhecimentos profundos já produzidos e praticados pela humanidade.

REFERÊNCIAS

ABBAGNANO, N. **Dicionário de filosofia**. São Paulo: Mestre Jou, 1970.

ASAD, T. A construção da religião como uma categoria antropológica. **Revista Cadernos de Campo**, São Paulo, n. 19, p. 1-384, 2010. Tradução de Bruno Reinhardte e Eduardo Dullo. Disponível em: <https://www.ufrgs.br/ppgas/portal/arquivos/orientacoes/ASAD_Talel._2010.pdf>. Acesso em: 11 mar. 2019.

AUKLAND, K. The Enduring Significance of Jaina Cosmography. **Sramana**, v. 62, n. 1, Jan./Mar. 2011.

BALBIR, N. Normalizing Trends in Jaina Narrative Literature. **Indologica Taurinensia**, n. 12, p. 25-38, 1984.

BARROS, G. N. M. de. Platão: Mito e Paideia. **Revista Notandum Libro**, São Paulo, n. 10, 2008. Disponível em: <http://www.hottopos.com/notand_lib_10/gilda.pdf>. Acesso em: 11 mar. 2019.

BARROS, J. D'A. Considerações comparadas sobre a forma circular do tempo mítico e suas relações com o rito. **Revista Esboços**, Florianópolis, v. 20, n. 30, p. 123-140, dez. 2013. Disponível em: <https://periodicos.ufsc.br/index.php/esbocos/article/view/2175-7976.2013v20n30p123/27837>. Acesso em: 11 mar. 2019.

BHARADWAJA, V. K. Pramana and Naya in Jaina Logic. **Philosophyca**, Calcuta, v. 7, n. 2, p. 1-9, 1978.

BHASKAR, B. **Jainism and Mahavira**. Delhi: Digamber Jain Sahitya Sanskriti Sanraksan Samiti, 1993.

BHATTACHARYYA, H. **The Vrata's Other than Ahimsa**: as Propounded in Jainism. S.d.

BOSSCHE, F. V. D. **Elements of Jaina Geography**. Delhi: Motilal Banarsidas, 2011.

BRYANT, E. F. **The Yoga Sutras of Patañjali**. New Brunswick: Rutgers University, 2011.

CAKRAVARTI, A. Law of Karma in Jainism. **Aryan Path**, Calcuta, v. 22, 1951.

CÂNONE. In: **Significados**. Disponível em: <https://www.significados.com.br/canone/>. Acesso em: 21 out. 2018.

CLERBOUT, N.; GORISSE, M.-H.; RAHMAN, S. Context-Sensitivity in Jain Philosophy: a Dialogical Study of Siddharsigani's "Commentary on the Handbook of Logic". **Journal of Philosophical Logic**, v. 40, n. 5, p. 633-662, 2011.

DASGUPTA, S. **A History of Indian Philosophy**. Cambridge: Cambridge University Press, 1922. v. 1.

DATTA, A. **Encyclopaedia of Indian Literature**. Nova Delhi: Sahitya Akademi. 1988. p. 1840-1841.

DUARTE, R. **A canção do divino mestre**. São Paulo: Companhia das Letras, 1998.

DUMONT, L. **Homo Hierarquicus**: o sistema de castas e suas implicações. Tradução de Carlos Alberto da Fonseca. São Paulo: Edusp, 1992.

DUMONT, L. **Homo Hierarchicus**: the Caste System and its Implications. London: Paladin, 1972.

DUNDAS, P. **The Jains**. 2. ed. London: Peter Flugel, 2002.

ELIADE, M. **Mito do eterno retorno**: cosmo e história. Tradução de José Antonio Ceschin. São Paulo: Mercuryo, 1992.

ELIADE, M. **Mito e realidade**. Tradução de Pola Civelli. São Paulo: Perspectiva, 1972. (Coleção Debates, v. 52).

FEUERSTEIN, G. **A tradição do yoga**: história, literatura, filosofia e prática. Tradução de Marcelo Brandão Cipolla. São Paulo: Pensamento, 1998.

FLOOD, G. **Uma introdução ao hinduísmo**. Tradução de Dilip Loundo e Fernanda Winter. Juiz de Fora: Ed. da UFJF, 2015.

FLÜGEL, P. The Invention of Jainism: a Short History of Jaina Studies. **International Journal of Jain Studies**, v. 1, n. 1, p. 1-14, 2005.

GANERI, J. A Índia intelectual: razão, identidade e dissenso. **Numen: Revista de Estudos e Pesquisa da Religião**, Juiz de Fora, v. 14, n. 2, p. 59-84, 2011.

GOSWAMI, S. D. **Introdução à filosofia védica**: a tradição fala por si mesma. Tradução de Antonio I. R. Tupinambá e Márcia Borges. São Paulo: BBT, 1986.

HAIBARA, A.; OLIVEIRA, M. I. Z. de. A prece. **Enciclopédia de Antropologia – USP**, 8 dez. 2015. Disponível em: <http://ea.fflch.usp.br/obra/prece>. Acesso em: 18 out. 2018.

JAEGER, W. **Paideia**: a formação do homem grego. Tradução de Artur Mourão. São Paulo: M. Fontes, 2001.

JAIN, C. R. **The Practical Dharma**. Allahabad: The Indian Press, 1917.

JAINA EDUCATION COMMITTEE. (Comp.). **Compendium of Jainism**. Jaina Education Series, 3. ed., Jan. 2015. Disponível em: <http://www.jainlibrary.org/JAB/00_JAB_2017_JAB_Manual.pdf>. Acesso em: 18 out. 2018.

JAINI, P. S. Gender and Salvation: Jaina Debates on the Spiritual Liberation of Women. **The Journal of the International Association of Buddhist Studies**, v. 16, n. 1, p. 202-208, 1993.

JAINI, P. S. **The Jaina Path of Purification**. Delhi: Motilal Banarsidass, 1998.

JANSMA, R.; JAIN, S. R. **Introduction to Jainism**. Jaipur: Prakrti Bharti Academy, 2006.

JAYARAM V. **Introduction to Hinduism**. Calcuta: Pure Life Vision, 2012.

KACHHARA, N. L. **Jain Dualism**: a Philosophical and Scientific Analysis. 2010. Disponível em: <http://en.encyclopediaofjainism.com/index.php/Jaina_dualism_:_A_Philosophical_And_Scientific_Analysis>. Acesso em: 18 out. 2018.

KALGHATGI, T. G. **Jaina View of Life**. Sholapur: Jaina Samskṛti Samrakṣaka Sangha, 1969.

KNAPP, S. **A morte da teoria da invasão ariana**. Disponível em: <https://voltaaosupremo.com/artigos/artigos/a-morte-da-teoria-da-invasao-ariana/>. Acesso em: 18 out. 2018.

LIGUORI, F. **Introdução à tradição do Yoga**. 2009. Disponível em: <https://pt.scribd.com/doc/26987781/Introducao-a-Tradicao-do-Yoga-Fernando-Liguori>. Acesso em: 18 out. 2018.

MAL, B. M. Subtle Bodies in Jainism. **Jain Studies**, Delhi, n. 12, 2011.

MEHTA, M. L. **Jaina Philosophy**: an Introduction. Bangalore: Bharatya Vidya Bhavan, 1993.

MELTON, J. G.; BAUMANN, M. (Ed.). **Religions of the World**: a Comprehensive Encyclopedia of Beliefs and Practices. 2. ed. Santa Barbara: ABC-Clio, 2010. 6 v.

MISHRA, V.; SINGH, S. L. First Degree Indeterminate Analysis in Ancient India and its Application by Virasena. **Indian Journal of History of Science**, v. 32, n. 2, p. 127-133, Feb. 1997.

OLIVEIRA, L. R. C. de. Compreensão e comparação em Max Weber e em Louis Dumont: o sistema de castas na Índia. **Anuário Antropológico**, v. 9, n. 1, p. 66-94, 1985. Disponível em: <https://app.uff.br/riuff/bitstream/1/5774/1/Compreensao_e_Comparacao_em_M_ax_Weber_e.pdf>. Acesso em: 12 mar. 2019.

OLIVEIRA, V. L. de. Entre o espaço do sagrado e o êxtase místico: a busca de uma nova epistemologia para o saber geográfico. **Revista Relegens Thréskeia**, v. 3, n. 2, p. 82-110, dez. 2014. Disponível em: <https://revistas.ufpr.br/relegens/article/view/39097/23881>. Acesso em: 12 mar. 2019.

PRABHUPADA, A. C. B. **Srimad Bhagavatam**: canto 5. São Paulo: BBT, 1995.

RESNICK, H. (GOSVAMI, H. D.). Srila Prabhupada era fanático? **Volta ao Supremo**. Disponível em: <https://voltaaosupremo.com/artigos/artigos/srila-prabhupada-era-fanatico/>. Acesso em: 18 out. 2018.

ROMÁN LÓPEZ, M. T. **El concepto de ahimsâ en el hinduismo, el budismo y el jainismo**. Buenos Aires, 1998. Disponível em: <https://qinnova.uned.es/archivos_publicos/qweb_paginas/4469/revista4articulo8.pdf>. Acesso em: 18 out. 2018.

SANGAVE, V. A. **Facets of Jainology**: Selected Research Papers on Jain Society, Religion, and Culture. Mumbai: Popular Prakashan, 2001.

SASTRI, K. A. N. **A History of South India from Prehistoric Times to the Fall of Vijayanagar**. New Delhi: Oxford University Press, 2002.

SHAH, N. **Jainism**: the World of Conquerors. Delhi: Motilal Banarsidass, 1998. v. 2.

STENGERS, I. **The Cosmopolitical Proposal**. 2004. Disponível em: <https://balkanexpresss.files.wordpress.com/2013/09/stengersthe-cosmopolitcal-proposal.pdf>. Acesso em: 18 out. 2018.

TATIA, N. **Tattvartha Sutra**. Lanham: Rowman Altamira, 1994.

TUKOL, T. K. **Compendium of Jainism**. Dharwad: Karnatak University, 1983.

VAZ, H. C. de L. **Experiência mística e filosofia na tradição ocidental**. São Paulo: Loyola, 2000.

WEBER, M. Sociologia da religião (tipos de relações comunitárias religiosas). In: WEBER, M. **Economia e sociedade**. Tradução de Regis Barbosa e Karen Elsabe Barbosa. 3. ed. Brasília: UnB, 1994. p. 279-418.

WEBER, M. **Ciência e política**: duas vocações. Tradução de Octanny Silveira da Mota e Leonidas Hegenberg. São Paulo: Cultrix, 2011.

WILLIAMS, R. **Jaina Yoga**: a Survey of the Mediaeval Sravakacaras. Delhi: Motilal Banarsidass, 1998.

WILLIAMS, P.; TRIBE, A. **Buddhist Thought**: a Complete Introduction to the Indian Tradition. London/New York: Routledge, 2000.

YARROW, S. Religião, crença e sociedade: perspectivas antropológicas. **Revista Alceu**, v. 16, n. 31, p. 5-26, jul./dez. 2015. Disponível em: <http://revistaalceu.com.puc-rio.br/media/alceu%2031%20pp%205-26.pdf>. Acesso em: 12 mar. 2019.

BIBLIOGRAFIA COMENTADA

FEUERSTEIN, G. **A tradição do yoga**: história, literatura, filosofia e prática. Tradução de Marcelo Brandão Cipolla. São Paulo: Pensamento, 2001.
Esse é um livro de leitura obrigatória para todos aqueles que se interessam pelo estudo de práticas espirituais de origem indiana. Com linguagem clara e pesquisa profunda, ele toma a ioga como eixo reflexivo para apresentar uma reflexão comparada de diferentes tradições espirituais e o modo como elas se relacionam com essa prática.

DUNDAS, P. **The Jains**. 2. ed. London: Routledge, 2002.
Atualmente um dos melhores compêndios em termos de abordagem sistemática e acadêmica em torno do jainismo. Uma leitura indispensável para aqueles que desejam se aprofundar na compreensão acadêmica dessa prática espiritual.

JAIN, J. P. **O jainismo**: a mais antiga religião viva. Lisboa: Maitreya, 2006.
Até a edição deste livro, o volume acima indicado era o único publicado em português sobre a temática. Além de ser uma sistematização clara organizada por um intelectual jainista, apresenta boas e relevantes traduções das escrituras jainistas.

FLOOD, G. **Uma introdução ao hinduísmo**. Tradução de Dilip Loundo e Fernanda Winter. Juiz de Fora: Ed. da UFJF, 2015.
Atualmente um dos melhores estudos acerca do hinduísmo. Com uma linguagem clara e acadêmica, aborda aspectos filosóficos, históricos e práticos. Leitura indispensável para todos os interessados nas tradições espirituais originadas no subcontinente indiano.

RESPOSTAS

Capítulo 1

Atividades de autoavaliação
1. a
2. b
3. a
4. e
5. c

Capítulo 2

Atividades de autoavaliação
1. c
2. b
3. a
4. e
5. c

Capítulo 3

Atividades de autoavaliação
1. c
2. a
3. d
4. c
5. e

Capítulo 4

Atividades de autoavaliação
1. d
2. c
3. a
4. a
5. d

Capítulo 5

Atividades de autoavaliação
1. a
2. d
3. d
4. b
5. c

Capítulo 6

Atividades de autoavaliação
1. e
2. e
3. b
4. d
5. a

SOBRE O AUTOR

Victor Hugo Oliveira Silva é doutor em Sociologia, mestre em Antropologia Social e bacharel em Ciências Sociais pela Universidade Federal do Paraná (UFPR). Atualmente, desenvolve uma pesquisa de pós-doutorado em Antropologia na linha de pesquisa Práticas de Conhecimento: Sentidos, Espaços e Objetos. Coautor do livro *Jaguareté: o encontro*, realizado pelo Museu de Arqueologia e Etnologia da UFPR, e membro do Núcleo de Estudos sobre Hinduísmo e Devoções (NEHID), desenvolve estudos ligados à antropologia e à sociologia da religião, com ênfase em práticas espirituais de origem indiana.

Impressão:
Agosto/2024